Alan Windsor
Peter Behrens

Geboren den 14. April 1868
in Hamburg.
Im übrigen Autodidakt

Peter Behrens

Alan Windsor

Peter Behrens
ARCHITEKT UND DESIGNER

Deutsche Verlags-Anstalt
Stuttgart

Aus dem Englischen übertragen von Kyra Stromberg

CIP-Kurztitelaufnahme der Deutschen Bibliothek

Windsor, Alan:
Peter Behrens : Architekt u. Designer /
Alan Windsor . [Aus d. Engl. von Kyra Stromberg]. –
Stuttgart : Deutsche Verlags-Anstalt, 1985.
Einheitssacht. : Peter Behrens <dt.>
ISBN 3-421-02833-8
NE: Behrens, Peter [Ill.]

Originalausgabe:
Peter Behrens, Architect and Designer, 1868–1940
Architectural Press Ltd., London
© 1981 Alan Windsor
© 1985 Deutsche Verlags-Anstalt GmbH, Stuttgart
(für die deutsche Ausgabe)
Alle Rechte vorbehalten
Lektorat: Renate Jostmann
Umschlagentwurf: Hans Peter Willberg, Eppstein
Satz: Utesch Satztechnik GmbH, Hamburg
Druck: Gutmann + Co., Heilbronn
Bindearbeit: Heinrich Koch KG, Tübingen
Printed in Germany

Inhalt

   7   Einführung

 10   Die frühen Jahre und Ausbildung
 20   Peter Behrens in Darmstadt
 32   Das Theater und die Ausstellung in Darmstadt
 43   Schriftkunst und Typographie
 54   Die Jahre 1902 bis 1907
 80   Behrens und die AEG
108   Neoklassizistische Themen, 1907 bis 1914
128   Industrie-, Büro- und Ausstellungsbauten, 1911 bis 1919
149   Die zwanziger und dreißiger Jahre

176   Anmerkungen
186   Bibliographie
188   Abbildungsnachweis
189   Namenindex

Einführung

Zweifellos hat Peter Behrens einen starken Einfluß auf die spätere Laufbahn seiner berühmtesten Assistenten Walter Gropius, Ludwig Mies van der Rohe und Le Corbusier gehabt und durch sie und seine anderen Partner und Schüler auf die gesamte Entwicklung der Architektur im 20. Jahrhundert. In einem gewissen Sinne war die Entwicklung von Peter Behrens auf dem Gebiet der Architektur eine Parallele zu der Picassos im Bereich der Malerei und der Skulptur: Beide erlebten ihren ersten wirklichen Erfolg während der Epoche des Jugendstils, entwickelten sich zu künstlerischen Persönlichkeiten im Ambiente der kleinen Kunstzeitschriften, die – im Kielwasser des „Studio" – so üppig in Europa gediehen, und erreichten auf diese Weise schon früh ein breites Publikum. Anläßlich der Weltausstellung von 1900 in Paris kamen Picasso und Behrens zum ersten Mal nach Paris, um ihre Arbeiten in den der Kunst vorbehaltenen Sektionen ihrer Länder ausgestellt zu sehen. Für sie war das Jahr 1907 ein Wendepunkt in ihrer künstlerischen Entwicklung, von da an richtete sich die Bewunderung aller auf sie. Beide hatten die Fähigkeit, zeitgenössische Ausdrucksweisen in sich aufzunehmen und sich ihrer unmittelbar und häufig geistvoller zu bedienen als ihre weniger geschickten Künstlerkollegen, so daß sie die Aufmerksamkeit stärker und dauerhafter auf sich zogen. Über beide wurde seit Beginn ihrer Karriere viel publiziert; Ausstellungen, Artikel und Bücher machten ihr Werk weithin bekannt. Sie waren unerschöpflich produktiv und eklektisch und bewegten sich mit bestürzender Geschwindigkeit von einem entliehenen oder erfundenen Stil zum nächsten. Manchmal benutzten sie auch mehrere Stile gleichzeitig.

Beide wandten sich – wie so viele europäische Künstler – in der Epoche unmittelbar vor und nach dem Ersten Weltkrieg dem Klassizismus zu; dennoch waren sie empfänglich für neue Wege in der Kunst – Behrens für den Expressionismus, Picasso für den Surrealismus. Tatsächlich bewegten sich beide auf Messers Schneide zwischen Neuerung und Tradition. Sie schienen Schrittmacher für ihre Zeitgenossen zu sein und taten in Wahrheit oft nicht viel mehr, als die Ideen anderer schnell und geschickt zu popularisieren. Beiden gelang es auf bemerkenswerte Weise, sich in verschiedenen Medien auszudrücken, wobei sie die Möglichkeiten eines neuen Materials oder eines neuen Themas rasch erkannten. Meier-Graefe schrieb über Behrens, daß, gleichviel mit welcher Entschiedenheit er eine ganz bestimmte Position vertrete, er nicht verspreche, sie beizubehalten, wenn man ihm das nächste Mal begegne, allenfalls verspreche er, es noch besser zu machen. Picasso wiederum, dem wenig daran lag, etwas „besser zu machen", sagte, er habe – wenn sich für die Themen, die er ausdrücken wolle, jewails andere Ausdrucksweisen angeboten hätten – nie gezögert, sie zu übernehmen ... verschiedene

Motive verlangten zwingend verschiedene Mittel und Wege, sie auszudrücken.

Hier aber endet wohl die Ähnlichkeit. Anders als der bewegliche, leichtlebige, anarchische Maler war Peter Behrens ein Mann der Methode, ein Konformist, ein Sozial-Konservativer, eine professorale Erscheinung, die sich ein Leben lang mit akademischen Dingen, mit Verwaltung und Beratung beschäftigte. Zwar war das letzte Jahrzehnt seines Lebens durch die gewaltsamen Veränderungen der gesellschaftlichen Verhältnisse in Deutschland mehr oder weniger unfruchtbar, in der vorangegangenen Zeit aber hat er allem Anschein nach konsequent eine eher offene und kreative Lebens- und Kunstauffassung vertreten.

Behrens war mit den wichtigsten Entwicklungen der deutschen Kultur zwischen den Jahren 1890 und 1940, seinem Todesjahr, eng verbunden: Sein Werk und seine Schriften reflektieren auf typische Weise die künstlerischen und geistigen Bestrebungen seiner Zeit. Viele Historiker haben in dieser Epoche nichts anderes gesucht und gefunden als die kulturellen Bausteine, aus denen schließlich das Dritte Reich errichtet wurde. Ich habe versucht, die sozialen, politischen und ökonomischen Umstände, unter denen sich seine Arbeit vollzog, so gerecht, aber auch so kurz wie möglich zu skizzieren. Es ist notwendig, an diese Bedingungen zu erinnern, wenn man verstehen will, worum es Peter Behrens in seinen Bauten und den übrigen Entwürfen tatsächlich ging.

Nach seiner Ausbildung als Maler wurde Behrens eine der führenden Kräfte des Jugendstils und der Arts-and-Crafts-Bewegung, der kunsthandwerklichen Reformbewegung. Er trug einiges zu der Entwicklung des modernen Theaters bei und beschäftigte sich kreativ mit Graphik, Schrift und Typographie. Er gestaltete auch eine Reihe von Gärten. Als Architekt war er Autodidakt und entwarf Bauten der verschiedensten Art, von Botschaften bis zu Arbeiterhäusern; er war der erste bedeutende Industriedesigner. Als Lehrer leistete er einen wichtigen Beitrag zur Entwicklung des Kunstunterrichts in Deutschland.

Ziel dieses Buches ist es, die Gesamtleistung von Peter Behrens darzustellen. Ich habe mich hierbei stark auf Fritz Hoebers Monographie von 1913, auf die hervorragende (unpublizierte) Dissertation von Stanford Anderson an der Columbia University (1968) und auf die Ausstellungskataloge „Ein Dokument deutscher Kunst" von 1976, auf die umfassenden Untersuchungen von Tilman Buddensieg und Henning Rogge (zum Beispiel in ihrer Veröffentlichung „Industriekultur") sowie auf Hoepfners und Neumeyers gleichermaßen glänzende Publikation über das „Haus Wiegand" von 1979 gestützt. Wichtig waren mir auch die Arbeiten von Herta Hesse-Frielinghaus „Karl Ernst Osthaus" (1977), Barbara Miller Lane „Architecture and Politics in Germany, 1918–1945" (1968) und Joan Campbell „The German Werkbund" (1978). Ich hoffe, daß die Anmerkungen und Literaturhinweise den interessierten Leser auf einige Veröffentlichungen aufmerksam machen werden. Auch wenn sie nur Einzelheiten zu Peter Behrens vermitteln, so halte ich folgende Bücher für unentbehrlich: Fritz Stern „The Politics of Cultural Despair" (1961), Harry Graf Kesslers elegische „Tagebücher" und Karl Scheffler „Die fetten und die mageren Jahre" (1946).

Danken möchte ich den Mitarbeitern der Akademie der Künste Berlin; Til Behrens, Frankfurt; Theodor Böll und anderen Mitarbeitern der Kunstbibliothek Berlin; Sherban Cantacuzino; Robert Cecil; Margaret Crowther; Professor Leonard Eaton, Ann Arbor; Peter Fitzgerald; Anna-Christa Funk vom Karl-Ernst-Osthaus-Archiv, Hagen; H. Haslauer, AEG Frankfurt; Robin Kinross; Hans-Werner Kluenner, Bauhaus-Archiv, Berlin; den Mitarbeitern der Kraftwerk-Union, Berlin; James Mosley, St Bride Printing Library, London; William Muschenheim; Ann Arbor; Stefan Muthesius, East Anglia; Peter Obst, AEG Berlin; Brian Petrie; Alfred Rowe; Christian Scheffler, Klingspor-Museum, Offenbach; Eckhard Siepmann, Werkbund-Archiv Berlin; Hedwig Singer, Bundesarchiv, Koblenz; M. Simon, Firmenarchiv Hoechst; Daniel P. Simon, Berlin Document Center, Berlin; Albert Speer, Heidelberg; John Taylor; Jenny Towndrow; den Mitarbeitern der Wiener Library, London; Susan Wheeler; Eva Wirtz, AEG Firmenarchiv, Braunschweig; Margaret Porter und William Moritz, Kalifornien; dem Forschungsstab der Universität Reading und dem Deutschen Akademischen Austauschdienst, der mir freundlicherweise ein Reisestipendium für Deutschland gewährte; Kerry und Margaret Downes, die sich großzügig zum Lesen der Texte, für Ratschläge und Korrekturen zur Verfügung stellten, und schließlich meiner Frau, die mir mit ständiger Ermutigung, Kritik und Hilfe beigestanden hat.

Die frühen Jahre und Ausbildung

Peter Behrens wurde am 14. April 1868 in St. Georg, einem Stadtteil von Hamburg, geboren. Sein Vater, ein wohlhabender Gutsbesitzer aus Langenhals in Holstein, der damals bereits in den Sechzigern war, heiratete die junge Louise Margaretha Burmeister, die Mutter seines Sohnes, nicht und starb, ehe das Kind sechs Jahre alt war. Mit vierzehn Jahren kam Peter Behrens – nachdem seine Mutter gleichfalls gestorben war[1] – in die Obhut von Senator Sieveking. Die Sievekings waren und sind immer noch eine bekannte Hamburger Familie. Peter erbte von seinem Vater ein stattliches Vermögen. Privilegien, Einfluß und Reichtum waren ihm also von Kind an vertraut. Dieser Umstand und der frühe Tod seiner Eltern schärften sein Bewußtsein für die Notwendigkeit, sein Schicksal selbst in die Hand zu nehmen. Die Hamburger sind stolz auf ihre Zurückhaltung und ihre Verläßlichkeit; Behrens behielt immer etwas von der, wie Gropius es beschreibt, „kühlen Haltung eines konservativen Hamburger Patriziers". Auch Karl Scheffler erinnert sich, daß er „immer etwas senatorenhaft würdig" daherkam.[2]

Nachdem er in Altona die Schule beendet hatte, entschloß er sich zum Kunststudium und besuchte zunächst die Gewerbeschule in Hamburg, danach die Kunstschule in Karlsruhe (1886) und arbeitete dann als Privatschüler des Hamburger Künstlers Ferdinand Brütt in Düsseldorf. Etwas später zog er nach München und studierte dort bei Hugo Kotschenreiter. Im Alter von einundzwanzig Jahren heiratete er Elisabeth (Lilli) Krämer, ein um ein Jahr jüngeres Mädchen aus Ochsenfurt. Gemeinsam wohnten sie in der Georgenstraße 69. Eine Photographie aus dieser Zeit zeigt Behrens soigniert gekleidet und gut einen Kopf größer als seine hübsche Frau.

München war damals der Mittelpunkt des künstlerischen Lebens in Deutschland. Zunächst folgte Behrens in seiner Malweise dem Vorbild der älteren Generation der Realisten und Impressionisten (z. B. Wilhelm Leibl oder Max Liebermann), die in den gerade zurückliegenden Jahren französische und holländische Einflüsse in die deutsche Malerei eingebracht hatten. Behrens besuchte Holland im Jahre 1890 und traf dort Jozef Israëls, einen der führenden Maler der „Luministen". Diese holländische Malergruppe befaßte sich mit den Wirkungen des Lichts und wurde in Münchner Kreisen sehr bewundert. Auch mit Albert Neuhuis arbeitete er zusammen.

Das Bild „Entlassen", 1891 gemalt, zeigt einen Arbeiter gegen den düsteren Hintergrund einer Eisenbahngleisanlage bei Einbruch der Dämmerung. Im Hintergrund sieht man eine Fabrik. „In Gedanken" aus demselben Jahr stellt einen sitzenden Mann am Fenster eines dunklen Zimmers dar. „Feierabend" von 1892 ist eine gleichfalls düstere Hafenszene, wo unter einer Stahlkonstruktion und Fabrikschornsteinen an einem Quai trübe Lichter auf dem

Peter und Lilli Behrens. Fotografie, um 1889.

Wasser schimmern. Es ist merkwürdig, daß diese frühesten Bilder von Behrens zur sogenannten „Armeleutemalerei" gehören und Szenen aus der Industrielandschaft darstellen. Sie nehmen seine spätere intensive Beschäftigung mit der realen Welt der Industrie vorweg.

Andere Norddeutsche, mit denen sich Behrens in München besonders anfreundete, waren Otto Eckmann, der auch aus Hamburg kam, und Hans Olde, ein Holsteiner. Beide Künstler malten in gedämpften, zart abgestimmten Tönen, wobei sie durch Farbe und Licht leuchtende Effekte erzielten. Behrens' eigener Stil entwickelte sich unter ihrem Einfluß und erreichte hinsichtlich der Motive eine größere Leichtigkeit. Er nahm an der Münchener Sezession von 1892 teil, der ersten Künstlersezession, die sich an einer deutschen Kunstakademie gebildet hatte. (Sie wurde geleitet von Franz von Stuck: ihr gehörten Uhde, Corinth, Trübner, Segantini, Israëls und andere an.) In der ersten Sezessions-Ausstellung von 1893 zeigte Behrens seine „Zecher bei Lampenlicht", ein Bild, auf dem das gelbe Gaslicht gegen das blaue, durch das Fenster scheinende Dämmerlicht ankämpft. Noch im gleichen Jahr wurde es auf der Großen Berliner Kunstausstellung gezeigt; es zog eine enorme Aufmerksamkeit auf sich und wurde allgemein als eine negative Version von Klingers „Blauer Stunde" angesehen. Nach Karl Scheffler, dem Kunstschriftsteller, waren beide Bilder anhaltender Gesprächsgegenstand, wobei Klingers Bild als „Blaues Glück" bekannt wurde und Behrens' unglücklicher Trinker als „Blaue Schwermut".

Aber zu dieser Zeit hatte sich Behrens bereits ganz vom sozialen Realismus abgewandt. Zwei weitere Bilder, die in der Sezession von 1893 gezeigt wurden, waren der „Vorfrühling", eine Komposition mit drei jungen Mädchen, die in violetten, roten und grünen Kleidern auf einer Waldlichtung tanzen, und „Abend", ein junges Mädchen in Grün unter einem violett blühenden Baum. Das wiederum waren Motive, die viel mehr an Eckmann erinnerten.

Während der Jahre 1894 und 1895 jedoch malte Behrens eine große Anzahl kleiner Landschaften, die er in impressionistischer Manier nach der Natur schuf. 1896 reiste er zum ersten Mal nach Italien.

Der Dramatiker Otto Erich Hartleben schrieb am 3. April aus Florenz an seine Frau Selma: „... Ich hatte einen Herrn Behrens, Maler aus München, zum Reisegefährten; er fuhr allein weiter..."[3] Sie hatten München zusammen am 21. März verlassen, und ihre erste gemeinsame Begegnung mit Italien besiegelte eine herzliche Freundschaft, die bis zu Hartlebens frühem Tod, 1905, dauerte. Einen Eindruck von ihrer gemeinsamen Hochstimmung vermitteln die überschäumenden und charmanten Briefe Hartlebens, sowohl die unmittelbar nach ihrem gemeinsamen Erlebnis von Italien wie die der weiteren Jahre. Sie sind voller Witz und Anspielungen auf gemeinsame Trinkgelage. Eine Postkarte aus Chiusi an Behrens, die Hartleben vermutlich gleich nach ihrer Trennung abgeschickt hatte, parodiert auf witzige Weise Nietzsches „Das trunkene Lied" aus „Also sprach Zarathustra":

> „Aus tiefem Schlaf bin ich erwacht...
> Die Nacht hab' ich beim Wein verbracht,
> hab' über Mitternacht gelacht –
> – nun blüht ein Mittag wieder.
> Ist es schon hell? – Ich denke, ja.
> Der Klaps aus Japan ist schon da.
> Schnell einen Vermouth, denn der
> Tatterich belebt die Glieder."[4]

Hartlebens Arbeiten aus dieser Zeit waren leichtherzige und kunstvollerotische Komödien, viele davon mit einem klassischen oder neuhellenischen Hintergrund. Ihr Erfolg erlaubte es ihm, für den Rest seines Lebens viel Zeit in Italien zu verbringen. In Behrens hinterließ diese Reise eine lebenslange und starke Vorliebe für Italien. Von da an verbrachte er dort fast jedes Jahr ausgedehnte Ferien.

Seine Freundschaft mit solchen lebhaften und amüsanten Naturen wie Hartleben und Otto Julius Bierbaum und anderen Schriftstellern, die mit der Zeitschrift „Pan" verbunden waren, hat diesen Zeitabschnitt wohl zu einem der glücklichsten seines Lebens gemacht. 1898 malte er ein Porträt von Hartleben, und 1903 entwickelte er daraus einen seiner großformatigen Holzschnitte. Im Sommer entwarf er ein Speisezimmer für Hartleben. Der schrieb dazu:

Porträt O. E. Hartleben. Holzschnitt
53,5×39,5 cm, 1903.

Porträt Richard Dehmel. Holzschnitt
46×30,7 cm, 1903.

Porträt Bismarck. Holzschnitt
35,2×24,6 cm, 1899.

„Winterlandschaft". Holzschnitt
26,6×21,2 cm, 1899.

„Dein Speisezimmer steht nun complet bei mir und erfreut jedes Menschen Auge. Über dem Buffet schwebt der Adler, und über der Anrichte hängt dein Bild von mir."[5]

Natalie Clifford Barney und Evalina Palmer.
Fotografie, 1894 (?).

Behrens hat etwas später (1903) noch ein weiteres Speisezimmer für einen gemeinsamen Freund, den Dichter Richard Dehmel, entworfen. Auch dieses schmückten große Holzschnitte von ihm: „Der Kuß" und „Schmetterlinge auf Seerosen".[6]

„Sturm". Holzschnitt 49,5×65 cm, 1896.

„Der Kuß". Holzschnitt 27,2×21,7 cm, 1898. Diese Arbeit war vermutlich von der Fotografie – auf der gegenüberliegenden Seite oben – inspiriert.

Nach seiner Rückkehr aus Italien wandte sich Behrens im Atelier Kompositionen mehr symbolischen Charakters zu – eine Reaktion auf den Impressionismus und Realismus. Als Ausdrucksmittel bediente er sich wieder des Holzschnitts und behandelte ihn in der seit kurzem in Mode gekommenen

Art, die sich von japanischen Holzschnitten herleitete. Der Holzschnitt war in Frankreich von Gauguin, Vallotton und anderen neu belebt worden. In Deutschland wurde diese flächige, lineare und gleichmäßig kolorierte Druckgraphik, die durch die farbigen französischen Lithographien bekannt geworden war, vor allem von Malern und Graphikern wie Walter Leistikow ausgiebig verwendet. Viele der Behrensschen Holzschnitte sind außerge-

„Ein Traum". Tempera oder Silikat-Pastell, 1897.

wöhnlich groß. Der „Sturm" von 1896 (49,5 × 65 cm), „Schmetterlinge auf Seerosen" (50 × 64 cm) und „Der Kuß" von 1898 (27,2 × 21,7 cm) sind typische Beispiele.

Das Bild „Der Kuß", ein Sechsfarben-Holzschnitt, galt lange Zeit als kennzeichnend für dieses Genre; es wurde zum beliebten Motiv für Reproduktionen in Büchern und Aufsätzen über den Jugendstil. Zum ersten Mal erschien es in Julius Meier-Graefes Zeitschrift „Pan", für die Behrens seit einiger Zeit regelmäßig graphische Beiträge lieferte.

Möglicherweise ist das Bild inspiriert durch Rodins berühmte Skulptur, die zehn Jahre vorher entstanden und auf der Ausstellung des „Salon de la Société Nationale" zu sehen war, als Behrens den Holzschnitt schuf. Für die Epoche ist es ein gewagter Gegenstand: Ein Kuß auf den Mund war bis dahin ein seltenes Motiv in der Kunst. Im Holzschnitt von Munch, der offensichtlich kurz davor entstanden war, ist es ganz anders behandelt. Vielleicht hat Behrens seine Vorstellung aus einer Photographie bezogen, auf der Natalie Clifford Barney ihre Freundin Evalina Palmer (1894?) küßt. Die Form von Augen, Nasen, Mündern, Kinn und Hals sind fast identisch; die linke Figur ist dunkel, die rechte blond und so weiter. Vielleicht liegt die anhaltende Faszination dieses Holzschnitts in seiner Vieldeutigkeit: Die beiden Profile unbestimmten Geschlechts, die so bar aller Leidenschaft und nahezu auf ein Muster reduziert sind, haben – in ihrer blassen, spiegelgleichen Ähnlichkeit – etwas Rührendes. Ob sie Lesbierinnen darstellen sollten oder nicht – dieser Holzschnitt ist der einzige Ausflug von Peter Behrens in die „Dekadenz". Vielleicht war er sich der Vieldeutigkeit dieses Bildes nicht einmal bewußt.

Es war ein anderer Behrens, der die „Winterlandschaft" (Ansicht eines Portals der Kirche St. Andreas in Hildesheim) oder das kraftvolle Porträt Bismarcks (der kurz zuvor gestorben war) 1899 in Holz schnitt. Für Porträts seiner Freunde Dehmel und Hartleben, die etwas später entstanden, verwendet er das gleiche graphische Mittel, um eine kräftige und dramatische Modellierung von Licht und Schatten zu erzielen.

Seine drei wichtigsten Bilder von 1897 waren das sogenannte „Iris-Porträt", ein Dreiviertelporträt seiner Frau Lilli, in dem ihr Kleid, der Hintergrund und die Schablonenzeichnung des Rahmens Iris-Motive enthalten; ein dekoratives Bild „Die Trauer", das eine sitzende Frau mit langem Haar zeigt und sehr an Hodler erinnert, und ein großes Ölbild „Ein Traum" in einer Malweise, die – durch Beifügung von Kieselerde – der Malerei einen Tempera- oder Al-Fresko-Charakter verleiht, eine in Deutschland während des 19. Jahrhunderts weitverbreitete Technik. Das Bild zeigt einen nackten Jüngling, der mit einer Geige in der rechten Hand schlafend auf dem Boden liegt. An seiner Seite erhebt sich ein zartverschleiertes Mädchen, das mit strahlendem Gesicht himmelwärts blickt. In diesem Gemälde, das von ferne an Botticellis „Venus" oder an Michelangelos „Die Erschaffung Evas" erinnert, lassen sich bereits einige Züge finden, die lebenslang für Behrens' Darstellungsweise charakteristisch blieben: Er bevorzugte geschlossene statische Formen, die er zentral oder doch symmetrisch anordnete und deren Komposition eine geometrische Vorstellung zugrunde liegt.

Teeservice, rotes Dekor auf Weiß, 1901.

Arts-and-Crafts-Bewegung

Etwa zu dieser Zeit begann Behrens, seine künstlerischen Aktivitäten auf Porzellan, Glas und Möbel auszudehnen. Seine Tätigkeit als Maler ging allmählich zurück. Er wurde in die Gruppe, aus der die „Vereinigten Werkstätten für Kunst im Handwerk" hervorging, hineingezogen und beteiligte sich an ihrer ersten Ausstellung im Jahre 1899 im Münchener Glaspalast. Andere führende Persönlichkeiten dieser Gruppe waren August Endell, Hermann Obrist, Martin Dülfer, Richard Riemerschmid, Bernhard Pankok und Bruno Paul. Behrens' Freund Otto Eckmann war ihm auf diesem Weg vorangegangen: Auch er gab die Malerei auf. Ein spektakulärer Verkauf seiner Bilder 1894 markierte das Ende seiner Karriere als „freier Künstler".

1898 entwarf Behrens eine Reihe eleganter Weingläser – ein Ensemble von zwölf verschiedenen Typen –, die Benedikt von Poschinger in Oberzwieslau ausführte, und attraktive, weiße Teller mit verschiedenen Mustern, die Villeroy und Boch in Mettlach herstellte. 1899 machte er einige Entwürfe für „Kunst"-Keramik und -Glas, darunter eine hervorragende Glasvase, die von der Firma Rindkopp-Söhne in Nordböhmen ausgeführt wurde. Eine Serie Vasen wurde in Mehlem bei Bonn hergestellt. 1901 folgten diesen Einzelstücken vollständige Tee-, Kaffee- und Eßservice, überwiegend weiß mit Dekor in Grün, Blau und Rot.

Aus Edelmetallen entwarf Behrens Schmuck, ausgeführt von Schreger in Darmstadt, und Bestecke, die M. J. Rückert in Mainz herstellte. Diese Firma produzierte später auch das dreizehnteilige Service, das Behrens für sein Haus in Darmstadt entworfen hatte, und ebenso einen Entwurf mit übereinandergelegten Ranken für die Ausstellung „Ein Dokument deutscher Kunst" von 1901. Seine Möbelentwürfe begannen 1900, so scheint es, mit Sesseln, Stühlen und Ruhebänken aus Kirschholz, mit der Speisezimmer- und Kücheneinrichtung für Hartleben, wie einem verzierten Kinderbettchen für das Baby von Dr. Walter Harlan, einem Freund Hartlebens. Etwas später unternahm Behrens auch ein paar Abstecher in die Reformkleidung: vernünftige Kleider für Frauen ohne Korsett und Stangen.[7]

Eben diese Tätigkeit als Kunstgewerbler brachte Behrens eine Ausstellung in Darmstadt und eine Mitgliedschaft in der Künstlerkolonie ein.

Peter Behrens in Darmstadt

Darmstadt war um 1900 eine wachsende Stadt mit etwa 72 000 Einwohnern, ein altes Handelszentrum und zugleich die Hauptstadt von Hessen, die seit Jahrhunderten Residenz der Landgrafen und Großherzöge von Hessen war. Im frühen 19. Jahrhundert dehnte sich die Stadt erheblich aus: Großherzog Ludwig I. ließ von seinem Hofarchitekten, Georg Moller, einen eleganten neuen Stadtteil – bestehend aus klassizistischen Verwaltungsgebäuden und Wohnhäusern – nach einem strengen geometrischen Rasterplan errichten. Im Verlauf des Jahrhunderts wurde die Stadt noch mehr erweitert, und mit dem Aufkommen der Eisenbahn siedelte sich am Stadtrand auch in bescheidenem Ausmaß Industrie an – zum Beispiel chemische, Maschinen- und Kesselfabriken und auch Möbel- und Keramikfabriken, Druckereien und Buchbindereien. Die Möbelhersteller (Glückert, Alter, Trier) waren im In- und Ausland wohlbekannt. Die Bevölkerung war am Gericht, bei der Regierung, im öffentlichen Dienst, in Handel und Industrie beschäftigt.

Die Künstlerkolonie

Großherzog Ernst Ludwig von Hessen (1868–1937), der Initiator der Darmstädter Künstlerkolonie, war ein konstitutioneller Regent; ihm stand ein gewählter Landtag zur Seite. Er war der Sohn von Alice, der Lieblingstochter der Königin Victoria, und seine Großmutter war häufig in Darmstadt zu Besuch. Sie nahm sich auch – nach dem frühen Tod seiner Mutter – seiner Erziehung an. Fast jedes Jahr verbrachte er einige Zeit in seiner zweiten, der englischen Heimat. Er war ein Liberaler (mit dem Spitznamen „der rote Großherzog") und galt allgemein als englischer Gentleman und deutscher Patriot in einer Person. Harry Graf Kessler, der mit ihm zusammen an der Universität Leipzig studiert hatte, schrieb über ihn: „Er war von allen deutschen Fürsten der, der am natürlichsten den Eindruck eines Europäers und Weltmannes machte." Alfred Lichtwark (Direktor der Hamburger Kunsthalle) sagte ihm nach, er habe „... die Urbanität des deutschen Offiziers von Klasse und die künstlerische Kultur des modernen englischen Gentleman".[1]

Ernst Ludwig übernahm das Großherzogtum im Jahre 1892 im Alter von 23 Jahren und regierte bis 1918. Vielleicht durch das Beispiel seines Großvaters Prinz Albert von England ermutigt, beschloß er, sich für die Entwicklung Darmstadts als Zentrum eines neuen sozialen und kulturellen Lebens einzusetzen, wozu ihn die Bevölkerung durch ihre Begeisterung ermutigte. Bei seinem Regierungsantritt veröffentlichte zum Beispiel der Darmstädter Schriftsteller Georg Fuchs ein Flugblatt mit einem von ihm verfaßten anonymen Artikel: „Was erwarten die Hessen von ihrem Großherzog Ernst Ludwig? – Von einem ehrlichen, aber nicht blinden Hessen." Darin forderte er ihn dringend auf, die Künste zu fördern.

Eine der ersten Amtshandlungen Ernst Ludwigs im Hinblick auf Kunst und Architektur war, daß er die Entwürfe für ein großherzogliches Museum (von Schmieden und Speer, 1892) verwarf und die Sache Alfred Messel übertrug, der die Ideen des Großherzogs entwickeln sollte. 1897/98 beschäftigte er die englischen Architekten Hugh Baillie-Scott und Charles Robert Ashbee mit Innenraum-Entwürfen für seine Residenz, das neue Palais. Otto Eckmann, Behrens' Freund aus München, wurde 1897 berufen, das Studier- und Arbeitszimmer des Großherzogs zu entwerfen. Fuchs konnte also mit Genugtuung feststellen, daß Ernst Ludwig als erster Prinz aus dem großherzoglichen Hause damit begann, „Leben und Kunst zu verbinden".

Im September 1898 wurde die erste Ausstellung der Freien Vereinigung Darmstädter Künstler unter der Schirmherrschaft des Großherzogs in der Kunsthalle eröffnet. Die Ausstellung umfaßte auch die angewandte Kunst, und die Kunstgewerbeabteilung wurde von dem Darmstädter Verleger Alexander Koch organisiert. Koch besaß eine Tapetenfabrik in Darmstadt, auch er war anglophil und ein unermüdlicher Anwalt der angewandten Kunst. Er hatte bereits 1888 mit der Veröffentlichung der „Deutschen Tapetenzeitung" begonnen. 1890 ließ er ihr die „Zeitschrift für Innendekoration" folgen, und im Mai 1897 brachte er eine weitere Zeitschrift, „Deutsche Kunst und Dekoration" heraus, die dem englischen „Studio" genau nachgebildet war. Georg Fuchs war sein Mitarbeiter.

Auf der ersten Seite der ersten Nummer von „Deutsche Kunst und Dekoration" hatte er deutsche Künstler und Mäzene, „wirklich große Künstler", aufgerufen, „für die Kleinkunst" zu arbeiten. Er lenkte die Aufmerksamkeit auf die Notwendigkeit einer vollkommenen Einbeziehung aller Künstler, Architekten, Bildhauer, Maler und Kunsthandwerker. Sie alle gehörten für ihn zuammen an den gleichen Ort, wobei jeder für sich denken soll und dennoch sollen alle Hand in Hand für ein größeres Ganzes arbeiten.

Er ließ diesem Aufruf gegen Ende der Ausstellung in der Kunsthalle ein Memorandum an den Großherzog und an einen oder zwei Minister im Kabinett folgen. In diesem Memorandum mit dem Titel „Darmstadt: eine Stadt der Künste?" entwickelte Koch seine Idee für Darmstadt als *die* deutsche Stadt, die ein Mittelpunkt in der angewandten Kunst werden könnte. Es enthielt Vorschläge für Wohnungen und Künstlerateliers. Kochs Argument war:

„Außer München gibt es für diese Kunst, die so mächtig aufblüht und, wie das Beispiel von England, Belgien, Holland und Frankreich zeigt, schon in naher Zukunft eine große Rolle im Leben der Nation spielen wird, keinen Mittelpunkt."

Wenn man die Gelegenheit ergriffe, einflußreiche Künstler und junge Talente zu ermutigen, so würde man damit eine Institution von bleibendem Wert und größter geistiger und materieller Bedeutung schaffen.

Hinter der altruistischen Begeisterung für die Arts-and-Crafts-Bewegung verbarg sich eine sehr realistische, aber diskret unterdrückte Hoffnung, daß die ortsansässige Leichtindustrie davon einen materiellen Vorteil haben würde.

„Die Förderung des Kunst-Handwerks ist außerordentlich wichtig, sowohl vom ästhetischen als vom volkswirtschaftlichen Standpunkte, denn es bringt wesentlich mehr Geld unter die Leute als die sogenannte hohe Kunst (die Malerei und Plastik) und schafft zufriedene Menschen."[2]

Das Memorandum wurde im November vorgelegt, gleichzeitig mit der Eröffnung des Gewerbemuseums in der Neckarstraße. Die Idee einer Künstlerkolonie fand Unterstützung durch Politiker und Geschäftsleute. In einer Debatte der Zweiten Kammer der Landstände wurde gesagt, daß „... aus dem Werdegang der Kolonie ideale und nützliche materielle Rückwirkungen auf die Leistungsfähigkeit unseres heimischen Kunstgewerbes" erwartet werden könnten. Die Erste Kammer der Landstände stellte schließlich 20 000,- Mark für diesen Plan zur Verfügung.[3] Dieser Betrag sollte jährlich ausgesetzt werden, war aber auf drei Jahre begrenzt:

„... entweder steht die Kolonie nach diesem Zeitpunkt auf eigenen Füßen oder nicht; in beiden Fällen hören die Zuschüsse auf."

Die treibende Kraft des Darmstädter Projekts war also etwas Neues. Frühere Künstlerkolonien (zum Beispiel Worpswede bei Bremen) waren private, vergleichsweise formlose und spontane Angelegenheiten, die aus eigenem Antrieb entstanden waren und sich selber trugen, während das Darmstädter Unterfangen nicht von den Künstlern selbst geplant und vorangetrieben wurde, sondern durch die Initiative des Großherzogs, des Staates und der Industrie. Die Künstler sollten durch die Schirmherrschaft des Großherzogs und der Stadt in den Genuß einer Freigiebigkeit und Sicherheit kommen, wie es in diesem Umfang selbst in der Renaissance keine Parallelen gab.

Darmstadt, so schrieb Georg Fuchs, sollte neben München und Berlin „der lachende Dritte" unter den Kunststädten Deutschlands werden.

Die Anfänge der Künstlerkolonie

Anfang Dezember 1898 wurde Hans Christiansen, den Alexander Koch in seinen Ausstellungen deutlich herausgestellt hatte, als erster Künstler der geplanten Künstlerkolonie eingeladen. Christiansen war ein sehr produktiver und vielseitiger Künstler, der Entwürfe für Möbel, Glasmalerei, Keramik, Gläser, Tapeten und Graphik anfertigte und außerdem Bilder malte. Anfang April 1899 wurde die Kolonie durch eine Artikelserie im „Darmstädter Tagblatt" der Öffentlichkeit bekannt gemacht. Gleichzeitig wurden drei weitere Künstler offiziell eingeladen, der Kolonie beizutreten. Dies waren Rudolf Bosselt, ein Bildhauer, der auch Münzen und Medaillen entwarf, Paul Bürck, ein Maler, der sich auch mit Buchausstattungen und anderen Gegenständen der angewandten Kunst befaßte, und Patriz Huber, ein Innenarchitekt und Möbelentwerfer. Sie alle arbeiteten mit Alexander Koch zusammen.

Der genaue Wortlaut der einzelnen Verträge für die ersten nach Darmstadt berufenen Künstler ist nicht bekannt (die Archive der Künstlerkolonie wurden in der Nacht vom 11. zum 12. September 1944 durch Bomben vernichtet), grundsätzlich aber galt der Vertrag für drei Jahre mit einem Jahresstipendium oder -gehalt, Grund- und Bodenerwerb zu sehr günstigen Bedingungen und einer Beihilfe zu den Baukosten. Theoretisch sollte es den Künstlern erlaubt sein, ohne Rücksicht auf Verkauf oder industrielle Herstellung ihrer Arbeiten, ihren eigenen Weg zu gehen. Sie waren nicht verpflichtet, Unterricht zu geben. Grundsätzlich hatten sie die Freiheit, besondere Aufträge und private Schüler anzunehmen. Reisen aus erzieherischen, kulturellen oder geschäftlichen Gründen waren gestattet. Die Kolonie sollte den Charakter einer „freischaffenden Gemeinde... ohne Rangunterschiede" haben.

Behrens als einer der „Sieben"

Am 3. Juni 1899 wurde eine Ausstellung von Behrens' Arbeiten in der Kunsthalle eröffnet, und im Juli wurde er zu den bereits gewählten vier Künstlern hinzugeladen. Zusammen mit Ludwig Habich, dem Bildhauer (der als einziger aus Darmstadt stammte), und Joseph Maria Olbrich, dem Wiener Architekten, bildeten die „Darmstädter Sieben" eine Gruppe von jungen Künstlern zwischen einundzwanzig und dreiunddreißig Jahren.

Im November überreichten die Künstler dem Großherzog eine von Behrens entworfene und ausgeführte Botschaft, worin sie ihr künstlerisches Programm skizzierten, und die, was besonders wichtig war, den Plan für eine für 1901 vorgesehene Ausstellung „Ein Dokument deutscher Kunst" enthielt. Tatsächlich war es nicht so sehr ein künstlerisches Manifest – einige der Künstler veröffentlichten ihr Glaubensbekenntnis in den folgenden Monaten in Zeitschriftenartikeln – als vielmehr eine Absichtserklärung, die zweifellos zu großen Teilen bereits vorher mit dem Großherzog abgestimmt worden war. Das allgemeine Ziel war, „ein bleibendes Bild von moderner Kultur und modernen künstlerischen Empfindungen" zu präsentieren. Das Bauprogramm wurde in großen Zügen entworfen; eine Ausstellungshalle für die interessantesten Schöpfungen der Kolonie, eine weitere für bildende Kunst und noch eine für Theaterentwürfe und -aufführungen waren geplant. Vor allem sollten Modell-Einfamilienhäuser ihre künstlerischen Grundsätze vorführen. Sie wollten „einfache und reich ausgestaltete Familienhäuser" errichten, „welche als geschlossenes Ganzes in überzeugender Weise die richtigen Grundsätze unserer Kunstempfindung zum Ausdruck bringen". Diese Häuser sollten auf der Mathildenhöhe entstehen, einem hügeligen Gelände im Nordosten der alten Stadt, das dem Großherzogtum gehörte.[4]

Die erste Arbeit der Künstlerkolonie war ein Innenraum im Deutschen Pavillon der Pariser Weltausstellung von 1900. Peter Behrens trug einige seiner Holzschnitte bei, Bucheinbände und dekorative Einzelheiten. Dieser Innenraum, der zum großen Teil von der Darmstädter Möbelfirma Glückert ausgeführt wurde, war eine Sensation – einmal wegen seiner Modernität und dann, weil es – anders als bei der Mehrzahl der übrigen Exponate auf der Messe – hier nicht um eine heterogene Ansammlung von Objekten ohne irgendeine

Beziehung untereinander ging, sondern um ein einheitliches Interieur, das Ergebnis einer neuen künstlerischen Zusammenarbeit.

Im August kam Peter Behrens zum ersten Mal nach Paris. Julius Meier-Graefe lernte ihn dort kennen und erinnerte sich später, daß Behrens ganz begeistert war von den „primitiven" Kunstwerken aus dem Orient und aus Ägypten, die es dort zu sehen gab, daß er aber nicht das geringste Interesse an den Sammlungen mit europäischer Malerei hatte.

Das Haus Behrens auf der Mathildenhöhe

Behrens war jetzt zweiunddreißig Jahre alt. Für ihn begann eine Epoche extrem verschiedenartiger Tätigkeiten, eine Zeit, in der sich seine künstlerische Persönlichkeit entscheidend wandelte: aus dem fähigen, wenn auch nicht sehr wagemutigen Maler und Jugendstilgraphiker mit Interesse am Kunsthandwerk wurde ein Architekturautodidakt und Industriedesigner.

Die Urkunde für das an Peter Behrens verkaufte Grundstück wurde im Juli 1900 ausgefertigt und bezeichnet ihn als „Professor", und so wurde er sein Leben lang genannt. Sein Haus, das einzige der Kolonie, das nicht von Olbrich entworfen war, sollte zugleich ein Wohnhaus und ein Ausstellungsstück in der entstehenden Ausstellung von 1901 sein: die Dokumentation einer Lebensweise und das Modell eines neuen Stils. Die Bauland- und Baukosten für die Häuser mußten von den Künstlern selbst aufgebracht werden. Das dafür nötige Kapital wurde von ihnen mit der Aussicht auf die zu erwartenden Aufträge und die Verkäufe bei der Ausstellung aufgenommen. Die Baukosten für die Villen betrugen durchschnittlich 40 000,- Mark, und die Kosten für die Innenausstattung, die Möbel und die sonstigen Gegenstände beliefen sich auf rund 30 000,- Mark. Das Haus mit dem geringsten Aufwand – Olbrichs eigenes – kostete insgesamt 30 000,- Mark, während das von Behrens mit 200 000,- Mark das teuerste war.[5]

Sein Haus liegt am Alexandraweg, der ungefähr in ostwestlicher Richtung durch die Mathildenhöhe verläuft. Das Äußere ist dem traditionellen Haus an der Küste Norddeutschlands, an der Grenze nach Holland und Dänemark, nicht unähnlich. Der niederländisch wirkende Giebel beherrscht die Fassade, und dekorative Blendpfeiler, Keilsteine und Tragbalken nehmen Motive des Fachwerks auf. Sie bestehen aus grünglasierten Klinkern, die gegen die in reinem Weiß gehaltenen Wandflächen gesetzt sind. Das Dach ist mit kräftigroten Ziegeln gedeckt. Die Kamine sind hochgezogen und erinnern etwas an den Tudor-Stil. Über dem Fenster der Diele zur Gartenseite steht die Inschrift: „Steh' fest mein Haus im Weltgebraus".

Das Haus hat nahezu die Form eines Kubus – ein frühes Beispiel der Behrensschen Vorliebe für kräftige geometrische Formen in der Architektur. Das Innere besteht – nach Süden, der Gartenseite – aus drei Geschossen über einem Souterrain, in dem die Küche liegt. Über dem Speisezimmer war das Schlafzimmer von Frau Behrens und im Dachgeschoß ein Gästezimmer und das Zimmer ihres Sohnes Josef. (Die Familie Behrens hatte zu der Zeit zwei

Behrens-Haus in Darmstadt, 1901.

Kinder, die beide in München zur Welt kamen. Josef, geboren 1890 und Petra, 1898.) Zur Vorderfront des Hauses, nach Norden also, sind die Räume höher, so daß sich nur zwei Geschosse bilden: der Musikraum und darüber das Atelier von Peter Behrens.

Der Grundriß des Erdgeschosses ist einfach und großzügig. Er besteht aus einer Diele, von der die Treppe abgeht, die sich mit weiten Schiebetüren zum Musikzimmer öffnet, dieses wiederum ist mit dem Speisezimmer durch einen weiten Bogen verbunden. Daran schloß sich das Wohnzimmer der Dame an. Auf diese Weise ließ sich das ganze Erdgeschoß – zum Beispiel für Musikabende – zu einem ineinander übergehenden großen Raum öffnen. Alles war so angelegt, daß die Bewohner des Hauses – wenn sie es wünschten – ganz für sich sein, aber auch mühelos zusammenfinden konnten. Der Grundriß des Erdgeschosses ist mit dem ersten Haus von Frank Lloyd Wright in Oak Park verglichen worden, das er ein Jahr zuvor gleichfalls für sich und seine Familie gebaut hatte. (Wright war übrigens ein unmittelbarer Zeitgenosse von Behrens; er, Matisse und Lutyens sind ein Jahr nach ihm geboren.) Morton Shand schreibt dazu:

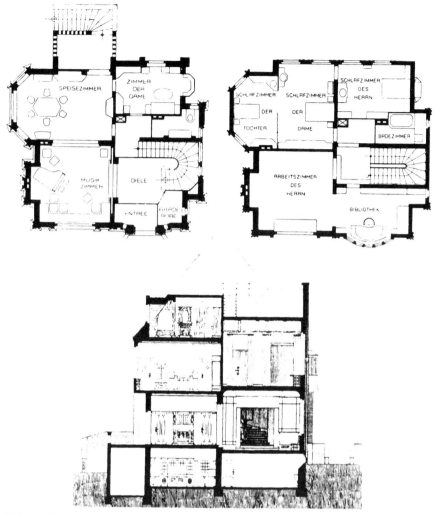

Behrens-Haus in Darmstadt, 1901, Grundriß Erdgeschoß (oben links); Obergeschoß (oben rechts); Schnitt (darunter).

„Behrens verband die Räume untereinander zu einer organischen zwanglosen Einheit, und zwar weitaus entschiedener und kompromißloser als van de Velde es je gewagt hatte ... er erwies sich als Meister der ‚Raumgestaltung' ... eines Entwurfs, der den *Raum* betont statt die starren Flächen, die ihn umschreiben."[6] Das Musikzimmer wurde als Herzstück des Erdgeschosses betrachtet. Behrens schrieb, daß damit das Musikzimmer – in Wahrheit der Hauptraum des Hauses – vornehmer, edler hervortrete, sich höher ausnehme als die übrigen Räume, es notwendig gewesen sei, den Fußboden um zwei

Stufen gegenüber der Diele abzusenken und die Decke des anstoßenden Speisezimmers um ebensoviel anzuheben.[7]

Das Musikzimmer wirkte dunkel und intensiv, mit viel Intarsien in dunklem Holz; es war mit Armsesseln, Stühlen und Bänken aus schwarzgebeizter Birke möbliert und hatte eine vergoldete Decke „wie in einer alten Kirchenkuppel" und blaues Spiegelglas an den mit rotem und gelbem Marmor dekorierten Wänden; ein Flügel aus graugebeiztem Ahorn stand in einer Nische unter dem großen Gemälde „Ein Traum" von 1897. Dieses Bild schätzte Behrens unter seinen eigenen Arbeiten besonders, und es erhielt Jahre später auch in seinem Haus in Neubabelsberg einen bevorzugten Platz. Zu beiden Seiten der Nische standen hohe Kandelaber, und beiderseits des Durchgangs zum Speisezimmer waren die Pfeiler mit stilisierten Figuren in der Art ägyptischer Gottheiten dekoriert, die kristallene Lüster trugen. (Auf dem Deckel des Flügels war das ägyptische Motiv der ausgebreiteten Flügel angebracht.) Der Boden des Zimmers war mit einem Mosaik aus wertvollen Hölzern ausgelegt.

Behrens hat den feierlichen, fast sakralen Charakter dieses Raums in der kleinen Broschüre zu seinem Haus hervorgehoben, die Besucher während der Ausstellung erwerben konnten. Es sei, so erklärte er zum Beispiel, der „vergeistigte Zweck" der Stufen zwischen dem Musikzimmer und dem Speisezimmer, „dem Verkehr zwischen beiden Räumen eine rhythmische Bewegung zu verleihen". Dergleichen irritierte einige Betrachter, was nicht überrascht, und das Darmstädter Tageblatt fragte, wie viele Sterbliche Behrens nachempfinden könnten, der die Stufe zwischen Speise- und Musikzimmer verschieden interpretiere, je nach der Richtung, in der man sie betrete. In der „Jugend" erschien ein kleines Spottgedicht:

> Auch der innere, seelische Zweck der Stiegen
> Er blieb' dir noch heut' und für immer verschwiegen,
> Hätt' nicht im Tone milden Belehrens,
> Dich aufgeklärt Herr Peter Behrens![8]

Im krassen Gegensatz zum Musikzimmer stand das Speisezimmer mit weißlackierten Möbeln und Paneelen und Lampen aus Silber und Kristall. Der Teppich und die übrigen Accessoirs waren weinrot.

Eine Tür öffnete sich auf eine Terrasse, von wo aus Stufen in den Garten hinunterführten. Das Wohnzimmer der Dame, das an das Speisezimmer anschloß, war mit polierter Birke ausgestattet und möbliert, hier beherrschte Gelb den Raum.

Im Obergeschoß gab es zwei große Schlafzimmer, das für Frau Behrens in poliertem Zitronenholz und mit gelben Seidenvorhängen passend zum Bettüberwurf hatte einen Teil, der sich zu einem Schlafzimmer für ein kleines Kind abtrennen ließ. (Petra Behrens war zwei Jahre alt.) Das Schlafzimmer von Peter Behrens war mit violett-lackiertem Pappelholz ausgestattet.

Das Maleratelier, in dem die Deckenbalken sichtbar waren, eine Bibliothek, auf die es hinausführte, und ein Badezimmer vervollständigten dieses Geschoß. Das Dachgeschoß enthielt ein Gastzimmer und das Zimmer des Sohnes. Hier waren alle Zimmer – die Decke, die Wände, der Fußboden – mit Natur-Tannenholz ausgekleidet. Behrens schrieb dazu:

Behrens-Haus in Darmstadt, Eßzimmer.

„Bei der Anlage des Gästezimmers im Dachgeschoß war dem Prinzip der Separierungsmöglichkeit in erhöhtem Maße Rechnung zu tragen. Hier sollte dem Gast gleichsam im Kleinen alle Wohnbequemlichkeit geboten werden. Indem die Dachstuhlsäulen zur Einteilung des Gemaches ausgenutzt wurden, gliedert sich dieses in einen Wohn- und einen Schlafraum, und der anschließende Balkon bietet dem Gast einen Aufenthalt im Freien, ohne ihn mit den Hausgenossen in Berührung zu bringen."

Die Zimmer im Dachgeschoß hatten Gasheizung, das übrige Haus wurde zentral durch einen Boiler im Keller beheizt.

Das Innere des Hauses war eine bemerkenswerte Tour de force eines in den verschiedensten Mitteln und Materialien – Holz, Marmor, Glas, Keramik, Metall und Textilien – übereinstimmenden Entwurfs. Teppiche, Wandverkleidungen, Decken, Türen, Beleuchtungskörper, Möbel, Bestecke, Gläser, Porzellan und Wäsche waren sämtlich von Behrens entworfen. Man denkt unweigerlich an das Vorbild Henry van de Veldes, über dessen kurz zuvor in Uccle bei Brüssel gebautes Haus „Bloemenwerf" ausführlich in Deutschland berichtet worden war, hervorragend in der zweiten Nummer von Meier-Graefes Zeitschrift „Dekorative Kunst" (1898/99). Eine Resonanz auf „Bloemenwerf" läßt sich vielleicht in den Giebeln und einigen Fensterformen des Behrens-

Hauses erkennen. Seine Speisezimmerstühle jedenfalls haben eine bemerkenswerte Ähnlichkeit mit denen van de Veldes in Uccle.

In verschiedenen Artikeln, die er zu dieser Zeit veröffentlichte – in seiner kleinen Broschüre zum Haus, im Hauptkatalog der Ausstellung und anderswo – gab Behrens vielbeachtete Erklärungen über seine Absichten beim Entwurf seines Hauses und seine Beteiligung an der Künstlerkolonie ab. Sie reichten vom besonderen bis zum allgemeinen:

„Ich war ... durch die örtlichen Verhältnisse gezwungen, den Flächeninhalt des Grundrisses auf das möglichst geringste Maß zu beschränken, und andererseits doch genötigt, die für das Leben einer Familie von mittlerer Angehörigenzahl erforderlichen Räume darin einzufassen."

Und allgemein schrieb er:

„Architektur heißt Baukunst und vereinigt in ihrem Namen zwei Begriffe: die Kunst des Könnens, das Beherrschen des praktischen, nützlichen Faches und die Kunst des Schönen. Es liegt etwas Befreiendes darin, in einem Worte die beiden Begriffe, den des praktischen Nutzens und den anderen des abstrakt Schönen vereinigt zu sehen, die beiden Begriffe, die oft, in unserer Zeit bedauerlich oft, einander feindlich gegenüberstanden. Wir haben eine Zeit verlebt, wo sie fast das Gegenteil bedeuteten. Wir haben diese Zeit hinter uns und können mit Befriedigung behaupten, daß die Anzeichen der Versöhnung immer erkennbarer werden. Der praktische Gegenstand scheint uns nicht mehr ganz prosaisch nur seinem bloßen Zweck zu dienen, sondern verbindet mit seinem Nutzen ein Wohlgefallen. Man war auch früher bestrebt, die Nüchternheit des alltäglich Nützenden durch Verschönerungen zu beleben und fügte dem einfach dienenden Objekte Zierrate, Ornamente an, gab vieles dazu, um den plumpen alltäglichen Zweck zu verschleiern ... Da kam die Erkenntnis des psychischen Wohlgefallens am Nützlichen, am Zweckmäßigen. Man wünschte, den Zweck zu merken, die Zweckmäßigkeit zu erkennen ... Diese logische Entwicklung eines künstlerischen Erkennens, vereint mit dem Fortschritt unserer Technik und den neuentdeckten Materialien, bürgt für die Fruchtbarkeit und die Berechtigung eines neuzeitlichen Stiles. So werden wir jetzt durch die Vereinigung der beiden Kunstbegriffe auch wieder mit berechtigter Überzeugung von einer im höchsten Verstande zeitgemäßen Baukunst reden dürfen."

Seiner Ansicht nach waren die „Sieben" davon überzeugt, in einer Zeit zu leben, in der eine neue Ära begann. Er glaubte mit ihnen, daß angewandte Kunst den anderen Kunstformen gleichgestellt sein sollte und es keinen Qualitätsunterschied zwischen den Künsten gäbe. Für das wichtigste in der Architektur und im Objekt-Design hielt er den Zweck und die Konstruktion. Er setzte sich für Formen ein, die „zum Gebrauch einladen". Er wollte, daß in Darmstadt „jedes erdenkliche Gebiet der Kunst, der Technik, des Gewerbes" berücksichtigt werde. Er sah die Natur als einen Mentor an und riet, „daß nicht die einzelne Form in der Natur uns ein nachahmenswertes und ausschlaggebendes Vorbild sein sollte..., sondern ihr Aufbau, ihre Struktur, ihre Konstruktion; ... das gewaltige Gesetz der Natur."

In Darmstadt sah er die Entwicklung eines „neuen, unseren Empfindungen

Behrens-Haus in Darmstadt, Arbeitszimmer.

angepaßten Styls", der über das hinausgeht, was wir als reale Möglichkeit kennen. Er wollte „Kunst genießen, in dem Sinn, daß alles Leben Schönheit wird und Schönheit jedem Leben gibt". Das ganze Leben sollte „zu einer großen gleichwertigen Kunst werden... Leben selbst wieder ein Styl".

Im großen und ganzen wurde das Haus gut und in dem Geist, in dem es gedacht war, aufgenommen. Felix Commichau, zum Beispiel, schrieb:

„Behrens schafft aus dem Prinzip, jeder Aufgabe von dem Standpunkt gerecht zu werden, der Einblick in ihren innersten Wesenskern gewährt... Durch und durch ein neuzeitlicher Mensch, hat Behrens, indem er sich gab, ein echtes neues Kunstwerk gegeben, ein Werk aus einem Guß. Es besteht nicht aus Formen, es ist eine Form vom Sockel bis zum First... Den Schmuck, sei er plastischer, malerischer oder anderer Natur, diese sekundäre Erscheinung, die unseren Architekten zur Hauptsache wurde, verbannt er völlig und gestattet sich von diesem als richtig erkannten Prinzip nicht die geringste Abweichung... Sein Haus wird ein innig gefügtes Gebilde, eine große Form, die eine neue Schönheit atmet, bescheiden sich dem Zweck beugt und dennoch vornehm verkündet, wem sie dient... Auf dem Wege, den Behrens eingeschlagen hat, können wir frei und mündig werden."[9]

Karl Scheffler, der zu dieser Zeit viel mit Behrens zusammentraf (und der Pionier einer gutinformierten Architekturkritik in der allgemeinen Presse und später der Herausgeber von „Kunst und Künstler" war), schrieb in einer dem Behrens-Haus gewidmeten Sonderausgabe:

„Der Gefühlszustand, der das Leben musikalisch zu empfinden trachtet, kann in einer selbstgeschaffenen Umgebung nur breite, harmonische Unterlagen dulden, nur einfache, volle Klänge. Behrens' Kunst will nicht die Nerven zu hastigen, subtilen Genüssen anreizen, sie soll dem Willen weder Zügel sein noch Peitsche und Sporn. Aber dort, wo Menschen mit ‚lässigen Muskeln und abgeschirrtem Willen' in lächelndem Bewußtsein der Kraft Melodien zu sinnen wissen, will sie diesem freundlichen Spiel den ruhenden Orgelpunkt schaffen."[10]

Sehr viel später äußerte Scheffler sich weitaus skeptischer: die „Selbststilisierung" sei Behrens zur zweiten Natur geworden. Einige Jahre lang aber blieb eine ziemlich vage ausgedrückte exaltierte Begeisterung bestimmend für die Behrenssche Kunstproduktion. 1905 schrieb Heinrich Pudor, man sage von Behrens, er sei „weder hauptsächlich Maler noch Architekt oder Zeichner, sondern hauptsächlich Lebenskünstler". Er hatte ein Haus gebaut, das „den Stempel der Persönlichkeit des Besitzers" trug. Da (zur Zeit als dies geschrieben wurde) sein Schöpfer und Hausherr in Düsseldorf lebte, sollte es nicht von anderen genutzt werden, sondern so erhalten bleiben, wie es war, als er, einer der „Kommenden Geschlechter", dort wohnte; es sollte als „Museum der Musen, als Behrens-Museum oder einfach als das Haus des Künstlers, noch einfacher als das Haus eines derer, die da kommen werden", bewahrt bleiben.[11]

Das Theater und die Ausstellung in Darmstadt

Zu dieser Zeit wurde Behrens' Theaterbegeisterung lebhaft angeregt, vielleicht durch seinen Kontakt mit Georg Fuchs, sicherlich aber durch seine wiederbelebte Freundschaft mit Richard Dehmel, den er in München getroffen und dessen Holzschnitt-Porträt er für die erste Ausgabe der „Ausgewählten Gedichte" geschaffen hatte.[1] Seine Diskussionen mit Dehmel, einem in Deutschland weitbekannten Vertreter der „Neuromantik", über das Theater hatten einen starken Einfluß auf Behrens' ersten größeren Essay, einen kleinen Band mit dem Titel „Feste des Lebens und der Kunst: Eine Betrachtung des Theaters als höchstes Kultursymbol". Der Titel hält sich eng an den Artikel von Fuchs „Die Schaubühne: Ein Fest des Lebens" und an Dehmels „Eine Lebensmesse", die in den Ausgewählten Gedichten erschien.

Die im Juni 1900 geschriebene fünfundzwanzig Seiten starke Broschüre war mit größter Sorgfalt entworfen. Das Layout und der Buchschmuck waren genau aufeinander abgestimmt, und für den Einband verwendete er eine Groteskschrift – eine für die Epoche ungewöhnliche Schrift.

Das kleine Buch, das der Künstlerkolonie gewidmet war, ist zugleich die Beschreibung eines idealen Festspielhauses (das, wie Behrens offensichtlich hoffte, jemand stiften würde), zugleich eine Erörterung von Realismus und Stilisierung auf der Bühne und eine etwas wolkig-rhetorische Verlautbarung seiner Version vom Leben als eine Art künstlerischen Rituals. Er benutzte durchweg das Präsens, was seinen Äußerungen etwas Beschwörendes gab.

Das Theater sollte hoch oben an einem Berghang über einem Tal liegen und mit heiteren Farben ausgemalt sein, „als wollte es sagen: Meine Mauern bedürfen des Sonnenscheins nicht!" Es sollte mit Girlanden umwundene Säulen haben und sieben Maste mit langen weißen Fahnen. Von der Höhe her würden Trompeter in leuchtenden Kostümen langanhaltende Signale weit über das Land und die Wälder blasen. Die großen Türen sollten langsam aufgehen, um die Teilnehmer in ein höher gelegenes Auditorium aufzunehmen, das in dunkleren Farben gehalten wäre als das Äußere. Die Atmosphäre, die durch Farben und die Töne von Orgel, Geigen und Trompeten geschaffen würde, sollte die Zuschauer verzaubern. Alle traurigen oder haßerfüllten Gedanken würden von ihnen abfallen, und das Spiel des Lebens könnte beginnen: „Wir selber spielen es, das schöne Schauspiel unserer ernsten Freude!"

Die Stücke, die er für dieses Theater vorsah, sollten Musik und Tanz, Sprache und Bewegung vereinen. Tragödien sollten vermieden werden. Für das „Festhaus" war Heiterkeit geplant, aber auch der Kitzel eines witzelnden Humors war zu unterlassen. Shakespeares Humor, so argumentierte er geheimnisvoll, bringe uns nicht zum Lachen, im Grunde sei er ernsthaft. „Er stimmt uns ernst durch seinen Geist."

Ein Bühnenbild wäre nicht nötig, Zeit und Ort der Handlung in einem Stück, schrieb er, drückten sich bereits im Text aus. Ein großer Teil der Handlung sollte sich in der Form von reliefhaften Gruppierungen und Bewegungen parallel zum Proszenium abspielen. Das Proszenium werde übrigens einen Teil des Auditoriums des Zuschauerraums bilden, um eine möglichst geringe Trennung zwischen den Zuschauern und den Schauspielern zu bewirken: „Wir wollen uns nicht trennen von unserer Kunst."

Der Schauspieler müßte rhythmisch sprechen, jeder Schritt, jede Bewegung schön sein, er würde ein „Meister des Tanzes" sein. „Der Schauspieler stehe über seiner Rolle, er verdichte sie, bis alles Pathos ist und Pose." Es werde keine konventionellen Zeiten für die Theatervorführungen geben: Am Tage werde das Sonnenlicht in das Theater strömen, bei Nacht solle ein allgemeines Kunstlicht – kein gezieltes Rampenlicht – den Raum ausleuchten. Während der langen Pausen könnte das Publikum im Zuschauerraum bleiben oder auf eine Terrasse treten, von wo aus es einen Blick über Hügel und Täler oder hinunter auf die Stadt mit ihrem brausenden Leben hätte.

Es gibt keine Illustration in dem Büchlein „Feste", aber zu einem Artikel (im Januar 1901), den er für „Die Rheinlande" schrieb, erschien ein Plan.[2] Dieser Artikel skizzierte den Vorschlag, Richard Dehmels „Lebensmesse" auf die Bühne zu bringen. Eine Illustration zeigt das Erdgeschoß seines Festspielhauses; eine andere stellt in einer Detailzeichnung die Bühne dar und gibt die Verteilung der Gruppen und die Stellung der Figuren in Dehmels Spiel an. Aus diesen Plänen und aus der Beschreibung in „Feste" läßt sich eine Vorstellung

„Feste des Lebens und der Kunst".
1900, Widmungsseite.

gewinnen, wie das Theater aussah. Es muß als kreisrunder, überwölbter Bau gedacht gewesen sein, mit vier Eingängen in den vier Himmelsrichtungen: der südliche oder Haupteingang („Das Portal der Sonne"); der östliche („Der Morgenstern"); der im Westen („Der Abendstern") waren für die Zuschauer oder die Teilnehmer gedacht, das Nordportal („Das des Mondes") für die

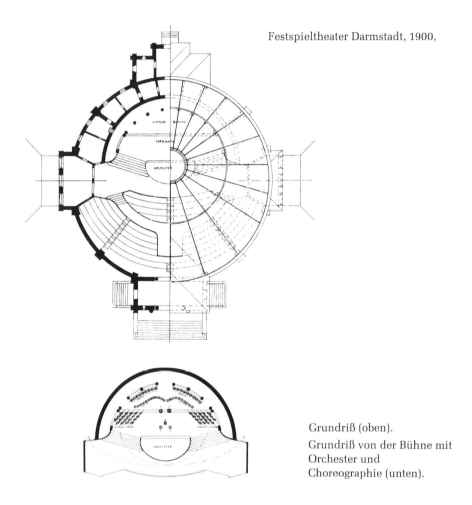

Festspieltheater Darmstadt, 1900, Grundriß (oben). Grundriß von der Bühne mit Orchester und Choreographie (unten).

Darsteller. Der abgesenkte Orchestergraben nahm praktisch die Mitte des Raums ein. Zu beiden Seiten des Orchesters führten breite, flache Stufen zu der halbkreisförmigen Bühne hinauf, die nahezu die Hälfte des Innenraums in Anspruch nahm. Hinter der Bühne bildete eine halbkreisförmige Mauer, die sich nur in der Mitte öffnete, eine Art Rundpanorama. Etwas davorgesetzt, befanden sich als Dauerausstattung einige Säulen und Pfeiler. Die andere Hälfte des Raums füllte die halbkreisförmig angeordnete Bestuhlung. Zwischen der Bühne und den Zuschauersitzen führte ein ebenerdiger Wandelgang von Ost nach West.

Da es keinen Frontalaufriß des Baus gibt, liegt die Versuchung nahe, ihn sich in den Formen vorzustellen, die der zu der Zeit weitbekannte Illustrator und Freund Richard Dehmels, Hugo Höppener oder „Fidus", ins Leben gerufen hatte. Höppener, ein prominenter Anwalt der „Lebensreform" (einer Bewegung, die Nacktkultur, Reformkleidung, Handwerkskunst, Planung von Gartenstädten, nordische Folklore und andere Gegenstände umfaßte), hatte Zeichnungen und Pläne von einer Reihe visionärer ritueller Bauten veröffentlicht, darunter einen phantastischen „Tempel der Erde" (1895).[3] Interessant ist auch ein Vergleich dieser Pläne mit den vielen Rundtheatern, die inzwischen entworfen und gebaut wurden.[4]

Der letzte Absatz in „Feste" ist gewissermaßen eine Wiederholung des ersten, so daß der Gesamteindruck einer Art Beschwörung entsteht. „Wir aber sind glücklich und freuen uns, daß wir in einer Zeit stehen, wo wieder ein starker Wille lebt und der Glaube an die Schönheit."

Behrens als Direktor

In seinem Artikel in „Die Rheinlande" hatte Behrens geäußert, Dehmels „Lebensmesse" sei das erste Anzeichen für ein Theater, an das er glaube.

„Wenn das Drama aus dem religiösen Kult hervorgegangen ist, so sehe ich ein großes Zeichen für den werdenden Bühnenstil schon in dem Umstand, daß wieder Dichter leben, die uns und unsere Zeit für einen Kult des Lebens die Formen geben. Wir wollen das Haus von unten bauen. Dehmels ‚Lebensmesse' ist ein Grundstein, feierlich geformt."

Dies war die erste Schöpfung des neuen Theaterstils. Sie enthielt „keinen tragischen Konflikt", kein „wahrscheinlich gemachter Vorgang" erregte Gefühle.

„Die dramatische Wirkung dieser Dichtung beruht in dem Rhythmus des allgemeinsten Lebens selber, in dem unmittelbaren Ausdruck des Schicksals durch typische Situationen, in der harmonischen Verschlingung figürlicher Lebenslinien, kurz in der Form, in der vom Standpunkt des bildenden Künstlers aus empfundenen und erfundenen Form."

Man sollte keinen Inhalt darin finden, sondern eine Art Abstraktion, „ein durch die Form der Kunst zur Seele dringendes Symbol."[5]

Eine Vorstellung von der Art der Bühnenausstattung, die Behrens für diese oder eine andere ähnliche Aufführung geschaffen hätte, läßt sich aus einem früheren Essay („Die Dekoration der Bühne" 1901) gewinnen:

„Die Malerei sollte soweit stylistisch fast ganz zur Auflösung ins Ornament behandelt werden, daß die ganze Stimmung des Aktes durch Farbe, Linie getroffen wird. Die Materie soll eben keine Natur darstellen, sondern ein schöner, charakteristischer Hintergrund sein, vor dem schöne Menschen in prächtigen Gewandungen und mit feinen Bewegungen die schönste Sprache reden. Die Kostüme der Chöre und Statisten sind für koloristische Wirkungen auszunützen, die der Haupt-Darsteller als selbständige Kunstwerke (bei modernen Stücken sogar als Beispiel feinsten Geschmackes zu betrachten)."[6]

In seinem Artikel in „Die Rheinlande" entwarf Behrens die Choreographie für „Eine Lebensmesse" mit Hilfe des Bühnendiagramms, auf das oben Bezug genommen wurde. „Eine Lebensmesse" ist eine Art kurzes Oratorium. Sie wird von einem Chor der Alten gesprochen, einem Chor der Mütter, einem der Väter und der Kinder. Einzelne Partien sind die der Jungfrau, des Helden, der Waise und der Zwei Fremden. Es ist eine weltliche Hymne an die Menschheit, in der die verschiedenen Charaktere sich über ihre Rolle im Leben und über die Wechselfälle des Lebens äußern. Einen Handlungsablauf oder Plan gibt es so gut wie nicht, wenn auch die „Zwei Fremden" die „Waise" während der Darbietung in ihre Obhut nehmen.

Behrens' Choreographie läuft auf nicht viel mehr hinaus als auf eine ziemlich hölzerne und langweilige Verteilung der Mitwirkenden und einige einfache Bewegungen. Die Chöre der Mütter und der Kinder bleiben in zwei gleichen Gruppen auf beiden Seiten der Bühne stehen – als Symbol des ewigen Lebens. Sie führen ihre Bewegungen auf der Stelle aus. Vor dem Halbkreis der Säulen ist – zu beiden Seiten eines Zwischenraums – der Chor der Alten in einer Reihe aufgestellt. Im Mittelpunkt der Bühne treten die Solisten in der Reihenfolge auf, wie sie in Dehmels Dichtung angegeben ist. Die Väter sind in Form eines Amorbogens in der Mitte der Bühne angeordnet, sie bleiben bis zum Ende der Aufführung stehen, so daß ein plastisches Bild entsteht.

Behrens' wesentliche Neuerung in der Darbietung des Theaters bestand darin, einige „Alte" aus dem Chor der Alten, zwei „Führer" aus dem der Väter und zwei Sprecherinnen aus dem der Mütter heraustreten zu lassen: Sie führten den jeweiligen Chor an, indem sie einen Teil der Verse vorsprachen, und der Chor fiel jeweils ein, wie bei einem mehrstimmigen Lied. Nach jeder Deklamation verschmolzen die Vorsprecher wieder mit ihrem Chor, wobei der Chor der Älteren als „eine in Blau variierende Verbrämung der beiden Flügel der Hinterbühne" beschrieben wird. Ihre Bewegungen sollten nicht „natürlich" sein, sondern „ihr eigenes Leben in sich" haben, sie sollten „übersetzte Formen einer überirdischen Gewalt" sein.

Behrens führte auch ein Nachspiel ein, mit dem sich das Schlußbild auflöste. Die Schauspieler „verlassen die Bühne in Tanz-Anordnung und schöner Schrittweise", wie es nach Ansicht von Behrens der Rolle des Schauspielers als „Priester des Wortes, der schönen Gebärde und des Tanzes" entsprach. Seine Zeichnung zeigt den Weg, auf dem die Chöre der Mütter und der Kinder die Bühne über die Stufen zu beiden Seiten des Orchesters verlassen, sich dabei vor dem Publikum kreuzen und an der entgegengesetzten Seite hinausgehen sollten. Behrens gab seiner Überzeugung Ausdruck, daß die Aufführung eine solche vergeistigende Wirkung auf das Publikum haben würde, daß jeder zögern werde, das Theater zu verlassen.[7]

Mit diesen Plänen gehört Behrens zusammen mit Georg Fuchs zu den Pionieren einer deutschen Theater-Reformbewegung, die den Boden bereitete für den unglaublichen Erfolg eines Gordon Craig oder Max Reinhardt nur wenige Jahre später. In seinen Theorien über Bühnenaufführungen übernahm er viel von Dehmel[8]. Dieser war einer der frühesten Bewunderer Nietzsches und zeigte sich sehr empfänglich für alle bedeutenden Untersuchungen über griechische Kultur und Gesellschaft, die Jacob Burckhardt, Nietzsches Kollege an der Baseler Universität, veröffentlicht hatte. Viele der bleibenden Ansichten von Behrens über den Klassizismus leiteten sich letztlich von diesen beiden Autoren ab.[9]

„Das Zeichen" – die Eröffnung der Ausstellung am 15. Mai 1901

Behrens hatte gehofft, daß „Eine Lebensmesse" von der Darmstädter Künstlerkolonie arrangiert würde, aber aus dem Plan wurde nichts. Statt dessen machte er seine erste praktische Erfahrung mit einer Bühnenaufführung bei der Eröffnungsfeier zu der Ausstellung „Ein Dokument deutscher Kunst". Diese Feier vor dem Ernst-Ludwig-Haus fand in Form einer Festaufführung von Georg Fuchs' „Das Zeichen" statt. Fuchs hatte bereits ein Stück für die Feier der Grundsteinlegung des gleichen Baus geschrieben, der Künstlerwerkstätten, Empfangsräume, einen Musikraum und die Wohnungen von Huber und Bürck enthielt.[10] Das neue Werk „Das Zeichen" enthielt Musik von Willem de Haan und wurde gemeinsam von Behrens, Fuchs und Haan inszeniert.

Das „Zeichen" war ein Kristall, den ein „Verkünder" trug, ein Herold, der mit den Worten auftrat: „Euch beginnt ein neues Leben..." Seine Botschaft wurde von einem in kostbare lange Gewänder gekleideten und bekrönten Chor entgegengenommen, der sich rhythmisch bewegte. Zwei Solisten, ein Mann und eine Frau, lösten sich für die Dauer ihrer Deklamationen aus dem Chor. Die Wirkung des Verkünders und des Chors, die auf den Stufen zum Haus gruppiert waren, sollte, nach Fuchs, so sein, daß alle Zuschauer (er schätzte sie auf 10 000), die tiefer unten standen, von dem gleichen Gefühl ergriffen würden. Sie sollten eins sein mit dem Herold und den anderen dort oben, die im Lied den heiligen Wunsch aller zum Ausdruck brachten. Ihr gemeinsamer Ehrgeiz war es, eine „unio mystica" der ganzen Stadt zu erreichen – vom Großherzog bis zum Handarbeiter. Wilhelm Schäfer hingegen beklagte, daß zu viele „bloß neugierige Darmstädter und zu wenig Künstler und Kunstfreunde aus dem Reich" anwesend waren.

Die Ausstellung

Als der Großherzog, seine Gemahlin und der Hof nach dem Ende des Festspiels die Szene verließen, war die Ausstellung offiziell für das Publikum zugänglich. Sie blieb bis zum 15. Oktober geöffnet. Sie umfaßte das Ernst-Ludwig-Haus mit den zur Besichtigung offenen Ateliers, den Wohnungen von Huber und Bürck und eine Ausstellung der Arbeiten von Huber, Bürck und Bosselt; die Häuser von Christiansen und Olbrich (die beide nicht rechtzeitig zur Eröffnung fertig waren); das große Glückert-Haus, das eine Dauerausstellung von Möbeln enthielt, die in der Darmstädter Fabrik Glückert hergestellt

„Das Zeichen", Eröffnungsfeier der Künstlerkolonie Darmstadt, 15. Mai 1901.

wurden (auch dieses wurde verspätet eröffnet); das kleine Haus Glückert, das ursprünglich für Bosselt geplant gewesen war (als er sich klar wurde, daß er es sich nicht leisten konnte, übernahm es der Fabrikant Glückert); das Haus Keller, das eine Ausstellung für angewandte Kunst enthielt, Gegenstände, die von Darmstädter Firmen zum Verkauf oder auf Bestellung hergestellt wurden;

das Haus Dieters, des Sekretärs der Ausstellung, und natürlich das Haus Behrens. Zu den provisorischen Bauten gehörte das Hauptportal mit einem zwischen zwei Türmen angebrachten Baldachin, der eine Art Triumphbogen bildete, ein großes Ausstellungsgebäude für Graphik, ein „Spielhaus", ein Konservatorium, ein Orchesterpavillon, ein Postkartenkiosk usw. Alle Bauten stammten mit Ausnahme des Behrens-Hauses von Olbrich. Karten für die ganze Saison kosteten 20 Mark, für Familien 25–28 Mark. Täglich gab es ein Konzert des neuen Wiener Philharmonischen Orchesters, Garten- und Volksfeste und abends Tanz, Feuerwerk, Illuminationen (von Christiansen) und eine Tombola, bei der Gegenstände der Darmstädter „Sieben" verlost wurden.

Im Spielhaus wurde eine Reihe „Darmstädter Spiele" gezeigt, Theaterexperimente, die man an kommerziellen Bühnen für unmöglich hielt. Anfangs waren Olbrich und Behrens abwechselnd für diese Inszenierungen verantwortlich. Jeder von ihnen hatte seinen besonderen literarischen Freundeskreis, und Behrens fand zunächst eine vielversprechende Resonanz bei Schriftstellern wie Schröder, Bierbaum, Hugo von Hofmannsthal, Dehmel, die zur „Insel" gehörten. Olbrich brachte Wilhelm Holzamer aus Wien in diese Gruppe und überließ ihm die Leitung der Bühne für die erste Spielzeit. Holzamers „Weihespiele", mit denen sie eröffnet wurde, waren kein Erfolg. Sie scheinen vor allem aus „Tableaus" und Fragmenten bestanden zu haben, die Stimmungsbilder darstellen sollten. In einem dieser Bilder, zum Beispiel, tauchte eine geisterhafte Gestalt aus dem Dunkel der Bühne auf und verschwand durch den Zuschauerraum. Das Publikum blieb diesen „mystischsymbolischen Stimmungsszenen" bald immer mehr fern, da es auch die gesprochenen Verse unverständlich fand. Das erfolgreichste Ereignis gegen Ende der Spielzeit scheint Wolzogens „Überbrettl" gewesen zu sein, ein literarisches Kabarett, das im Ton leichtherziger und unterhaltsamer war. Lieder und Gedichte von Liliencron, Bierbaum, Wolzogen und anderen bildeten den Grundstock für kleine Tänze, Pantomimen und Schattenspiele. Obgleich einige kritische Stimmen in Darmstadt sie zu „frivol" oder sogar „gewagt" fanden, war man doch allgemein der Ansicht, daß sie „nicht uninteressant" und harmlos seien. In diesem Klima gedieh nichts von Behrens' höheren Ambitionen, und Dehmels „Eine Lebensmesse" wurde nicht aufgeführt. Auch später – in Mannheim, Köln und Berlin – machte er vergebliche Versuche, sie zu inszenieren.

Das Überdokument

Im Juli kündigte die Darmstädter Zeitung die Absicht der Künstler an, eine „gänzlich neue Ausstellung" zu gestalten „... in der Art, wie sie sich wohl jemand vorstellen mag, der sie nur nach gewissen Zeitungsberichten kennt". Die Künstler wollten „vor einem geladenen Publikum ... ein Eröffnungsfestspiel, natürlich gleichfalls im Licht einer gewissen Presse, aufführen".

Diese außerordentliche Ausstellung, eine Parodie der eigentlichen Hauptausstellung, wurde Ende August eröffnet. Sie wurde auf der Mathildenhöhe gezeigt, dort, wo jetzt das Ausstellungsgebäude und Olbrichs Hochzeitsturm stehen. Diese Ausstellung, ironisch das „Überdokument" genannt (der Titel spielte auf das „Überbrettl" – also eine Variété-Unterhaltung – an), entwarfen die „Sieben" selbst. Sie enthielt karikierende Miniaturmodelle aus Papiermaché und Holz, die Hauptgebäude und Häuser, ein Theater, eine Schießbude, in der das Publikum auf die Bilder der wichtigsten Kritiker des Darmstädter Experiments schießen konnte, und weitere Schaubuden. Das „Überdokument" wurde mit einem burlesken Festakt eröffnet, unter anderem einer Modenschau, die Reformkleidung und Jugendstilfrisuren vorführte. Ein „Über-Haupt-Katalog" wurde (als Parodie des Hauptkatalogs zur Hauptausstellung) veröffentlicht. Dieser enthielt unter anderem ein Pastiche der Eröffnungsfeier „Das Zeichen" in derbem Bayrisch. Es gab höchst amüsante Karikaturen der Häuser. Behrens' Haus mit dem Motto „Steh' fest mein Haus im Sturmgebraus!" wurde hier als eine äußerst wackelige Angelegenheit vorgeführt, und im Text werden Behrens' Äußerungen zu seinem Haus parodiert: „Die logische Entwicklung eines künstlerischen Erkennens, vereint mit dem Fortschritt unserer Technik und den neuentdeckten Materialien" wird zum „Neigungswinkel der stützenden Balken gegen die Hausmauern", der genau berechnet ist. „Beides ist aus echtem Material, besonders die logische Entwicklung der Stützen." Das Ziel dieser Ausstellung war vermutlich, den Kritikern der Ausstellung den Wind aus den Segeln zu nehmen, indem man ihre Kritik vorwegnahm und sie übertrieb, um sie lächerlich zu machen. Sie könnte auch – nach dem erhabenen Ton der offiziellen, von der Künstlerkolonie herausgegebenen Verlautbarungen – eine gewisse Erleichterung in der Art einer studentischen Semesterabschluß-Revue geboten haben. Es überrascht hingegen nicht, daß viele durch diese ziemlich grobschlächtige Selbstparodie einigermaßen verwirrt waren und nicht recht wußten, was sie davon halten sollten. In den Augen einiger Besucher war das „Überdokument" eine Geschmacksverirrung, die alle Fehler des „Dokuments" zusammenfaßte. Harry Graf Kessler besuchte die Ausstellung zu diesem Zeitpunkt zusammen mit Henry van de Velde. „Wir waren beide vollkommen degoutiert, namentlich über diese geschmacklose Selbstverspottung..." Kessler zufolge stand van de Velde dem „Dokument" als ganzem äußerst ablehnend gegenüber:

„Van de Velde war... zuerst wie betäubt, faßte sich dann und sagte..., Was diese Leute da gemacht haben, ist genau des Gegenteil dessen, was wir wollen... es fehlt der Sinn für das Organische, es fehlt der Respekt gegenüber den verwendeten Materialien...' Und nach einem zweiten Besuch am 2. September..., Er war wieder sehr aufgebracht: ‚Nein, wie abstoßend! Ich bin froh, das gesehen zu haben. Man merkt, was man nicht tun darf. Ich werde noch einfacher werden, ich werde nur noch Form suchen.'[12] Tatsächlich gab es eine ganze Menge ablehnender Kritik, und sie kam nicht nur von Spießbürgern. Sie war vielleicht unvermeidlich als Reaktion auf die übertriebene Propaganda, die man nahezu ein Jahr vorher für die Ausstellung betrieben hatte; sie wirkte in gewissem Sinne auf die Ausstellung zurück und nährte die Enttäuschung. Es gab Ärger mit der Presse, die nach Sensationen Ausschau hielt und bequeme Zielscheiben für ihren Spott suchte. Im Kreis um Koch, der vielleicht der

Karikatur des Behrens-Hauses (Karikaturist unbekannt) aus „Das Überdokument", 1901.

eigentliche Initiator des ganzen Darmstädter Plans war, spürte man, daß kein großer Sieg über den Historismus errungen worden war. Andere jedoch empfanden es als positiv, daß in der Ausstellung kein „Stil" im historischen Sinne zu finden war. Lichtwark spendete „einem der amüsantesten Experimente unserer Zeit..." ein mildes Lob. Meier-Graefe sprach von „dem Fiasko der Darmstädter Ausstellung". Michael Georg Conrad teilte Lichtwarks Ansicht, daß die Sache hauptsächlich die „Darmstädter und Frankfurter... der wohlhabenden Mittelklasse" interessierte. Er schrieb:

„In diesen Räumen mit ihrem märchenhaften Farben- und Lichtzauber ist das Leben ein Fest. Es ist mehr als ein Leben in Schönheit – es ist ein Ausnahmeleben. Hier zieht man ein, wenn man sich von sauren Wochen und harten Kämpfen bereits erholt hat. Hier ist man Gast bei dynamischen Göttern. Für ringende, sorgenvolle Menschen ist das kein Alltagsheim. Hier kann der moderne Mensch nur im Fluge weilen, zu einem beglückten Augenaufschlag und einem tiefen Atemzug. Bliebe er ständig darin, so müßte er vom Schlaraffentum zum krankhaften Genüßlingstum entarten. Auch als kunstgeweihtes Absteigequartier für sehr junge und sehr schöne Hochzeitsreisende, die zugleich auserwählte Naturen von glücklichster Hochsinnigkeit sind, wäre dieses Haus zu empfehlen."

Viele sahen in den Häusern Wohnungen für die „Lebensgewohnheiten einer ganz kleinen, exclusiven Klasse von Menschen", unzweckmäßig „für die Allgemeinheit". Ernstlich meinten einige, daß die ganze Ausstellung „ein sehr undeutsches verrücktes Gewand" habe, und manche Angriffe nahmen die Reaktion der Nazis auf die Weißenhofsiedlung in Stuttgart – ein Vierteljahrhundert später – vorweg und benutzten eine ähnliche Terminologie, wenn sie „eine Stilbelebung nach asiatischem Muster" sahen oder sich über „Cairo in Berlin" oder „eine Mischung von Wien und Tunis" mokierten.

Ein guter Teil der Kritik machte einen Unterschied zwischen Olbrich und Behrens, und das Lob für den einen enthielt fast immer Kritik am anderen. Die Beziehung zwischen Behrens und Olbrich verschlechterte sich im Laufe der Zeit, und beide gewannen in gewissem Umfange rivalisierende Gefolgschaften. Für die einen war das Haus Behrens auf der Mathildenhöhe gekennzeichnet durch seine Strenge und seine äußere Zurückhaltung. Schäfer zum Beispiel entdeckte eine „sorgfältige Konstruktion, geometrisch in der Logik" und war erleichtert, „keine der gefürchteten modernen Strumpfbandlinien" vorzufinden, keine „augenzerstörende Farbsymphonie", die er offensichtlich an den Art-Nouveau-Elementen der Olbrich-Häuser verabscheute. Einige schrieben im Hinblick auf Olbrich und Behrens über den Gegensatz konstruktiver Prinzipien zur Dekoration (obgleich die Konstruktion im Behrens-Haus nicht logischer zum Ausdruck kommt als in den Bauten Olbrichs), von Rationalität im Vergleich mit Vitalität, vom Gegensatz des nordischen Temperaments (des in Hamburg Geborenen) zum südlichen des Wieners.

Lichtwark entschied abwägend, daß Olbrichs eigenes Haus „alles in allem am wenigsten extravagant" unter den Bauten der Mathildenhöhe sei.

Schriftkunst und Typographie

Die leichten, zügigen Buchstaben in Behrens' ersten Versuchen als Schriftkünstler sind typisch für Jugendstilschriften. Die ersten Schriften sind das Ergebnis des Erfolgs seines typographischen Ornaments und Layouts für Otto Julius Bierbaums „Kalenderbuch" von 1898, „Der Bunte Vogel". Er zeichnete auch selbst die Unterschriften seiner Holzschnitte: eine Art Antiqua für den „Bismarck" von 1899 und eine Grotesktschrift, die sich Quadraten einpaßte, für die Porträts von Hartleben und Dehmel.

Sein erster Schriftschnitt war eine Art deutsche Fraktur, die vor allem als Behrens-Schrift bekannt ist. Ein Muster erschien im Oktober 1902 mit einer Einführung, mit Initialen und dekorativen Details in einer Veröffentlichung der Rudhardschen Gießerei in Offenbach am Main. Das war die Firma der Brüder Klingspor, die etwas später als „Schriftgießerei Gebrüder Klingspor" bekannt wurde. Allem Anschein nach hat der Verleger Eugen Diederichs Behrens mit den Brüdern Klingspor in Verbindung gebracht. Am 17. Mai 1900 schrieb Behrens an Diederichs und legte eine Nummer der „Festschrift" bei, die das „Festspiel" von Georg Fuchs für die Darmstädter Kolonie enthielt. Behrens hatte die dekorative Kopfleiste gezeichnet. Er wies auch auf seinen eigenen Essay über Bühnenentwurf hin und schilderte dann sein Bemühen um den Entwurf eines Schriftbildes.

„Ich erlebte die traurigsten Dinge mit meiner Type, die jetzt fertig ist. Alle, die da von ‚Gießerswegen' zu Rat gezogen werden müssen, finden sie natürlich ausgezeichnet, aber möchten dieses und jenes geändert haben. Und wenn ich da nachgeben würde, so streicht man mir alles, was gut, individuell dran ist, heraus, bis es eine Type ist, wie alle andern. Kein Mensch, auch Jessen, der sich sonst weitgehendst für mich verwendet, will begreifen, daß es sich nicht darum handelt, eine gute, alte Type zu reconstruieren, sondern eine neue, unserem heutigen Empfinden und Styl angepaßt, zu finden. Wenn man bedenkt, daß man sich seinerzeit an die Rococcoschnörkel der Frakturschrift gewöhnen konnte, so ist es unbegreiflich, daß man sich nicht zu einer Änderung zur Einfachheit und Leserlichkeit hin bequemen will. Die Schrift auf Georg Fuchs' Titelblatt in der Festschrift gibt Ihnen kein richtiges Bild von der jetzigen Type. Dieser Titel entstand damals in einem unfertigen Stadium. Es wäre mir außerordentlich interessant und von größter Wichtigkeit, wenn ich einmal Ihr Urteil darüber hören könnte. Ich befinde mich nämlich in einiger Verlegenheit. Auf den Rat von einer ‚Capacität', die einigen Einfluß auf meinen Gießer hat, habe ich mich nämlich verleiten lassen, aus meiner bestehenden Schrift eine zweite, mehr runde, offene Leseschrift zu machen und die erstere als Auszeichnungsschrift (in der Art gedacht, wie ich die gotische Type in dem Bericht verwendet habe) zu verwenden. Das Resultat: der Mann will nur die

Leseschrift haben, und ich komme um meine ganze ‚Herzensneigung' und sehe die verflaute, abgeschwächte, an der mir persönlich nicht soviel liegt, im Gebrauch. Ich habe nämlich große Lust, dem Gießer (der übrigens Bauer in Stuttgart ist), wenn er nicht beide nimmt, gar keine zu geben und ruhig zuzuwarten. Nur ist das eben eine heikle Frage bei einer Sache, an der diese Arbeit hängt. Was meinen Sie? Wüßten Sie vielleicht einen Gießer, der offenere Augen für die werdende Stylepoche hat? Ich wäre Ihnen sehr dankbar, wenn Sie Ihr früheres Interesse für meine Sache heute noch durch ein paar Worte wiederholen möchten..."[1]

Diederichs riet vermutlich dazu, es mit den Klingspor-Brüdern zu versuchen. Sie waren Pioniere der Druckkunst in Deutschland und hatten bereits eine Schrift von Otto Eckmann herausgebracht, dem Freund von Behrens aus Hamburger und Münchner Tagen. Eckmanns Schrift war 1900 erschienen und hatte einen sensationellen Erfolg gehabt. Sie war mit dem Pinsel gezeichnet, von den japanischen Holzschnitten beeinflußt und stand so in enger Beziehung zu der floralen Ornamentierung, die er im Zusammenhang mit ihr gezeichnet hatte. Der Erfolg war ähnlich groß wie zuvor der seiner berühmten, stilistisch ähnlichen Titelschrift für die Illustrierte „Die Woche". Behrens schrieb darüber:

„Wenn Sie mich nach der Eckmanntype fragen und mein wirkliches Urteil hören wollen, so muß ich sagen, daß ich sie wohl leserlich (was zu schätzen ist), aber unschön finde durch das darin liegende Princip. Es ist eine Schrift, die aus dem Pinselstrich entwickelt ist. Dieses, in seiner reinen Art ist schön im chinesischen und japanischen Schriftcharakter, doch zugerichtet auf unserer Formtradition verliert man nicht den Eindruck einer originellen Zeitungsannonce. Und ich meine gerade ein sehr ernster Stil in der Schrift für sehr ernste Bücher thut uns not. Dann werden wir auch in das tägliche Leben diesen schönen Stil hineintragen, und auch unsere Zeitungen werden ein anderes Gepräge tragen."[2]

Obgleich seine Schrift ähnlich wie die von Eckmann eine Mischung aus Antiqua und Gotisch war, entwickelte Behrens sie aus Buchstaben, die er mit der Feder zeichnete. Sie ist streng und sorgsam proportioniert, nicht floral im Charakter, sondern hält sich an die gotische Schrift, wie sie in alten Manuskripten verwendet wurde. Fritz Ehmcke (der Graphiker, den Behrens später zu einer Zusammenarbeit nach Düsseldorf einlud) verglich sie mit einem stählernen Rahmenwerk. Die Querbalken der Großbuchstaben A, E, F, G zum Beispiel sind auf einer Linie mit der Höhe der Kleinbuchstaben. Die Großbuchstaben F, J, L, M, P und W und die Kleinbuchstaben g, p und s kommen der alten, immer noch vielbenutzten Fraktur am nächsten. Alle Rundformen sind ins Eckige übersetzt, und die Buchstaben sind hoch und schmal.

Behrens schrieb ein einführendes Vorwort „Von der Entwicklung der Schrift". Es enthält eine historische Analyse der Entwicklung von Buchstabenformen und eine Erörterung seiner eigenen Schrift:

„Ein neuer Schriftcharakter kann sich nur organisch fast unmerklich aus der Tradition heraus entwickeln, nur im Einklang mit der Neugestaltung des geistigen und materiellen Stoffes der ganzen Zeit. Für die eigentliche Form meiner Schrift nahm ich das technische Prinzip der gotischen Schrift, des Striches der Kielfeder. Auch waren mir, um einen deutschen Charakter zu erreichen, die Verhältnisse, die Höhe und Breite der Buchstaben und die Stärke der Striche der gotischen Buchstaben maßgebend. Dadurch, daß alles Unnötige vermieden ist, daß das Konstruktions-Prinzip der schräg gehaltenen Feder streng durchgeführt ist, war am ersten ein zusammenhaltender Charakter zu erhoffen..."

Behrens-Schrift, 1902. Behrens' Originalentwurf (oben), die danach gegossenen Typen (unten).

Er machte auch eine interessante Bemerkung über die gute Lesbarkeit eines gedruckten oder handgeschriebenen Briefes: „Man nimmt eine Schrift beim Lesen wahr, wie den Flug eines Vogels oder den Galopp eines Pferdes. Beides ist eine graziöse, wohltuende Erscheinung, ohne daß man die einzelnen Gliedmaßen der Tiere oder die momentanen Stellungen erkennt. Es ist die Gesamtlinie, und diese ist auch das Wesentliche bei der Schrift."

Behrens eigene Handschrift war übrigens sehr schön – kräftig, kühn, rhythmisch und leicht lesbar.

Behrens' zweite Schrift, die Kursiv, entstand während der Jahre 1906/07. Auch diese wurde von den Gebrüdern Klingspor geschnitten und hergestellt.

Behrens-Kursiv und Schmuck, 1907.

Es ist eine Schrägschrift mit elegantem fließendem Charakter, der Behrens-Schrift sehr verwandt, macht aber gar nicht den Versuch, die altmodische Fraktur mit der Antiqua zu verbinden. Sie wurde aus frühromanischen deutschen Handschriften entwickelt und unterscheidet sich von der Behrens-Schrift durch ihre durchweg sanfteren, stärker geschwungenen Formen. Sie ist sorgfältig in den Proportionen und vermeidet überflüssige Schnörkel oder

Behrens-Kursiv

Gesetzlich geschützt!

1809 Text 20 Punkte — Satz etwa 9 Kilo

Fr. Schiller: Es gibt im Menschenleben Augenblicke, wo er dem Weltgeist näher ist als sonst, und eine Frage frei hat an das Schicksal.

1810 Doppelmittel 28 Punkte — Satz etwa 11 Kilo

Notes and Queries on Electrotyping and 12345 Stereotyping Machines 67890

1811 3 Cicero 36 Punkte — Satz etwa 14 Kilo

Deutsches Kunstgewerbe auf der Weltausstellung St. Louis

1812 4 Cicero 48 Punkte — Satz etwa 20 Kilo

Assemblée Nationale 23. Janvier 1809

Gebr. Klingspor in Offenbach am Main

Behrens-Kursiv, 1907.

beliebige Verdickungen. Bei den Großbuchstaben A, F, H und M gibt es kühne Aufstriche; ein langes, kräftig geschwungenes kleines s und ein ähnliches g geben einer Zeile in Kursiv einen lebendigen rhythmischen Schwung. Das typographische Ornament, das mit der Kursiven zusammengeht, ist ansprechend. Zu dieser Zeit war Behrens der Ansicht, daß ein Ornament unpersönlich und abstrakt sein sollte. Für die Kursiv-Schrift schuf er Spiralen und leichte geometrische Muster, die er aus griechischen Vasen ableitete. Die gleichen Ornamente benutzte er während dieser Zeit auch in seiner Architektur.

Die Kursiv wurde 1907 veröffentlicht, nachdem Behrens zwei Vorlesungen über Schriftkunst und Typographie an der Kunstgewerbeschule in Düsseldorf, die dem preußischen Ministerium für Handel und Industrie unterstand, gehalten hatte. Diese Vorlesungen für Lehrer an technischen Zeichenschulen wurden von Behrens, Ehmcke und Anna Simons gehalten. Für den ersten Kurs, 1906, hatte Behrens auf Anraten von Hermann Muthesius und Harry Graf Kessler versucht, Edward Johnston aus England zu gewinnen, aber schließlich kam an seiner Stelle seine Schülerin Anna Simons. Sie war auch am zweiten Düsseldorfer „Schriftkursus", im Juli und August 1907, beteiligt, kurz ehe Behrens aus Düsseldorf fortging, um seine Arbeit für die AEG zu beginnen. Ein weiterer Kurs wurde in Neubabelsberg bei Berlin abgehalten, wo Behrens damals lebte.[3]

Anna Simons übersetzte Johnstons Veröffentlichung (Writing, Illuminating and Lettering) ins Deutsche und arbeitete mit Behrens zusammen an der monumentalen Inschrift „Dem Deutschen Volke" für den Giebel des Reichstags von Paul Wallot. Anfänglich verbot der Kaiser die Anbringung der demokratischen Bronzeinschrift an dem Gebäude, das er verächtlich als „Schwatzbude" abtat. Druck von linken Politikern soll die Haltung des Kaisers, der das Gebäude als „Gipfel der Geschmacklosigkeit" empfand, noch weiter verhärtet haben. Obgleich Behrens und Anna Simons die Inschrift bereits 1909 entworfen hatten, gelang es dem damaligen Kanzler Theobald von Bethmann Hollweg erst 1917, den Kaiser zu dieser Ergänzung umzustimmen. Die Inschrift überstand, wenn auch beschädigt, den Reichstagsbrand von 1933 und die Bombardierung Berlins und steht, inzwischen wiederhergestellt, stolz über dem restaurierten Portal des Reichstags.[4]

Behrens zollte Anna Simons Anerkennung für ihre „vielseitigen Anregungen", ihre Kenntnis antiker und mittelalterlicher Schrifttechniken und ihre Vertrautheit mit der englischen Schule der Kalligraphie, wie sie sich unter Morris, Johnston und anderen entwickelt hatte.

Behrens' nächste Schrift war eine Antiqua. Zum ersten Mal verwendete er sie im Katalog der von ihm vorbereiteten Deutschen Schiffbauausstellung 1908 in Berlin, für die er den AEG-Pavillon entwarf.

Die Behrens-Antiqua ist eine lateinische Schrift. Sie unterschied sich von der „Golden Type" von Morris und der „Doves" von Emery Walker vor allem dadurch, daß sie von der Unzialschrift des 5. Jahrhunderts beeinflußt war – eine Parallele zu Behrens' zeitgenössischer Begeisterung für karolingische und frühromanische Architektur, die er als unmittelbare Quelle der Inspiration für seine eigene Arbeit verwendete. Als Vorgängerin dieser Antiqua kann man die Schrift für das Plakat zur Deutschen Jahrhundertausstellung in Berlin im Januar 1906 ansehen. Die Schrift für dieses Plakat hat, obgleich sie vergleichsweise schwerfällig ist, Züge, die auch in Behrens' Antiqua auftreten: die stark betonten vertikalen Abstriche, die unveränderliche Dicke der diagonalen Aufstriche und die dreieckigen Serifen. Einige Initialen der Behrens-Antiqua

Friedrich der Große

B C D E H
I K L S U

ZUR AUFKLÄRUNG

Behrens-Mediäval, 1914 (oben),
Antiqua-Initialen und Versalien 1908 (unten).

Der Reichstag von Paul Wallot, 1882–1894. Inschrift von Peter Behrens und
Anna Simons 1908.

erschienen, ehe die Schrift 1908 veröffentlicht wurde. Zum Beispiel wurde das „D" bereits 1907 für die Rathenau-Adresse verwendet und am 14. April 1908 für die AEG-Festschrift zum 25jährigen Jubiläum der Firma. Eine A-Initiale wurde im Dezember 1907 in „Kunst und Künstler" gedruckt.[5] Viele Initialen müssen bereits während des Jahres 1907 oder sogar früher entworfen worden sein. (Schauer meint, daß die Schrift als ganzes im wesentlichen schon um 1903 entworfen und gezeichnet war.)[6]

Signet für die AEG, 1907.

Der unmittelbare Prototyp für die Behrens-Antiqua war nach Meinung Karl Klingspors die Unziale des Codex argenteus von Upsala.[7] Dieser Prototyp erscheint vor allem in den Großbuchstaben C, D, F, P, U und in der entsprechenden alternativen Form des E. Die Eigentümlichkeit, daß die Serifen nur links nach oben und rechts nach unten führen, kommt auch in alten Manuskripten vor; sie tritt besonders bei den Großbuchstaben A, H, T, K, M, N, R und U und bei den Kleinbuchstaben a, k, l, m, n, r und u auf. Das gibt den Zeilen eine langsame Bewegung. Auf- und Abstriche sind scharf voneinander abgesetzt – sie kommen durch eine horizontal gehaltene Feder zustande. Die so entstehenden Formen erinnern an die mit der Feder gezeichneten Großbuchstaben der Capitalis Quadrata, die aussehen wie Buchstaben in Stein gemeißelter Inschriften. Der einzige Buchstabe, der aus der strengen, rechtwinkligen Schrift herausfällt, ist das Q mit seinem langen Schweif. Der rechtwinklige Charakter der Schrift ist aber nicht nur auf die Haltung der Feder zurückzuführen, sondern ist kennzeichnend für die Einheit aller schöpferischen Arbeiten von Peter Behrens. Es ist die Arbeit eines Architekten, der – während er mit seiner Typographie beschäftigt war – Rechtecke und Kuben als Basis seiner Entwürfe verwendete.[8] Im Vorwort „Zum Geleit" der Musterbroschüre wird die historische Bedeutung der Schrift erörtert und – charakteristisch für den wachsenden Nationalismus der Epoche – ihre spezifisch deutsche Form betont:

„Es ist zu hoffen, daß die neue Behrens-Schrift gerade in ihrer Anlehnung an die Antiqua-Formen des Germanischen Kulturkreises die Aufgabe einer Wiederbelebung der Antiqua im deutschen Geist an der richtigen Stelle angreift und einer Lösung entgegenführt... Möge so einer einheitlichen deutschen Formensprache ein weiteres wertvolles Stück hinzugefügt werden, möge der Grund gelegt sein zu einer DEUTSCHEN ANTIQUA!"

Die dekorativen Elemente, die mit der Antiqua einhergingen, waren deutlich aus spätrömischen Grabbeilagen in Bronze und Silber – Spangen usw. – abgeleitet, die man in Österreich–Ungarn gefunden hatte und die Gegenstand der berühmten Untersuchung von Alois Riegl über „Die spätrömische Kunstindustrie nach Funden in Österreich–Ungarn" (1901) waren. Zweifellos hat Behrens die Abbildungen in diesem Buch studiert; man kann davon ausgehen, daß er auch den theoretischen Teil von Riegls Untersuchung von Ornament und Stil in der antiken Kunst gelesen hatte.[9]

Riegl führte Stilformen in der Kunst auf soziale, religiöse und wissenschaftliche (das heißt technische) Voraussetzungen der von ihm betrachteten Epochen zurück. Ähnlich verfuhr Behrens, der in seinem Aufsatz von 1902 „Von der Entwicklung der Schrift" anmerkt, daß Schriftformen – nächst der Architektur – durchaus das charakteristischste Bild einer Epoche sind und das entschiedenste Zeugnis für den geistigen Fortschritt in der Entwicklung eines Volkes darstellen.

Behrens war der Meinung, daß er wie ein Künstler der Renaissance sowohl den modernen Bedürfnissen diente als auch die Formen sichtbar machte, zu denen der gelehrte Enthusiasmus und das theoretische Denken der Epoche anregten. Auf einer tieferen Ebene versuchte er, wie so viele deutsche Künstler seiner Generation, die künstlerische Ausdrucksweise zu erahnen, die den gesunden, natürlichen und fruchtbaren Stil einer modernen deutschen Kultur ausmachen könnte. Er übersah wie viele andere, daß der einzelne, der – seiner selbst bewußt – innerhalb der ungeheuren wandelbaren Vielfalt seiner zeitgenössischen Kultur arbeitet, keinen „Stil" in dem Sinn hervorbringen kann, wie er ihn in der Arbeit eines anonymen Handwerkers in einer fernen Vergangenheit wahrnimmt.

Er wagte nicht nur eine unmittelbare Interpretation der ornamentalen Bronzedekoration jener spätantiken Balkanstämme, die der Gegenstand von Riegls Forschungen waren, sondern benutzte auch im Entwurf der Initialen für die Behrens-Antiqua ornamentale Elemente des „Tier-Stils" – allerdings ohne die grotesken Köpfe und figurativen Details.[10] Das lieferte ihm unbegrenzt anpaßbare, raumfüllende, rhythmisch geschwungene Formen, mit dem Kontrast von hellen und dunklen Tönen, massiven Formen und Leerräumen. Diese Positiv-negativ-Wirkung seines „Zierrats", die „kontrastierenden Kurven", der „kontinuierliche rhythmische Wechsel von Hell und Dunkel" waren Eigenschaften, die Riegl untersucht hatte. Das Verfahren des antiken Handwerkers führte, nach Riegl, zu „einer Nivellierung von Grund- und Einzelform". Behrens strebte in seinen Entwürfen und seiner Typographie an, die Formen auf diese Weise zueinander in Beziehung zu setzen und alle Motive in einer Fläche unterzubringen.

Die Behrens-Antiqua ist oft für AEG-Material verwendet worden, sie bildete auch die Ausgangsbasis für den Schriftzug der AEG. Er entwickelte Variationen der Antiquaschrift mit weicheren, stärker gerundeten Serifen, wobei das große „E" einen bemerkenswert gestreckten „Stamm" hatte, der in einer nach hinten abfallenden Serife endete. Es existiert noch eine Bleistiftzeichnung für eine dieser Variationen und auch eine Skizzenbuchseite mit ersten Zeichnungen und dem Wort „poliphili" – einem interessanten Hinweis auf eines ihrer Vorbilder, das berühmte Renaissance-Buch „Hypnerotomachia Poliphili".

Behrens zeichnete oft besondere Inschriften oder Titel mit verschiedenen Antiquaschriften. Der Titel der AEG-Zeitung vom 1. August 1906 zeigt schlanke und elegante Buchstaben. In Adressen – wie die für Emil Rathenau (zur Auszeichnung mit der Grashof-Denkmünze, die ihm von dem Verein Deutscher Ingenieure verliehen wurde)[11] oder die Freundschaftsadresse der Berliner Elektrizitätswerke an die AEG anläßlich ihres fünfundzwanzigjährigen Bestehens – verwendete er eine Mischung aus Initialen und Ausschmückung der Behrens-Antiqua, eine besonders für den Anlaß gezeichnete Schrift. Die letzte Schrift von Behrens, die Klingspor herausbrachte, war die Mediäval. Er hat wahrscheinlich zuerst 1906/07 an ihr gearbeitet, sie dann zwischen 1909 und 1913 wieder aufgenommen und weiterentwickelt und schließlich 1914 veröffentlicht. Es ist eine Renaissanceschrift mit zügig abfallenden Serifen und lang hinaufführenden Aufstrichen bei den Kleinbuchstaben wie h, d und s. Die nach unten führenden Partien des p und g sind kurz und kompakt. Der Unterschied zwischen den Auf- und Abstrichen ist vergleichsweise klein, so daß sich ein leichtes, rhythmisches, ansprechendes Alphabet ergibt. Schauer hat diese Schrift die „liebliche Schwester" der ernsten, gewichtigen Antiqua genannt. Leitmeier[12] meinte, daß es in ihr Spuren von Jugendstil in der Ausschmückung der Buchstaben – wie etwa der Großbuchstaben C, G, J und T und auch in dem kleinen e und dem langen s gäbe. Die merkwürdigen dreieckigen Verdickungen in den sich überschneidenden Partien dieser und anderer Buchstaben sind eine Neuheit. Das ss ist besonders anmutig und kunstvoll.

Von Zeit zu Zeit verwendete oder zeichnete Behrens auch Block- oder Groteskbuchstaben, zum Beispiel die schon erwähnten Inschriften unter seinen frühen Holzschnitten. Für seine „Feste des Lebens und der Kunst" verwendete er eine einfache Groteskschrift[13], eine andere entwickelte er für den

Allgemeine Elektrizitäts Geſellſchaft
PROF. PETER BEHRENS
NEUBABELSBERG
Hamburg Amerika Linie

Blockbuchstaben für die AEG, 1916.

Ausstellungspavillon der Delmenhorster Linoleumwerke (Dresden 1906) und das entsprechende Werbematerial. Wieder eine andere wurde für den AEG-Katalog für Christbaumleuchten von 1908 verwendet. Die gleiche Schrift erscheint auf Photographien von AEG-Ausstellungsräumen in Berlin bereits im Jahre 1910 als Beschriftung der Schaufenster. Ein undatierter Entwurf für eine Groteskschrift existiert in einer Berliner Privatsammlung. Es scheint sich um den Entwurf für eine Schrift zu handeln, die 1916 zu den Standardschriften von AEG gehörte. Das ist eine bemerkenswerte Parallele zu der berühmten Groteskschrift, die Edward Johnston in England für die Londoner Untergrundbahn entwarf. (Eine ähnliche Version wurde in den 20er und 30er Jahren als Gill Sans durch die Monotype Corporation allgemein bekanntgemacht.) Johnstons Grotesk wurde, wie seine Tochter mitteilt, im Frühling 1916 in einem kleinen Schlafzimmer in Ditchling entworfen.[14] 1937 schrieb Johnston an John Farleigh: „Ich könnte noch hinzufügen, daß dieser besondere Entwurf eine beachtliche historische Bedeutung (in der Welt der Alphabete) gewonnen zu haben scheint. Tatsächlich ist sie das Grundmodell *aller* annehmbaren modernen Blockbuchstaben – einschließlich der Schriften, die auf Wegweiser gemalt werden und den Hinweisen für Automobilisten und Eric Gills sehr beliebte Groteskschrift. Sie scheint auch in einigen Teilen Mitteleuropas einen großen Eindruck gemacht zu haben, wo ich – wie ich höre – einen Ruf habe, den mir mein eigenes Land nicht zuerkennt."

Wahrscheinlich hat Behrens, ein Anhänger Johnstons durch Anna Simons, zur selben Zeit in gleicher Richtung wie der Engländer, aber ganz unabhängig von ihm gearbeitet.

Die Jahre 1902 bis 1907

Darmstadt 1902–1903

Während des Jahres 1901 war Behrens mit einigen Projekten außerhalb Darmstadts beschäftigt. Hierzu gehörte auch ein Lehrauftrag in Nürnberg. Behrens leitete einen Kurs in angewandter Kunst für ausgebildete Kunsthandwerker, der vom Bayerischen Gewerbemuseum gefördert wurde. Der Kurs lief einen Monat lang, von Oktober bis November, und wurde seines Erfolgs wegen von Januar bis Februar des folgenden Jahres wiederholt. (Ein dritter Kurs lief im Jahre 1903 unter Richard Riemerschmid.) Diese Kurse sollten als Korrektiv der von ortsansässigen Kunsthandwerkern übernommenen halbverstandenen Jugendstil-Manierismen und minderwertigen Fassungen des Historismus wirken. Außerdem sollten die Kunsthandwerker so Kontakt zu führenden Künstlern der neuen Bewegung gewinnen. Behrens lag daran, eine grundsätzliche Anleitung und Kritik zu geben und nicht einen Stil zu oktroyieren, obgleich vieles, was so entstand, doch seinen damaligen Darmstädter Stil widerspiegelte. Dieses Experiment war eine interessante Episode am Rande der Entwicklung einer modernen Kunsterziehung in Deutschland.[1]

Wichtig für Behrens' wachsenden Ruf war jedoch sein Beitrag zur Ersten Internationalen Ausstellung modernen Kunstgewerbes von April bis November 1902 in Turin. Behrens entwarf drei Innenräume für die Ausstellungsgalerien, die den offiziellen deutschen Beitrag repräsentierten und deren Gesamtarrangement der Münchener Architekt H. E. von Berlepsch-Valendas übernommen hatte. Die verschiedenen Dielen, Räume und Vorräume dienten der Darbietung angewandter Kunst und Innenausstattungen aus den verschiedenen Teilen Deutschlands – aus Preußen, Sachsen, Bayern und so weiter.

Behrens war für die aufsehenerregende „Hamburger Vorhalle" verantwortlich, einen Empfangsraum, der schließlich für das Haus von Ludwig Alter bestimmt war (auch als „hessisches Zimmer" bekannt), und ein Atelier, in dem Veröffentlichungen des Alexander-Koch-Verlags ausgestellt wurden.

Die „Hamburger Vorhalle" oder das „Vestibül" war ein rechteckiger Raum mit einer wuchtigen Arkade. Alle vier Wände öffneten sich in weiten, oben abgeflachten Bögen mit massiven Gewölben und Schlußsteinen. Als Stützen wirkende Kreuzgewölbe in jeder Ecke trugen eine flache Decke. Die große viereckige Öffnung in der Mitte des Raums war mit einem gelblich opalisierenden Glasbaldachin überdacht. Die Decke über den Ecken, die von zwei parabolischen Bogen gebildet wurden, war blau verglast. Alles zusammen ergab die Wirkung eines goldenen Lichtsees in der Mitte und blauer Strahlenbündel in den Ecken, die von den die Decke tragenden Bogen geheimnisvoll abgeschirmt wurden. Der Eindruck einer Grotte wurde noch verstärkt durch die rund um

Hamburger Vestibül, Turin 1902.

Tischlampe, 1902.

die Öffnung in der Mitte herabhängenden Kletterpflanzen und erinnerte an das Serapeum der Hadriansvilla in Tivoli.

In der Mitte des Fußbodens war ein rechteckiges längliches Bassin mit abgerundeten Ecken eingelassen, an jedem Ende knieten zwei geflügelte Gestalten aus Zement. „Edle, wenn auch etwas steifflügelige Figuren, die so charakteristisch sind für ihren Schöpfer", so kommentierte der Korrespondent der Zeitschrift „Studio" das Werk.[2] Ein ähnliches Motiv verwendete Behrens in einer Lampe, die er etwa zu dieser Zeit für Großherzog Ernst Ludwig entwarf.

In einer Wand des Hamburger Vestibüls war eine Bronzetür in einen parabolischen Bogen eingefügt, deren gewaltige Angeln wie ein dekoratives Band auf die Türflügel übergriffen. Oberhalb dieses Eingangs befand sich eine frühe Bronzeskulptur des Hamburger Bildhauers Ernst Barlach, die der Hamburger Reederei Blohm und Voss gewidmet war. In den übrigen Eckbogen waren Bronzetafeln von Behrens angebracht, die mit stehenden verhüllten weiblichen Figuren dekoriert waren. Behrens entwarf auch die eichenen Ausstellungskästen; in einem wurde der monumentale Einband zu einer Ausgabe von Nietzsches „Also sprach Zarathustra" gezeigt.

Dieser Innenraum war zugleich die extravaganteste und am meisten dem Jugendstil entsprechende von Behrens' architektonischen Arbeiten und stand unter seinen Entwürfen am meisten unter belgischem Einfluß: Er ähnelte stark an Innenräumen von Victor Horta – zum Beispiel Wohnhäusern Solvay, Aubecq oder Dubois. L. Gmelin berichtet, daß er viele Besucher zu sehr an ein Grabmal erinnerte, „mit gewissen Anklängen an eine Krypta", andere fanden, es ähnle eher „dem Allerheiligsten eines Femegerichts" als dem Eingang zu einer deutschen Ausstellung.[3] Georg Fuchs schrieb mit einem alarmierend prophetischen Unterton: „Vielleicht stehen wir hier in der Hamburger Vorhalle von Peter Behrens an dem Punkte, in welchem sich die Linien der äußeren und der inneren Macht zum ersten Male erreichten. Wir müssen diese Erkenntnis um so höher anschlagen, als sie für die Notwendigkeit und für die Zukunft der politisch-wirtschaftlichen Erhebung und Erweiterung mindestens ebensoviel beweist wie für die Notwendigkeit, Zukunft und Tragweite der neuen, kultlichen Kunst. Wer die eine begreift und will, muß auch die andere begreifen und wollen, da sie einen Ursprung haben, und eine wie die andere bedingt sind in tiefen Vorgängen, im dunklen Willen der Seelen und der Rasse ... Derselbe Macht-Instinkt, welcher das moderne, seebeherrschende Hamburg schuf, hat auch die moderne lebenherrschende Kunst eines Peter Behrens gezeugt, eine Kunst, gefaßt als die vollendete, feierliche Formel eines größer, tiefer, reicher, freudiger, heiliger empfundenen Lebens."

Der Ludwig-Alter-Raum und die Bibliothek mit den Kochschen Publikationen waren im Gegensatz dazu sehr viel zurückhaltender und geradliniger. Der Kritiker vom „Studio" fand sie den Innenräumen in Behrens' Darmstädter Haus weit überlegen. Auch wenn er deutlich klarmachte, daß er die Rivalität zwischen Behrens und Olbrich kannte und Olbrich für den bei weitem besten deutschen Architekten und Innenausstatter hielt, so räumte er doch großmütig ein, daß „noch viel von Behrens zu erwarten ist ... er ist ein tüchtiger, aufrichtiger, ernsthafter und ganz und gar verläßlicher Arbeiter". Unglücklicherweise fügte er seinem Lob („er hat in letzter Zeit sichtlich Fortschritte gemacht") das zweischneidige Kompliment an „... einfach weil er sich Olbrich immer mehr angenähert hat".

Weitere Arbeiten von 1902 waren ein Innenraum für eine Villa in Sachen am Bodensee[4] und ein Speisezimmer für die Ausstellung „Moderne Wohnräume", die im Herbst in Berlin im Kaufhaus Wertheim, dem gerade vollendeten Bau Alfred Messels, gezeigt wurde.

Dieser Raum war geradlinig und hatte als Mittelpunkt einen Eßtisch für vier Personen, über dem ein komplizierter Beleuchtungskörper aus kubischen und rechteckigen Lampenschirmen in einer Art aus Metallstäben konstruiertem Käfig hing.

Es scheint sich hier um ein frühes Beispiel dafür zu handeln, wie Behrens ein gewisses Proportionsraster für einen harmonischen Gesamtplan verwendete – ein Verfahren, das die Entwicklung seiner Architektur in den kommenden Jahren bestimmte.

Düsseldorf 1902–1907

Behrens wurde während des Jahres 1902 immer unzufriedener mit der Darmstädter Künstlerkolonie. Olbrich beherrschte nach wie vor die Architektur auf der Mathildenhöhe, er trug bis zu seinem Tode 1908 wichtige Bauten für die Siedlung bei. Behrens' Theaterpläne wurden selbstverständlich nicht verwirklicht. Noch 1918 schrieb Dehmel voller Bitterkeit von „den Quertrebereien der Herren Kunstgewerbler", die ihren – Behrens' und seinen – Plan zunichte gemacht hätten.[5] Im Juli hörte sich Behrens um, ob es eine Möglichkeit gäbe, das Haus zu verkaufen. Gegen Ende des Jahres verhandelte er über seine Berufung zum Direktor der Kunstgewerbeschule Düsseldorf.

Diese Schule, die unter anderem von Wilhelm Schäfer 1902[6] heftig kritisiert worden war, kam zum Teil unter die Ägide des preußischen Ministeriums für Handel und Gewerbe in Berlin. Behrens' Anstellung war in großem Maße dem Einfluß des Architekten und Diplomaten Hermann Muthesius zu verdanken, der gerade zu diesem Zeitpunkt von seiner gefeierten Position als Kulturattaché der deutschen Botschaft in London zurückkehrte. In seiner neuen Funktion im Handelsministerium wandte Muthesius das in England Gelernte an, um eine Reform der Kunst- und Kunstgewerbeschulen voranzutreiben und setzte durch, daß eine Reihe erstklassiger Entwerfer Schlüsselpositionen in den Schulen erhielten, die zu seinem Einflußbereich gehörten. Düsseldorf war eine der ersten, die drastischen Reformen unterworfen wurde.

Behrens schrieb im Januar 1903 einen langen, enthusiastischen und ziemlich widersprüchlichen Brief an Muthesius.[7] Er drückte sein Gefühl der Erregung darüber aus, daß sein neuer Posten ihn dazu befähigen werde, „in direkter Weise den Interessen des Staates" zu dienen und jene „Nationalkultur" entwickeln zu helfen, die ein ersehntes Ziel so vieler führender Pesönlichkeiten seiner Generation in Deutschland sei. Andererseits notierte er seine Vorbehalte gegenüber den Düsseldorfer Behörden und deren „Bedingungen" und auch, daß ihm die Opposition, die er von vielen zum Lehrkörper der Schule Gehörenden zu erwarten habe, wohl bewußt sei. Obgleich er nichts von seinen detaillierten Plänen preisgab – so viele Gedanken „schwirrten ihm durch den Kopf" – so machte er doch klar, daß er besonderes Gewicht auf das legen wollte, was er die „fortschreitende produktive Kunst" nannte: die praktische Anwendung der Kunst auf wirkliche Probleme, „ohne die sonst die graue Theorie ihr ödes Feld behaupten müsse". Er gab auch der Hoffnung Ausdruck, daß er Gelegenheit haben werde, sich mit „größeren tektonischen Arbeiten" zu befassen, als denen, die sich im Rahmen der angewandten Kunst anboten. Er könne seine volle Zufriedenheit in der Zukunft nicht allein darin sehen, seine kreativen Kräfte einzig auf die angewandte Kunst zu konzentrieren. In dieser Äußerung läßt sich ein Hinweis auf seine künftige Tätigkeit für die AEG erkennen. Gegen Ende des Briefes kommt Behrens auf die Schulen zu sprechen, die er in naher Zukunft aufsuchen wollte, um aus erster Hand zu lernen, wie sich progressive Ideen in die Praxis umsetzen ließen. Wien war ihm dabei besonders wichtig. Außerdem wollte er Den Haag, London und schließlich auch Glasgow besuchen.

Im März zog er nach Düsseldorf um, und im Juni reiste er nach England. Kurz nach seiner Rückkehr (am 24. Juni) schrieb er an Muthesius. Nachdem er zunächst die Vergrößerung seiner Familie durch die Geburt des dritten Kindes (Heinz Viktor) mitgeteilt hatte, drückte er Muthesius seine Dankbarkeit dafür aus, daß er in England und Schottland sein Reiseführer gewesen sei. Der letzte Sonntag in England sei ein schöner Tag für ihn gewesen und er sei ihm besonders dankbar für die Einführung in die Häuser von „Miss Jekyll und Sir Chance":

„Ich erinnere mich nicht, je eine so harmonische Vereinigung von herrlicher Natur, meisterlicher Kunst und menschlicher Liebenswürdigkeit gesehen zu haben als in Munstead Wood und Orchards... Übrigens war die englische Reise für mich überhaupt von starker Anregung in vielen Beziehungen. Ich merke jetzt erst immer mehr, einen wie tiefen Eindruck dieses Kulturland mir gegeben hat, wohl den stärksten, den ich je von einem Land erhalten habe."

In einem anderen Brief an Muthesius vom 9. August kam er noch einmal auf seinen Besuch zu sprechen:

„Ich fühle mich Ihnen stets zu aufrichtigem Dank verpflichtet für all das Interessante, das ich in England und Schottland gesehen und erlebt habe. Ich sagte Ihnen schon, daß diese Reise mir eine sehr wichtige Bestätigung und Befestigung meiner Auffassung von einer modernen Kultur gebracht hat, die für mich für das ganze Leben von bleibendem Wert ist."[8]

Diese Äußerung erinnert daran, wie intensiv sich Behrens mit der Entwicklung einer deutschen Kultur befaßte. In weiterer Zukunft allerdings war der britische Einfluß auf Behrens vergleichsweise schwach, trotz der wundervollen Wirkung, welche die Häuser von Lutyens an jenem Sommertag in der ersten Fülle ihrer herrlichen Gärten gehabt haben müssen.

Im Jahre 1903 war Behrens in der Lage, Rudolf Bosselt, den jungen Bildhauer aus der Darmstädter Kolonie, Fritz Ehmcke, den Graphiker aus Berlin, und zwei junge Leute aus Wien – den Innenraumgestalter Max Benirschke und den Maler Josef Bruckmüller – in der Düsseldorfer Schule einzustellen. Behrens selbst übernahm die Architekturklasse. Im Spätsommer wandte er sich an Wassily Kandinsky, der in Schwabing lebte und Mitglied der „Vereinigung für angewandte Kunst" war, einer Organisation, die aus den Vereinigten Werkstätten hervorgegangen war (zu deren Gründungsmitgliedern Behrens während seiner Münchner Zeit gehört hatte). Kandinsky hatte sich viel mit Holzschnitt beschäftigt, einer von Behrens besonders geschätzten Technik, und auch Handtaschen, Tabakbeutel, Exlibris-Aufkleber und ähnliches entworfen. Dieser Einladung – die Kandinskys Berufung an das Bauhaus etwa zwanzig Jahre vorausnahm – konnte der Künstler nicht Folge leisten, da er gerade im Begriff war, Deutschland zu verlassen, um für einige Jahre größere Reisen zu unternehmen.[9]

Einer der interessantesten Aspekte der Düsseldorfer Kunstgewerbeschule war die Einrichtung von Vorbereitungskursen. Behrens war der Ansicht, daß es wichtig für die Studenten sei, die künstlerische Tätigkeit unter verschiedenen Aspekten zu erfahren und Methoden der Beobachtung und der Analyse zu lernen, ehe sie sich auf einen bestimmten Entwurfszweig spezialisierten.[10]

In den beiden Vorbereitungsklassen, die sie aus ihren Erfahrungen der Kunstgewerbeschule in Wien entwickelten, lehrten Benirschke und Bruckmüller. Die Studenten dieser Kurse fertigten Zeichnungen und Gemälde von Naturformen in verschiedenen Techniken und Materialien an. Zum Beispiel wurde ein Zweig der Mondviole nacheinander in Kohle gezeichnet, in Farbe gemalt, vergrößert, im einzelnen dargestellt usw. Man unterschied zwischen „Erscheinungszeichnen" und „Konturzeichnen". Bei letzterem wurde die Analyse rein linear vorgenommen. Auch geometrische Analysen und Übungen wurden durchgeführt, und die Schüler wurden angeregt, Muster daraus zu entwickeln; einige davon wurden aus geschnittenen Papierformen gefertigt und ein paar kompositorische Studien, die auf solchen Arbeiten basierten, wurden dreidimensional – in Holz, Ton oder anderem Material – ausgeführt. Diese innovatorischen Kurse gehörten zu den Vorläufern der „Vorkurse" am Bauhaus und dem, was sich daraus entwickelte, uns heute vertraut als „Grundkurse" in den Lehrplänen fast aller Kunstschulen. Einige Jahre später sagte Behrens in einem Interview:

„Die heutige Kunstgewerbeschule hat sowohl den Forderungen des Handwerks nach ästhetischen Direktiven wie auch den Bedürfnissen der Industrie nach künstlerischen Impulsen gerecht zu werden. Die Düsseldorfer Schule sucht hier eine Vermittlung, indem sie auf die geistigen Grundprinzipien aller formschaffenden Arbeit zurückgeht. Sie hat zu diesem Zweck eine Methode künstlerischer Erziehung ausgebildet, die den Schüler zunächst durch unmittelbare Anschauung in den Besitz der Sachvorstellungen bringt, die das Material für künstliche Verarbeitung sind, sofort aber in systematischer Stufenfolge zur Darstellungsform führt, in denen künstlerisch stilisierte Anschauungsgesetze eintreten."

Er war offen für die Entwicklungen in der zeitgenössischen niederländischen Architektur, wie er es in den neunziger Jahren für die niederländische

Malerei gewesen war. Er schrieb eine Reihe von Briefen an H. P. Berlage, dessen gefeierte „Beurs" (Börse) in Amsterdam gerade vollendet war, und lud ihn ein, nach Düsseldorf zu kommen. Schließlich sagte Berlage ab. Aber J. L. M. Lauweriks trat 1904 dem Kollegium von Behrens bei.[11]

Lauweriks übte auch einen bescheidenen, aber dennoch erkennbaren Einfluß auf Behrens, auf die Schule, die Studenten und über sie auf die deutsche und niederländische Architektur aus. Unter seinen Schülern in Düsseldorf war Adolf Meyer, der mit Behrens an den AEG-Fabriken arbeitete und später der zurückhaltende – und unterschätzte – Partner von Gropius wurde.[12] Ein anderer, Fritz Kaldenbach, war von 1914 bis zu seinem Tode 1918 ein glänzender Assistent von Gropius.

Lauweriks' besonderer Beitrag in Düsseldorf war seine eigene Entwurfsmethode, die auf einem geometrischen Raster beruhte. Dieser Raster wurde im wesentlichen aus einem Quadrat entwickelt, dem ein Kreis eingeschrieben war. Aus dieser einfachen Figur wurde der Raster abgeleitet, indem die Quadrate unterteilt oder verdoppelt und schließlich als das definitive Muster benutzt wurden, um die Proportionen und relativen Dimensionen für jedes Einzelteil eines Gebäudes festzustellen: ein Möbelstück, die Metallarbeiten, die graphischen Details, die Typographie und alle sonstigen Probleme.

Behrens' Stil wandelte sich während des Jahres 1904 in bemerkenswerter Weise. Alle wichtigen Projekte dieses Jahres haben einen neuen, streng geometrischen Stil, alle Formen sind bestimmt durch Quadrat, Kreis und Dreieck. Die Tendenz zu einfachen geometrischen Formen, die er zweifellos schon früher gehabt hatte – wie man an den Grundformen des Kubus und der Pyramide in seinem Darmstädter Haus oder am Eßzimmer für Wertheim sehen kann – fand von nun an einen viel klareren Ausdruck.

Ein eindeutiger Beweis war die architektonische Geometrie seines Entwurfs für den Garten und Pavillon der Düsseldorfer Gartenbau- und Kunstausstellung von 1904. Die Achse des Gartens – von 60 m Länge und 30 m Breite – führte auf das Restaurant „Jungbrunnen" zu, wo nichtalkoholische Getränke ausgeschenkt wurden. Behrens war zu dieser Zeit in der Antialkoholikerbewegung tätig. Karl Scheffler gibt die Gründe dafür an: „In seiner Jugend war er eng befreundet gewesen mit dem Dichter Hartleben, beide hatten manche Nacht zechend beisammen gesessen. Doch war das Herz dieser Extravaganz nicht gewachsen. Es kam zu einer Krisis und zu einer gründlichen Kur. Über Nacht wurde der junge Künstler nun sehr enthaltsam, er trank nur noch Wasser und hatte immer eine Art von Glaubensverhältnis zu jenen Ärzten, die unter ihren Berufskollegen nicht viel gelten, die ihre Patienten aber zu faszinieren wissen."[13]

Obgleich die Eingangstür des Restaurants auf die lange Achse des Gartens hinausführte, war das Gebäude selbst etwas asymmetrisch. Von den leicht vorspringenden Flügeln zu beiden Seiten des Eingangs hatte der eine als Grundriß ein Quadrat, der andere ein Rechteck. Der längliche Flügel und der mittlere Erker des Gebäudes hatten einen Dachgarten mit einer Pergola auf dem flachen Dach, der dem größeren Teil des Gebäudes eine horizontale Firstlinie gab. Der linke Flügel (der einem größeren Haus des 18. Jahrhunderts

Ausstellung Düsseldorf, Innenraum des Restaurants „Jungbrunnen", 1904.

ähnelte) hatte ein leicht geneigtes pyramidenförmiges Dach hinter einer Brüstung in der gleichen Höhe wie die Pergola. Die glatten weißen Balken erweckten zusammen mit den dunkelstrukturierten Paneelen, mit denen der kleine Betonbau verkleidet war, den Eindruck einer abstrakten Architektur, deren

Räume und Formen durch weiße Leisten oder Latten begrenzt waren. Ein Spitzname für Behrens wurde geprägt – „Latzenpitter"[14], in dem der wohlbekannte Struwwelpeter nachklingt und sich mit der „Latte" oder auch dem „Latz" – (Schürzen-Hosenlatz) vermischt – eine abschätzige Anspielung auf seine Vorliebe für nichtalkoholische Getränke. Abgestimmt auf das Restaurant, führten Pergolen aus weißem Gitterwerk von der Anlage fort, in deren Kreuzungspunkt sich ein Marmorbrunnen befand. Außerdem gab es einen weiteren kleinen Brunnen mit der weißen Marmorstatue eines Jünglings von Bosselt. Im Garten wurden auch weiße Marmorbänke aufgestellt, die von Bosselts Bildhauerklasse ausgeführt wurden, ein Beispiel für die Tendenz, Studenten an Projekten von realem Nutzen zu beteiligen.

Die Wände im Inneren des Restaurants waren mit – zwischen weißen Latten gespanntem – bedrucktem Cretonne verkleidet; möbliert war es mit kleinen ovalen weißen Tischen und Stühlen mit Sprossenlehne à la Mackintosh. Max Osborn notierte den Renaissance-Charakter des Gartens und erklärte, daß es Behrens' Absicht gewesen sei, den Garten als eine Erweiterung des Hausinnern zu entwerfen, indem er die dekorativen Prinzipien der Innenräume auf die Natur draußen übertrug: „Wohnbare Natur, als Wohnraum unter freiem Himmel."[15] Ein Widerhall dieses Verfahrens läßt sich vielleicht in den Arbeiten Le Corbusiers aus den zwanziger Jahren erkennen.

Die Düsseldorfer Ausstellung wurde ohne große Begeisterung von Hans Singer im „Studio" besprochen:

„Sein Versuch zeigt einen wohlüberlegten Entwurf, die klare architektonische Wirkung ist das Ergebnis einer bestimmten Absicht. Das erklärt, was er im Sinne hat, wenn er seinem Garten einen weißen Rahmen aus Holz gibt, wenn er seinen Laternenpfählen eine so wichtige Rolle zuerkennt, wenn er einen großen Springbrunnen auf ebener Erde in einem vergleichsweise so kleinen Garten aufstellt und verhältnismäßig viele und breite Wege anlegt. Es gibt kaum Blumen. Das Hauptelement dieses Entwurfs ist der Kontrast des reinen weißen Marmors und des weißbemalten Holzes zu dem grünen Gras und Laubwerk."[16]

Peter Behrens und Karl Ernst Osthaus

Eine wichtige Entwicklung brachte Peter Behrens im Jahre 1904 seine wachsende Freundschaft mit Karl Ernst Osthaus. Von ihm erhielt er die ersten beiden Aufträge für Projekte in Hagen in Westfalen.

Karl Ernst Osthaus war ein junger Kunstmäzen, Sammler und Gelehrter. Er war der Sohn eines Bankiers, hatte von seinem Großvater mütterlicherseits ein Vermögen geerbt und beschlossen, dieses Geld für ein Museum in Hagen zu verwenden. 1898 hatte er den Berliner Architekten Carl Gérard (der das Haus seines Vaters gebaut hatte) beauftragt, einen Museumsbau zu entwerfen. Als dieses ziemlich langweilige Neorenaissancegebäude im Rohbau fertig war, lud Osthaus Henry van de Velde ein, nach Hagen zu kommen und die Innenräume, das Mobiliar und das sonstige Zubehör zu entwerfen. Van de Velde kleidete die

Vortragssaal, Folkwangmuseum, Hagen, 1905 (zerstört).

bereits bestehende Stahlkonstruktion im Innern mit einem leichten, eleganten Arkaden-Ensemble im Art-Nouveau-Stil aus. Vermutlich übte er seinen Einfluß auf Osthaus auch im Hinblick auf den Gesamtzweck des Museums aus. Wie immer es gewesen sein mag: als das Folkwangmuseum – das nach dem Palast der Göttin Freia in der Nibelungensage benannt wurde – im Juli 1902 eröffnet wurde, war es vor allem eine Sammlung moderner Kunst. Hier trug Osthaus die erste große Sammlung zeitgenössischer europäischer Kunst zusammen, die der Öffentlichkeit zu bestimmten Zeiten offenstand. Außerdem wurden im Museum wichtige Ausstellungen und Kongresse durchgeführt und Vorträge gehalten.

Osthaus beauftragte Behrens, einen Vortragsraum für das Museum zu entwerfen. Außerdem vermittelte er ihm den Auftrag für einen zusätzlichen Raum im Haus eines Verwandten, des Industriellen Alfred Harkort.

Behrens begann mit der Entwurfsarbeit für den Vortragsraum und das Wohnzimmer im Januar 1904. Er übersandte Osthaus die endgültigen Zeichnungen für den Vortragsraum als Weihnachtsgeschenk im darauffolgenden Dezember. Der Vortragssaal war sein erster unverhüllt klassizistischer Innenraum. Er war entworfen für einen halbkreisförmigen Erker im zweiten Stock des bestehenden Baus. Osthaus beschreibt ihn folgendermaßen: „Die Raumform des Saales ist mit verblüffend wenigen Worten zu beschreiben: gegen zwei nebeneinandergestellte Würfel ist ein Halbzylinder gelegt: eine Halbkugel von gleichem

Umfang bildet als Kuppel den Abschluß. Wie uns diese Form nur durch die umgrenzenden Flächen zum Bewußtsein kommt, so kann auch das innere Leben des Raumes nur auf den Wänden seinen Niederschlag finden. In dieser Wechselbeziehung liegt aber dann gleich das Wesen Behrensscher Ornamentik. Wie die Linien die Wand in Flächen teilen, so teilen sie den Raum in Schichten. Wir bemerken in seinem Niederschlag ein rhythmisches Leben, das auf wechselreichen Kombinationen einer Einheitsform beruht. Diese Einheitsform ist hier ein Quadrat von 75 Centimetern. Sie geht in den quadratischen Seitenwänden der Höhe und Breite noch je siebenmal auf. Die vertikalen Wandstreifen enthalten sie der Breite nach je ein- bis drei-, der Höhe nach sechsmal; darüber breitet sich ein horizontal gestreckter Fries, dessen Schilder und Konsolenpaare die Einheitsform in eindringlichster Weise einzeln aufgereiht darstellen. Türen, Schrank und Kamin je zwölfmal. So findet der aus Luftwürfeln aufgetürmte Saal sein Widerspiel an jedem Körper, jeder Linie."[17]

An der langen Wand des Raumes waren zwei Türen angeordnet und einige feste Sitze an der ihr gegenüberliegenden halbkreisförmigen. Möbliert war er mit einem Vortragspult und Schränken und Heizkörpern, die Osthaus erwähnt. Die Kuppel war mit quadratischen Kassetten ausgemalt. Der Kontrast zwischen diesem neoklassizistischen Raum (der im Zweiten Weltkrieg durch Bomben zerstört wurde) und den Innenräumen van de Veldes für das Folkwangmuseum war frappierend. Auf dramatische Weise spiegelte sich darin Behrens wachsende Begeisterung für die klassische Kunst und Architektur. Seit seiner ersten Reise nach Italien mit Hartleben, war er sooft er konnte dahin zurückgekehrt. Im Sommer 1904 verbrachte er die meiste Zeit in Pompeji und Rom, um dort die Altertümer zu studieren.

Eine andere Arbeit aus dieser Hagener Zeit war das Wohnzimmer für das Harkort-Haus Schede in Wetter an der Ruhr, in der Nähe von Hagen. Es wurde Anfang 1905 fertiggestellt und ist ein ungewöhnlicher Entwurf: ein großer, kreisförmiger, chorähnlicher Erker, der an ein nobles Haus aus dem frühen 19. Jahrhundert angebaut ist und von dem man einen bezaubernden Ausblick auf den Garten und die bewaldeten Hügel hat. Der Raum hat praktisch keine Wände – er ist nahezu im vollen Kreisumfang vom Boden bis zur Decke verglast. Ein kleiner Balkon läuft außen um den Erker. Für diesen attraktiven Raum entwarf Behrens auch die Möbel, das sonstige Zubehör und den Teppich. Der kreisrunde Tisch mit den Stühlen nimmt die Form des Raums auf. Es gibt aber auch quadratische Motive – wie den blauen Teppich, dem die Vertiefung in der Decke entspricht – als Kontrast zu den Kreisformen, die den Plan für den Anbau des Hauses bestimmen. Das Holz ist silbergrau, die Möbelbezüge sind blau und die Vorhänge gelb. Der Raum ist immer noch in sehr gutem Zustand erhalten.

Die Nordwestdeutsche Kunstausstellung von 1905

Ein eindrucksvoller Innenraum, der während des Zweiten Weltkrieges zerstört wurde, war der Lesesaal für die Düsseldorfer Stadtbücherei. Vor seiner endgültigen Unterbringung im Düsseldorfer Kunstmuseum wurde er im Jahre 1904 auf der Weltausstellung in St. Louis gezeigt. Behrens entwarf auch den offiziellen Katalog der Kaiserlich-deutschen Ausstellung für die Weltausstellung. Die Bibliothek scheint in allen Formen streng rechtwinklig gewesen zu sein. Sie enthielt viele dekorative Skulpturen von Bosselt. Ein auffallendes Charakteristikum müssen bei Licht die kubischen elektrischen Leselampen und die Reihe weißer kubischer Deckenlampen gewesen sein. Die Lesetische waren mit weißem Leder bezogen. Hoeber beschreibt die Wirkung als „abstrakt mathematische Helligkeit".

Außerdem plante Behrens während dieses produktiven Jahres Innenräume für Mannhardt und Büros für Klöpper, beide in Hamburg. Er stellte ein Speisezimmer in Dresden aus und entwarf Stoffe – bedruckte Baumwolle – für die Hagener Textilindustrie, die in St. Louis gezeigt wurden.

Die wichtigsten Arbeiten des Jahres 1905 hingegen waren eine Ausstellung und ein Privathaus. In der Nordwestdeutschen Kunstausstellung in Oldenburg, die im Sommer stattfand, prägte Behrens seinen neoklassizistischen Stil noch radikaler aus als in Hagen. Er entwarf einen großen einheitlichen Bautenkomplex und einen breiten, offenen rechtwinkligen Platz. Die Mitte dieses Platzes nahm ein achteckiger Orchesterpavillon mit einer Kuppel ein. Rund um seine Außenmauer reihten sich weiße Bänke mit kleinen buschartigen Koniferen dazwischen. An einem Ende befand sich die Hauptgruppe der Gebäude: eine Ausstellungshalle von nahezu kubischer Form mit einem pyramidalen Dach; ihr schloß sich zu beiden Seiten je ein flachgedeckter kleiner Kubus an, von diesem führte eine kurze Kolonnade zu kleinen Verwaltungspavillons, die mit ihren Pyramidendächern das Motiv der zentralen Halle aufnahmen. Am anderen Ende des großen offenen Platzes standen zwei kleine freistehende Firmenpavillons – auf der einen Seite für die Zigarrenfabrik Rogge, auf der anderen für die Delmenhorster Linoleumfabrik. Das war der Beginn seiner Verbindung mit dieser Firma, die Behrens' Zusammenarbeit mit der AEG – wenn auch in kleinerem Maßstab – vorwegnahm. Er entwarf für sie Linoleummuster, Ausstellungsstände und Werbematerial.

Der Garten war von weißen Pergolen, Gitterpavillons und Nischen flankiert, in denen sich das Thema der Hauptgebäude – Kuben und halbkugelförmige Gewölbe – wiederholte.

Fritz Hoeber hat 1913 in seinem Buch über Behrens klargemacht, daß die Längsschnitte dieser Gebäude einem Schema folgten, das auf Rechtecken basierte, die aus gleichschenkeligen Dreiecken (mit Basiswinkeln von 40 Grad) entwickelt waren. Er zeigte, daß die Fassadenflächen des Zentralpavillons zu denen der kleineren, ihn flankierenden Bauten im Verhältnis drei zu zwei stehen und daß alle wichtigeren Öffnungen und Unterteilungen der Fassaden den Linien eines Rasters entsprechen. Die dekorativen Elemente der Außenflächen machen diese zugrundeliegende Geometrie – sogar für den flüchtigen Blick – augenfällig; die kleineren kubischen Pavillons der Hauptgebäudegruppe sind, zum Beispiel, durch vertikale Paneele gegliedert und haben eine Art Fries aus Dreiecken (mit Basiswinkeln von 40 Grad) und Rauten.

Diese leuchtend weißen kubischen Bauten mit ihren kühnen geometrischen

Nordwestdeutsche Kunstausstellung, Oldenburg, 1905, Gesamtanlage.

Nordwestdeutsche Kunstausstellung. Pavillon der Zigarrenfabrik Rogge (links).
Pavillon der Delmenhorster Linoleumfabrik (rechts).

Flächen waren neu als neoklassizistische Formen und auch durch die Zurückdrängung des Materials und der konstruktiven Elemente. Sie hatten die reine Geometrie von Flächen, die in reinen Proportionen zum Raum standen. Julius Meier-Graefe schrieb zu dieser Zeit einen Artikel über Behrens, in dem er die Frage stellt:

„Wäre es nicht möglich, so zu bauen, daß nichts von der Form, nur dieser anbetungswürdig kühle Geist der Griechen auferstünde? Es gibt ja auch keine Form, die man nehmen könnte. Das wahre Griechentum existiert deutlicher als Ideal als in der Realität der Trümmer."[18]

Aus diesen Worten ist zweifellos Behrens selbst herauszuhören. Vielleicht versuchte er, einen Klassizismus ohne Kapitelle, ohne Steinmetzarbeit oder sichtbare Konstruktionen zu schaffen, eine allem Anschein nach gewichtlose Architektur der reinen Form und des Raums – eine bemerkenswerte Vorwegnahme der Arbeiten Mies van der Rohes in den zwanziger Jahren.

Hoeber und andere haben auf die Ähnlichkeit zwischen Behrens' geometrischem Raster und dem der Niederländer Lauweriks, de Bazel und Berlage hingewiesen.[19] Keiner dieser Zeitgenossen, die Behrens gut gekannt hat, haben solche Methoden verwendet, um Bauten zu schaffen, die auch nur von fern den neoklassizistischen Entwürfen von Behrens ähnelten. Behrens entwickelte einen höchst individuellen, archaisierenden Architekturstil, der in erheblichem Maße das Ergebnis seiner Begeisterung für Italien war. Meier-Graefe schrieb:

„Der Weg zur Antike liegt in unserem Bereich. Er darf nicht in Griechenland enden, sondern muß hellenische Klarheit, hellenische Vernunft, oder sagen wir statt dessen schlechtweg das Schöne in unsere Form tragen. Das versucht Behrens."

Im Zusammenhang mit der Ausstellung in Oldenburg und den darauffolgenden Arbeiten von Behrens lassen sich die Begriffe „Griechenland" oder „Antike" als sonderbare Verquickung von Ideen einer archaischen Einfachheit und einer Formenreinheit deuten. Er hat sie nicht so sehr an der griechischen Kunst gewonnen, als vielmehr aus seiner Beschäftigung mit der romanischen Architektur der Toskana (das Baptisterium des Doms von Florenz, zum Beispiel, ist eine kristalline, geometrische Form, eingehüllt in die glatten Flächen eines weißen Materials, in das kühne abstrakte Muster eingelegt sind). Hinzu kamen seine geschichtlichen und archäologischen Studien der klassischen Kunst ganz allgemein. Burckhardt, Riegl, Wölfflin, Wiegand und andere waren für ihn Quellen der Inspiration, besonders, wo sie auf bislang wenig bekannte oder unterschätzte Perioden der Antike, griechische oder spätrömische Kunst aufmerksam machten. Etwas von der Art, wie Behrens und Dehmel Affinitäten zwischen der Kunst sehr verschiedener Epochen entdeckten, läßt sich einem Brief entnehmen, den Dehmel 1904 an Behrens schrieb:

„Ja, die wirklich antike Antike (so bis 500 v. Chr.) kann uns wohl noch zu einer anderen ‚Blüte' treiben, als die attische Eleganz gewesen ist. Solche Dinge wie der leierspielende Apollon und die beiden Rehe in Neapel, auch die etruskische Wölfin in Rom, haben ihresgleichen eigentlich nur in der frühromanischen Architektur und enthalten fraglos Gefühlskräfte und Gestaltungstriebe, die mit den unseren verwandt sind..."[20]

Das Obenauer-Haus

Sein zweites Privathaus entwarf Behrens für den Industriellen Gustav Obenauer in St. Johann bei Saarbrücken. Die Pläne fanden im Mai 1905 ihre endgültige Form. Der Bau des Hauses begann gegen Ende des Jahres, und Anfang 1906 wurde es fertiggestellt. Obgleich Behrens charakteristischerweise einen Kubus als Grundform für das Haus verwendete und ihm ein pyramidales Dach gab, zeigt das Obenauer-Haus einen freien und organischen Aufbau. Es liegt an einem steilabfallenden Hang, was den Entwurf beträchtlich beeinflußte. Die Anbauten an den 12 m im Quadrat großen Grundkubus – wie etwa der nach Nordwesten hangaufwärts gelegene flachüberdachte Wirtschaftsflügel, die Terrasse und die Pergola an der südlichen und westlichen Seite des Hauses – verbergen die einfache Form, die den Kern des Entwurfs ausmacht. Die dreigeschossige Fassade, die zum Trillerweg hinausführt, wird durch Vor- und Zurücktreten verschiedener Elemente in den drei nahezu gleichen horizontalen Ebenen belebt: Der Eingang mit der darüberführenden Terrasse springt erheblich – gegenüber den beiden Obergeschossen – vor, das obere Geschoß ist leicht über das mittlere vorgezogen. Der Mittelerker des zweiten Obergeschosses tritt zwar etwas zurück, hat aber einen kleinen geschwungenen Balkon, der über die darunterliegende Terrasse vorragt. Die Fassade über dem Mittelerker wird gekrönt von einem kleinen, dreieckigen, ziergiebelartigen Dachfenster im Dachgeschoß. Die Westseite des Hauses unterscheidet sich von dieser nur wenig.

Einen neoklassizistischen Anstrich erhält das Ganze durch einen kräftigen Zahnschnitt als unteren Abschluß des vorspringenden zweiten Obergeschosses – ein Motiv, das sich im Sturz über dem Eingang, den zwei niedrige zylindrische Säulen flankieren, wiederholt. Die östliche und nordöstliche Seite des Hauses hat eine Reihe von Einzelheiten, die an Voysey oder Mackintosh erinnert: Gruppen von Sprossenfenstern und oben abgeflachte Schornsteine. Das Motiv des dem Quadrat eingeschriebenen Kreises und der Variationen über unterteilte Quadrate erscheint in den Eisengittern und auf den Keramikböden ebenso wie im Mobiliar des Hauses. Einige Jahre später – 1910 – entwarf Behrens einen Arbeitsraum mit Bibliothek für dieses Haus.

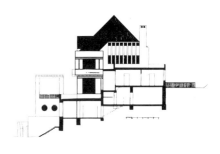

Obenauer-Haus, Saarbrücken, 1905,

Aufriß (oben links);

Schnitt (oben rechts);

Grundriß (links).

Obenauer-Haus, Saarbrücken, 1905.

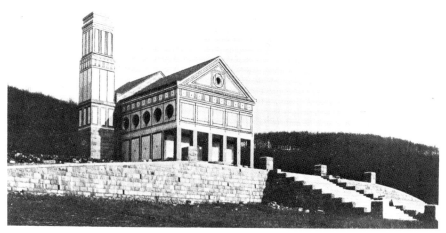

Krematorium, Delstern, 1906/07, Gesamtansicht.

Der Konzertsaal in Köln und das Krematorium in Hagen

1905 stellte Behrens auf einer weiteren Ausstellung des Kaufhauses Wertheim in Berlin ein Schlafzimmer und ein Wohnzimmer aus. Außerdem entwarf er die Einrichtung für die Deutsche Jahrhundertausstellung in der Nationalgalerie Berlin und schuf ein denkwürdiges Plakat für diese Ausstellung.

Er war außerdem mit dem Entwurf einer Reihe von weiteren Projekten beschäftigt, die im folgenden Jahr realisiert werden sollten. Die wichtigsten waren die dritte Deutsche Kunstgewerbeausstellung in Dresden und das „Tonhaus" für die Kunstausstellung in der Flora in Köln. Diese beiden Pläne wurden von Behrens als Experimentierfeld für eine Architektur der reinen Geometrie im Geiste der frühchristlichen und romanischen Bauten der Toskana genutzt.

Inzwischen hatte Behrens überdies einen lebhaften Briefwechsel mit Osthaus zu Aufträgen, die der Mäzen von Hagen für ihn arrangierte: Der bedeutendste war das Krematorium in Delstern. Das Krematorium – das erste in Preußen – war ein Vorhaben des Vereins für Feuerbestattung in Hagen, und Osthaus war um seinen künstlerischen Rat zu dem Entwurf gebeten worden. Dr. Müller, Geschäftsführer des Vereins und Mitglied des Gesundheitsamtes, schickte Osthaus eine makabre Skizze, die ein Baumeister Sanders angefertigt hatte: eine neugotische Scheußlichkeit, zu der ein zinnengekrönter Turm und das Wohnhaus des Aufsehers gehörten. Der Turm könne durch einen unterirdischen Gang mit dem Krematorium verbunden werden, schlug Müller vor, so daß der Rauch durch einen Schornstein darin abgelassen werden könne, was den praktischen Vorzug hätte, so die Zentralheizung für das kleine Haus zu liefern. Diese bizarre Idee wurde von Behrens und Osthaus nicht weitergeführt. Sie fertigten unentgeltlich die Pläne für das Krematorium.

In einem langen Brief vom Mai 1905 an Osthaus erörterte Behrens die verschiedenen Aspekte seiner Ideen und Pläne für das Projekt.[21] Dieser Brief

Konzertsaal in der Flora, Köln, 1906, Eingang.

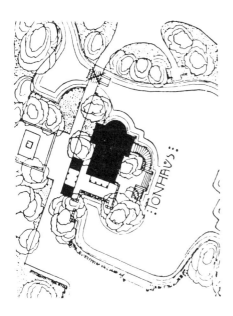

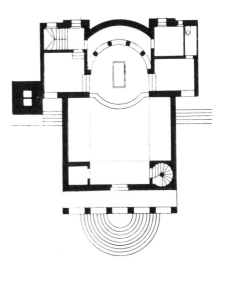

Konzertsaal im Flora-Garten, Lageplan (oben links).

Krematorium, Delstern, 1906, Grundriß (oben rechts).

Krematorium, Orgelgehäuse (rechts).

ist übrigens mit der Maschine geschrieben. Die früheren Briefe an Osthaus sind alle von Hand geschrieben, entweder von einer Sekretärin oder – im selteneren Fall – von Behrens selbst. Behrens hatte schließlich die Idee, den Konzertsaal auf der Kölner Ausstellung zu einem Versuchsfeld für das Krematorium zu machen; eine merkwürdige Idee auf den ersten Blick, aber sie bot Gelegenheit, ein Modell in größerem Maßstab für das in Aussicht genommene Gebäude – das ja im wesentlichen nicht mehr als ein Saal war – herzustellen, so daß es möglich war, dem Verein eine Reihe von Plänen vorzulegen, deren Kosten bereits gedeckt waren.[22]

Die Grundform erinnert an eine kleine frühchristliche oder romanische Kirche mit Emporen. Sie hatte jedoch keine Arkaden zum Mittelschiff unterhalb der Emporen, so daß es sich von den Seitenschiffen nicht unterschied. Es gab (und gibt im Falle des Krematoriums, das noch existiert) einen Narthex quer zum Eingang mit einer Orgelempore darüber. Das Orgelgehäuse schmückt ein Dekor, das den riesigen Voluten an der Fassade von Santa Maria Novella in Florenz ähnelt. Am anderen Ende schloß jenseits eines kurzen Querschiffs eine halbkreisförmige überwölbte Apsis mit Säulen den Saal ab. Im Konzertsaal war die Vierung zwischen dem Längs- und dem Querschiff klar durch zwei große halbkreisförmige Bögen – die frühchristlichen Triumphbögen – begrenzt, beide zeigten im Bogeninnern ein oktogonales Spiralmuster. Der Raum zwischen ihnen war über dem Sanktuarium verglast, in die flache Decke waren Glasriegel eingelassen, die ein Muster aus Kreisen in Quadraten bildeten. Von der Decke hing ein Lichterkreis. Das Apsisgewölbe schmückte ein Mosaik von E. R. Weiß im Stil der Mosaiken von Ravenna, aber ohne spezifisch christliche Ikonographie. Drei Jünglinge knien vor einem Goldgrund zwischen Bäumen auf einem beblümten Rasen. Die mittlere Gestalt hebt die Hände mit der Gebärde der St. Apollinaris in den Mosaiken der Basilika in Classe. Darüber stehen die Worte: „Alles Vergängliche ist nur ein Gleichnis".

Der Konzertsaal – wie später auch der Saal des Krematoriums – erhielt sein Licht aus fünf großen Fenstern zu beiden Seiten oberhalb der Emporen. Er lag in einer romantischen Gegend auf einem Felsvorsprung über einem kleinen Zierteich, halbverborgen hinter Bäumen. Zugänglich war er nur durch ein davorliegendes Säulentor oder über den Teich und eine Treppe, die bis an den Rand des Wassers führte. Behrens entwarf das Klavier für den Konzertsaal. Er gab der Hoffnung Ausdruck, daß die darin gespielte Musik mit dem übereinstimmen werde, was er den „gesamtkünstlerischen" Entwurf des Gebäudes nannte. Immer wieder versuchte er vergeblich, Dehmels „Eine Lebensmesse" auf die Bühne zu bringen.

Die Ausstellung wurde im Mai 1906 eröffnet, und Behrens' „Tonhaus" stand im Kontrast zu „Der Frauen Rosenhof", dem Pavillon von Olbrich, der seinem Wesen nach ein Werk des Jugendstils war.

Das Krematorium lehnte sich eng an den Entwurf für das „Tonhaus" an. Das Mosaik von Weiß wurde für die Apsis noch einmal geschaffen. Das Allerheiligste wurde in gewissem Sinne vereinfacht, einer der Triumphbögen fortgelassen. Der Grundriß zeigte einige Veränderungen: Sie ergaben sich durch einen notwendigen Warteraum, eine Garderobe für die Angehörigen und einen

Raum für den Sarg an der einen Seite des Sanktuariums. Der Katafalk sollte auf dem Höhepunkt der Trauerfeier in den Keller versinken. Ein hoher, rechteckiger Turm, einem Kampanile ähnlich, war mit dem Bau verbunden.

Das Krematorium erinnert lebhaft an San Miniato al Monte oberhalb von Florenz, und seine Lage auf einem steilabfallenden Hügel ist sehr ähnlich. Behrens' marmorverkleideter Bau erwies sich als sehr kostspielig. Er wurde im Juni 1907 fertiggestellt, aber es gab immer wieder Ärger, da die Marmorplatten sich von der Wand ablösten. Heute ist das Äußere durch einen düsteren Verputz stark verändert. Die lange niedrige Säulenhalle hinter dem Krematorium wurde nie gebaut.[23]

Die Dresdner Ausstellung von 1906

Die andere große Aufgabe der Jahre 1905 und 1906 war der Entwurf für die Bauten der dritten „Deutschen Kunstgewerbeausstellung" in Dresden. Sie fand wie die in Köln während des Sommers 1906 statt. Behrens war einer der Regionaldirektoren und somit verantwortlich für die Ausstellungsräume seiner eigenen Schule, der Düsseldorfer Kunstgewerbeschule, sowie für eine unabhängige Gebäudegruppe, zu der ein Konzertsaal, der sich auf einen kleingeschlossenen Hof öffnete, ein Vestibül und ein Empfangsraum gehörten.[24] Außerdem entwarf er noch einen Pavillon für die Delmenhorster Linoleumfabrik.

Dritte Deutsche Kunstgewerbeausstellung. Dresden, 1906, Delmenhorster Linoleumfabrik, Pavillon.

Atriumähnlicher Hof vor der Konzerthalle. Die Skulptur von Bosselt auf dem Sockel fehlt.

Der Konzertsaal war ein längliches Rechteck mit Seitenflügeln, das tonnengewölbte Schiff wurde von vier rechteckigen Pfeilern getragen. Der Innenraum war – wie die vorher beschriebenen – weiß und zeigte kühne Ornamente, die aus einer Vielfalt verschiedener Quellen – der Antike wie der italienischen Romanik – abgeleitet waren, und einen Fries aus Quadraten über den Pfeilern, der die Geometrie des Entwurfs noch betonte. Der quadratische atriumähnliche Hof war von dieser Seite direkt zugänglich und an den drei anderen von einem Kreuzgang – dicken zylindrischen Säulen auf einer niedrigen Mauer – umgeben, die eine Blendarkade trugen. Die abgesenkte Mitte des Hofs war ganz mit Keramikplatten ausgelegt und zeigte als einzige Besonderheit in der Mitte die lebensgroße Gestalt eines Jünglings von Rudolf Bosselt auf einem quadratischen Klinkersockel. Diese Anlage läßt sich als dritte Variante des in Köln und Hagen erprobten Themas ansehen.

Der Delmenhorster Pavillon für die Linoleumwerke „Ankermarke" war ein neuer Versuch: ein kleiner oktogonaler Bau mit einer halbkugelförmigen Kuppel über einer zylindrischen Trommel. Wie das „Tonhaus" lag es am Wasser. Vier Seiten des Oktogons waren zu einer Kreuzform verlängert, einer der Kreuzarme bildete die Eingangshalle, die von nahezu dorischen Säulen – samt Entasis – getragen wurde. Inneres und Äußeres waren weiß, mit Banddekor in Schwarz und – im Innern – kleinen oktogonalen Säulen.

Behrens benutzte das Bild dieses „tempietto" als Umschlagbild für die Firmenprospekte und entwickelte eine Reihe von Mustern für die Produkte. Möglicherweise lenkten dieser Ausstellungspavillon, die Produkte und die Broschüre die Aufmerksamkeit Paul Jordans, des AEG-Direktors, auf Behrens und seine Arbeiten. Er könnte auch den Artikel von Ernst Schur in „Die Rheinlande" gelesen haben (eine Besprechung der Dresdener Ausstellung), in der er Behrens als einen Künstler feierte, der besonders dazu geeignet sei, mit der Industrie zusammenzuarbeiten.

„Behrens hat augenblicklich in Deutschland eine Stellung, die ihm niemand streitig macht: er arbeitet mit der Industrie und belebt sie."[25]

Weitere Projekte in Hagen

Osthaus führte Behrens während der Periode 1905–1906 verschiedene weitere Aufträge in Hagen zu. Die Pläne für eins dieser Projekte, ein Ladengeschäft für die Firma Josef Klein, wurde im Dezember 1905 fertiggestellt und der Laden zwischen 1906 und 1907 ausgestattet. Auf der einen Seite des quadratischen Grundrisses führte eine tiefe Eingangshalle direkt bis an die Treppe, während der Eingang in den eigentlichen Ladenraum auf der anderen Seite lag. Er hatte wie das Ladeninnere eine Kassettendecke, in der Struktur ähnlich der Decke im Speisezimmer des Obenauer-Hauses. Die Tür zum Treppenhaus zeigte einen amüsanten Ziergiebel mit neoklassizistischen Spiralornamenten, von

Tapetenhaus Klein, Hagen, 1905–1907, Eingang (zerstört).

der gleichen Art wie die zusammen mit den typographischen Ornamenten für seine Kursivschrift veröffentlichten. Das Tapetenhaus Klein, das mit Tapeten und Textilien handelte, wurde im Zweiten Weltkrieg zerstört, besteht aber immer noch in Hagen.

Der Entwurf für ein „Milchhäuschen" wurde schließlich von der Hagener Verkaufsorganisation für Milchprodukte abgelehnt (Dezember 1905). Auch aus dem wesentlich größeren und wichtigeren Projekt für eine protestantische Kirche, die in Hagen-Wehringhausen gebaut werden sollte, wurde schließlich – 1907 – doch nichts, obwohl Behrens an den Plänen für dieses Projekt während des ganzen Jahres 1906 gearbeitet hatte. Die Evangelische Kirchengemeinde von Hagen zog unter der Führung von Pastor Kayser auch die Entwürfe eines anderen Architekten, Fritz Schumachers, in Betracht. Behrens arbeitete zwei Grundentwürfe aus: den einen mit einem Schiff in Form eines lateinischen Kreuzes, den anderen als Oktogon. Er selbst zog die oktogonale Kirche vor, und betonte bei der Vorlage des Projekts, daß er auch die Art, wie die Kirche, das Pastorenhaus und die anliegenden Nebengebäude sich in die städtische Umgebung einfügen würden, mitberücksichtigt habe. Er berührte auch die karolingische Herkunft ihres Stils:

„Die Architektur dieses Projektes schließt sich an die besonders im westlichen Deutschland nachweisbare Tradition des karolingischen Zeitalters an,

Entwurfszeichnung für eine protestantische Kirche, Hagen, 1906/07.

Entwurf für das Warenhaus Tietz in Düsseldorf, 1906.

jedoch nur, indem hierbei die künstlerischen Hauptprinzipien anerkannt wurden, ohne daß dadurch einer vollständig modernen Ausbildung in Hinsicht auf die Anforderungen des heutigen protestantischen Kults Abbruch getan wäre."[26]

Dem Kirchenvorstand hingegen gefiel sie nicht.

„Man hantierte mit Zollstock und Zirkel, fand die Fenster zu klein und die Türme nicht spitz genug, stellte Ähnlichkeiten mit Fabriken und Kuhställen fest und hatte bald kein gutes Haar weder an Behrens noch an Schumacher gelassen."

So schrieb Osthaus, der sowohl in der Lokalpresse als auch überregional ein oder zwei Artikel veröffentlichte, in denen er das Ergebnis erbittert angriff. Er hatte sein Bestes getan, um phantasievolle Architekten für das Projekt zu interessieren. „Wenn ein Lokaldichter bei festlicher Gelegenheit ein Poem vorträgt, so läßt man sich dies gefallen. Stellt man ihn aber mit Dehmel und Stefan George in eine Reihe, so wird die Sache geschmacklos. Ebenso kann man, wenn jemand Pläne von Behrens und Schumacher zur Verfügung hat und nach Siebold und Plange ruft, nur die Hände über dem Kopf zusammenschlagen."[27]

Dem Architekten Plange aus Elberfeld wurde schließlich der Vorzug gegeben.

Bei seinem ersten Entwurf für die AEG – dem Pavillon für die „Deutsche Schiffbauausstellung" in Berlin im Jahre 1908 profitierte Behrens von seinen Plänen für die oktogonale Kirche. Ein gleichfalls interessanter Wettbewerbsentwurf, der ebenfalls während des Jahres 1906 entstand, war das Warenhaus Leonhard Tietz in der Königsallee in Düsseldorf. (Olbrich gewann dann den Wettbewerb.) Auch dieser Entwurf weist voraus auf die Arbeiten, die Behrens später für die AEG schuf: Die Seitenfassade des Warenhauses mit ihrer eindrucksvoll gestaffelten Fensterreihe, die vom Treppenhaus nach beiden Seiten hinunterführte, ähnelt deutlich der Fassade der großartigen Hochspannungsfabrik von 1910.

Etwa um diese Zeit schickte Behrens Osthaus die ersten Lagepläne für die Eppenhauser Gartenvorstadt, die sein Förderer um sein neues Haus in Hagen anlegen wollte.

Die Mannheimer Ausstellung von 1906–1907

Noch vor Ende des Jahres begann Behrens an den ersten Entwürfen für die AEG zu arbeiten. Diese waren bescheiden genug und beschränkten sich auf Graphik. Er entwarf das Layout und die Schrift für den Einband des zweiten Bandes des Jahresberichts von 1906, der Mitteilungen der „Berliner Electricitäts-Werke", einer Zweigfirma der AEG.[28]

Eine größere Arbeit dagegen war gegen Ende des Jahres 1906 der Entwurf eines Raums für die Internationale Kunstausstellung, die im Mai 1907 in Mannheim stattfinden sollte. Behrens' Raum befand sich in der Kunsthalle, deren Architekt Hermann Billing war. Behrens gab sich einige Mühe mit der Auswahl der Exponate für diesen Raum, damit sie ein harmonisches Ganzes abgäben. Im Mittelpunkt des Arrangements stand ein Abguß von Maillols „Méditerranée", die er vor eine Nische der abschließenden Wand stellte. Das Original gehörte Harry Graf Kessler, Maillols deutschem Freund und Förderer. Kessler ermutigte Osthaus – etwa zur gleichen Zeit –, Maillols „Nymphe" zu kaufen. In diesem Raum waren noch weitere Arbeiten von Maillol, von Bourdelle und Bernhard Hoetger ausgestellt, zusammen mit Gemälden von Hermann Haller und Christian Rohlfs, einem von Osthaus besonders geschätzten Künstler, den er bewogen hatte, sich in Hagen niederzulassen.

Den Hintergrund der Kunstwerke bildeten schlichte Wände. Oberhalb der Türhöhe waren Wand- und Deckenflächen durch einfache rechteckige Paneele unterteilt. Die Dekoration beschränkte sich auf die quadratischen Vertiefungen in der Decke, ein schmales Band als Abschluß der Wände und einen sehr kleinen Ziergiebel über jeder Tür.

Heinrich Wölfflin, der große Schweizer Kunsthistoriker, besuchte die Ausstellung im Herbst 1907 zusammen mit seinem Kollegen Fritz Wichert, als sie ganz in der Nähe in Darmstadt auf dem Internationalen Kunsthistorikerkongreß waren. Sie stimmten darin überein, daß der Raum von Behrens der beste der Ausstellung sei, und es heißt, Wölfflin habe geäußert: „Behrens hätte als architektonischer Künstler sicher die meiste Zukunft, wenn er zu seiner Linien- und Flächeneurhythmie noch die kubische Schönheit hinzugewänne, die den Palazzo Strozzi in Florenz zu einem klassischen Bauwerk macht."

Hoeber, der diese Bemerkung 1913 in seinem Buch über Behrens zitierte, hatte den Eindruck, daß sie Behrens' Erfolg in Berlin prophetisch vorwegnahm.[29]

Behrens zeichnete auch für einen Garten in Mannheim verantwortlich. Er

Ausstellungshalle für die Internationale Kunstausstellung in Mannheim, 1907. Innenraum.

ähnelte denen in Düsseldorf und Oldenburg, da er eine Anlage aus Gitterlauben und Pergolen rund um formstrenge, axial angelegte Räume bildete. In Mannheim gab es auch ein kleines Freilichttheater.

Wenn man bedenkt, daß Behrens auch einen besonderen Raum für seine Arbeiten in einer Kunstausstellung, die im Sommer 1907 stattfinden sollte, vorzubereiten hatte, so verwundert es nicht, daß er im Frühling dieses Jahres vor Überarbeitung krank wurde und über einen Monat der Rekonvaleszenz im Hotel Nizza in Wiesbaden zubringen mußte.

Behrens und die AEG

Seine Anstellung

Es ist nicht genau bekannt, warum Behrens bei der AEG beschäftigt wurde, wer es bewirkt hat, daß über seine Anstellung verhandelt wurde, und wie die Bedingungen seines Vertrags wirklich lauteten.

Wahrscheinlich war Baurat Paul Jordan, Direktor der drei Fabriken am Humboldthain in Berlin und einer der drei wichtigsten Männer bei der AEG, unmittelbar dafür verantwortlich. P. J. Cremers nennt in seinem 1928 erschienen Buch über Behrens ausdrücklich ihn „und nicht wie oft geschrieben Rathenau"[1] (also Emil Rathenau den Gründer und leitenden Direktor des Unternehmens) als den Mann, der Behrens als „künstlerischen Berater" nach Berlin berief. Behrens hätte diese Feststellung seinerzeit vermutlich leicht korrigieren können. Andererseits ist es nicht ganz verständlich, wie Behrens' Arbeit für die AEG sich so rasch über die von Jordan geleiteten Betriebe und Tätigkeitsbereiche hinaus ausdehnen konnte.

Allerdings hatten Peter Behrens und Walther Rathenau, der Sohn des Gründers, viele gemeinsame Freunde. Walther Rathenau, ein Mann von brillanten intellektuellen Gaben, ein Gelehrter und Industriemagnat, legte großen Wert auf Freundschaften mit bedeutenden Künstlern und Schriftstellern: wie Max Reinhardt, Stefan Zweig, Hugo von Hofmannsthal, Rainer Maria Rilke, Henry van de Velde, Edvard Munch (der sein Porträt malte) und Franz Blei, der 1901 im „Studio" über Behrens geschrieben hatte. Rathenau war ein Vetter Max Liebermanns, eines der ersten Mentoren von Behrens, und er betrieb gern eine Art „Geistesgymnastik", indem er zum Beispiel Telegramme in Versen mit Richard Dehmel austauschte.

Obgleich es nur spärliche dokumentarische Zeugnisse der Verbindung zwischen Behrens und Walther Rathenau gibt, hat immerhin ein Brief von Behrens an den Schriftsteller Maximilian Harden (vom Dezember 1905) überlebt, in dem er sich ausführlich und begeistert über „Freund Rathenau" und seine Freundschaft mit ihm äußert. Ein weiterer Brief vom Februar 1906 lädt Harden, zusammen mit Rathenau, als Gäste von Behrens in das Hotel Bristol in Berlin ein.[2] Um 1909 jedenfalls schrieb Rathenau an Behrens mit der Anrede „Lieber Freund" und unterzeichnete als „Herzlichst Ihr".[3]

Wie auch immer die Umstände waren, die zu seiner Verbindung mit der Firma geführt hatten, Behrens war um 1907 ganz offensichtlich den meisten wichtigen Leuten in der Leitung der AEG bekannt.

Die Allgemeine Electricitäts-Gesellschaft war (und ist heute als AEG-Telefunken) ein riesiger Industriekonzern, aufgebaut von dem Ingenieur Emil Rathenau. Er hatte die deutschen Rechte für die Herstellung der gesamten patentierten elektrischen Erzeugnisse von Thomas Alva Edison erworben. Zum ersten Mal (1881) hatte Rathenau Edisons strahlende elektrische Glühbirne auf der Exposition Internationale de l'Électricité in Paris gesehen, und zwei Jahre später gründete er die Deutsche Edison Gesellschaft für angewandte Elektrizität: den Kern der AEG. Einige Jahre später (1887) machte sich die Gesellschaft von dem Lizenzabkommen frei und änderte ihren Namen in AEG.

Sie gehörte um die Jahrhundertwende zu den sich besonders rasch erweiternden Gesellschaften in Deutschland. Um 1907 war sie bereits eine der größten Herstellerfirmen von Generatoren, Kabeln, Transformatoren, Motoren, elektrischen Birnen und Bogenlampen und weltweit führend im Entwurf und Bau von Kraftwerken.

Walther Rathenau hatte zum Beispiel den Auftrag, eines in Manchester/England zu bauen. Die AEG war, so schrieb er 1907, zweifellos die größte europäische Verbindung industrieller Betriebe unter einer zentralen Leitung und mit einer zentralisierten Organisation. In seiner Rathenaubiographie von 1928 führt Harry Graf Kessler sechsundfünfzig Gesellschaften in diesem Industrieimperium auf, darunter Berg-, Eisenbahn-, Flugzeug- und Walzwerke. In den vierundzwanzig Jahren seit der Gründung war der Konzern auf 34 000 Beschäftige – allein in den Haupt- und Mutterbetrieben – angewachsen.

Emil Rathenau war ein Pionier in bezug auf eine moderne Industrieentwicklung in großem Maßstab. Er begann mit der Herstellung preiswerter elektrischer Birnen, brachte Investitionskapital aus verschiedenen Quellen ein und entwickelte, zusammen mit seinen engen Mitarbeitern Felix Deutsch, Paul Mamroth und Paul Jordan, völlig neue Industriebereiche. Ihre Methode war es, so lange zu expandieren, bis die Gesellschaft in jeder Hinsicht über alle Mittel der Produktion und Verteilung von Elektrizität als Lichtquelle und Energie verfügte. Sie bezog schließlich alle Industriezweige und den gesamten Verkehr innerhalb des Landes ein.

Die AEG hatte schon früher erstrangige Architekten und Entwerfer beschäftigt. Franz Schwechten (der Erbauer der Kaiser-Wilhelm-Gedächtniskirche in Berlin) baute 1894 die Hauptgebäude der AEG-Fabrik in der Ackerstraße und 1896 den amüsanten Arkadeneingang zur Maschinenfabrik und andere Gebäude in der Brunnenstraße, alle im Berliner Norden. Behrens' Freund Otto Eckmann hatte viele graphische und typographische Entwürfe für die AEG gemacht, und Alfred Messel (bekannt vor allem durch das Warenhaus Wertheim) schuf 1905 das Zentralbüro der AEG am Friedrich-Karl-Ufer.

Behrens dankte Karl Ernst Osthaus in einem Brief[4], den er kurz vor seinem Weggang aus Düsseldorf schrieb, für dessen Förderung, Zusammenarbeit und Freundschaft. Für Behrens war es ein ungewöhnlich warm formulierter Brief; die meisten geretteten Briefe während ihrer mehr als siebzehn Jahre langen Verbindung sind sehr formell und im Ton fast distanziert. Diesem Brief läßt sich klar entnehmen, daß die neue Tätigkeit einen dramatischen Einschnitt und eine neue Phase in seinem Leben darstellte und daß er dies ganz bewußt zum Anlaß für eine Art Huldigung nahm. Im darauffolgenden Monat, August 1907, schickte ihm Osthaus als Abschiedsgeschenk ein Aquarell von Rohlfs.

Die erste offizielle Notiz zur Anstellung von Behrens findet sich in der

Zeitschrift „Werkkunst"[5], in der es hieß, die AEG habe Peter Behrens aus Düsseldorf engagiert, um „für Bogenlampen und alle Zubehörteile künstlerische Formen zu entwerfen".[6]

Nach einem Urlaub in Italien zog Behrens im Oktober 1907 in ein Hotel in Berlin und begann, ein altes Haus, das er für sich und seine Familie gemietet hatte, das Haus Erdmannshof in Neubabelsberg bei Potsdam, umzugestalten. Er ließ ein großes Atelier in den Garten bauen und fing an, sich eine Gruppe von Mitarbeitern für seine neue Arbeit heranzuziehen. Einer seiner ersten Assistenten in seinem Neubabelsberger Atelier war Adolf Meyer, damals sechsundzwanzig Jahre alt, der – als Kunsttischler – ein hervorragender Student in Düsseldorf gewesen war. Walter Gropius, der zu der Zeit vierundzwanzig Jahre alt und ausgebildeter Architekt war, könnte vor Ende 1907 bei Behrens angefangen haben – das genaue Datum ist allerdings nicht bekannt. Gropius selbst hat dazu widersprüchliche Aussagen gemacht. In „Apollo in der Demokratie"[7] sagt er, daß er 1907 bei Behrens angefangen habe, während er kurz vor seinem Tode in einem Brief an Dr. Herta Hesse-Frielinghaus schrieb: „Ich war 1907/08 für fast ein Jahr in Spanien, dort traf ich Osthaus zum ersten Mal, und bald entwickelte sich eine enge Freundschaft zu ihm... Osthaus brachte mich zu meinem Lehrer, Prof. Peter Behrens..."[8] Es wäre interessant zu wissen, welche Rolle der allgegenwärtige Osthaus dabei gespielt hat.

Während im Vertrag mit der AEG architektonische Beratung und praktisches Bauen vielleicht nicht besonders hervorgehoben wurden, umfaßte, nach einer Notiz in „Werkkunst" vom September 1907[9], Behrens' Arbeit alle Arten des Entwurfs, die „im weitesten Sinne des Wortes in Beziehung zur Raumkunst" stehen. Es ist klar, daß Behrens die feste Absicht hatte, die architektonische Seite seiner Arbeit und die Raumgestaltung weiter auszubauen und daß er außerhalb seines Vertrags mit der AEG tätig sein konnte.

Bogenlampen

Einige Jahre später schrieb Behrens: „Meine Tätigkeit bei der AEG begann zunächst mit dem Entwurf einer Bogenlampe... in der gemeinsamen Arbeit mit meinem eigentlichen Bauherrn und Freunde Jordan..."[10] Hoeber datiert die ersten Entwürfe für Bogenlampen Anfang des Jahres 1907.[11] Bogenlampen waren Hängelampen für öffentliche Gebäude wie Fabriken, Warenhäuser und Bahnhöfe. Einige hatten Metallreflektoren, die ein indirektes Licht gaben, andere Kugeln aus Milchglas.

Abgesehen von einigen besonderen Gelegenheiten werden Bogenlampen heute nicht mehr allgemein verwendet, da die Glühlampe sie inzwischen in der Leistung in jeder Hinsicht übertrifft. Sie funktionieren, indem elektrischer Strom zwischen den beiden Kohleelektroden entsteht: Der Strom von Elektronen und Ionen zwischen der Anode und der Kathode setzt Energie in Form von Wärme und einem leuchtend weißen Licht frei. 1907 gehörten sie zu den neuesten Errungenschaften auf dem Gebiet der elektrischen Beleuchtung; zuerst waren sie in den neunziger Jahren des vorigen Jahrhunderts entwickelt worden. Sie hatten gegenüber den Gaslampen erhebliche Vorzüge: Auch wenn die Anfangskosten für die elektrische Installation höher lagen, so war ihr Licht doch 300mal so hell, und sie waren im Betrieb billiger. Bogenlampen ließen sich überall an leichten, flexiblen Drähten aufhängen und brauchten keine starren Rohre wie die Gaslampe. Da ihr Licht verhältnismäßig wenig Wärme erzeugte, verringerten sie die Feuergefahr in Theatern und Fabriken, und sie waren besser für die Luft an solchen Orten, da sie nur eine minimale Menge an Sauerstoff verbrauchten. Es gab auch einige Nachteile. Offene Bogenlampen verbrannten ihre Kohlestäbchen sehr schnell: Eine 10-Ampére-Lampe erforderte pro Stunde Kohlestäbchen von 25 bis 50 mm Länge. Die Lampen hatten eine Brenndauer von 8–20 Stunden, dann mußten die Kohlestäbchen ersetzt werden. Sie mußten sich also folgerichtig für die häufige Wartung rasch auseinandernehmen lassen.

Die Lampen bestanden aus drei größeren Teilen. Der obere Teil enthielt die elektrischen Anschlüsse und den Mechanismus, der die beiden langen Kohlestäbchen regulierte. Dieser Mechanismus, der in einer zylindrischen, gewölbten Kapsel angebracht war, justierte die Länge und den Abstand der Stäbchen, während die Kohle elektromagnetisch abbrannte. Anfänglich hatte man ein Uhrwerk benutzt.

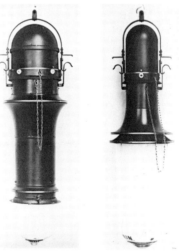

AEG, Flammenbogenlampen, 1908.

Der zweite Teil war ein langer Zylinder, der die Kohlestäbchen enthielt, und der unterste Teil des Lampengehäuses umschloß die Stelle, in der die beiden Kohlestäbchen zusammentrafen, da das entstehende Licht ohne einen solchen Schutz zu hell war. Die Lampe wurde über eine Rolle von der Decke heruntergelassen. Der Lampenkörper war von großen Klammern zuammengehalten, die sich durch rechtwinklig an der Lampe befestigte Metallgriffe öffnen ließen. Die funktionalen Einzelheiten gehörten notwendigerweise zum Erscheinungsbild der Lampe.

Es läßt sich leicht erkennen, daß diese Lampen wenig Spielraum für verbessernde Neugestaltung ließen, und viele der Behrensschen Entwürfe waren nur

AEG, Plakat, 1907. Farblithographie 67×52 cm.

besser proportionierte Fassungen früherer, von der AEG herausgebrachter Modelle.[12] Oft waren es schlichte, selbstverständliche Industrieprodukte. Die AEG hat auch vor Behrens' Erscheinen – und sogar danach – Lampen mit einer dem Rokoko nachempfundenen Oberflächendekoration auf den Markt gebracht. Seine Entwürfe waren keine derart revolutionäre Neuerung im Sinne einer „reinen Maschinen-Ästhetik", wie häufig angenommen wurde. Er wirkte vor allem darauf hin, daß die plastischen Formen und Nahtstellen so weit wie möglich verringert und vereinfacht wurden; er entwarf geschwungene Profile für die Reflektoren und Lichtverteiler. Er stellte Überlegungen an über die allgemeinen formalen Eigenschaften und Proportionen. Darin war er glänzend.

Für die Proportionen der Lampe als ganzes könnte er auf ein Rastersystem à la Lauweriks zurückgegriffen haben. Gropius, der auch einige der elektrischen Geräte für die AEG entwarf, schrieb 1958 an Helmut Weber:
„Ich beschäftige mich auch mit der Systemlehre, die Behrens um 1906 entwickelt hatte. Jahr und Tag war ich ständig bei Behrens abends im Hause, und ich identifizierte mich mit allen seinen Arbeiten, auch mit vielen Geräten der AEG."[13]

Viele der Lampenformen und -profile erinnern an griechische Amphoren, von denen Behrens eine schöne Sammlung besaß.[14] Die Farben – hell- oder dunkelgrüner Lack, von dem sich schmale Bänder in Gold oder Bronze an den Rändern und den Nahtstellen abhoben – waren zurückhaltend, ansprechend und klar und paßten gut zu den Formen.

Die Behrens-Lampen hatten einen ungeheuren Erfolg. Nach Mitteilung von Fritz Mannheimer investierte die AEG 200 000 Mark in den Entwurf und die Konstruktion von Prototypen und Modellen der Behrens-Bogenlampen – ein Betrag, der innerhalb eines Jahres durch Produktionseinsparungen und Verkaufssteigerung abgedeckt war.[15] Anfang 1909 berichtete Wolf Dohrn (Geschäftsführer des Werkbunds), daß die AEG-Vertreter sehr angetan seien von den neuen Entwürfen und daß sie – vielleicht ein wenig naiv – geäußert hätten, sie würden eine ähnliche Entwurfsverbesserung für die inneren – die funktionierenden Teile – der Lampe begrüßen.[16] Paul Jordans Unternehmung wurde also aufs schönste belohnt; Behrens zitierte später eine scharfsinnige Bemerkung Jordans, die verdeutlicht, was dieser im Grunde von Industriedesign hielt:

AEG, Preisliste für elektrische Wasserkessel, 1913.

„Glauben Sie nicht, daß selbst ein Ingenieur, wenn er einen Motor kauft, ihn, um ihn zu untersuchen, auseinandernimmt. Auch er als Fachmann kauft nach dem äußeren Eindruck. Ein Motor muß aussehen wie ein Geburtstagsgeschenk."[17]

Behrens entwarf während der nächsten Jahre noch viele andere elektrische Geräte für die AEG: Kessel, Töpfe, Ventilatoren, Uhren, Zahnarztbohrer – alle kühn, einfach und ansprechend in der Form. Seine elektrischen Heizöfen hingegen waren sonderbarerweise von karolingischen Reliquienkästen beeinflußt.

Architektur für die AEG

Behrens erste Bauten für die AEG waren – was nicht überrascht – Ausstellungspavillons und -stände. 1907, zu Anfang seiner Tätigkeit, entwarf er eine kleine Gitterkonstruktion – in der Art seiner Oldenburger Pergolen – für eine im Juni stattfindende Industrieausstellung. Sie trug sein neues AEG-Signet – im Sinn des Jugendstils –, geschwungene Buchstaben in einem Kreis. Seine zweite Arbeit war der Stand für die NAG (Neue Automobil-Gesellschaft, eine Zweigfirma der AEG, in der Autos und Lastwagen hergestellt wurden) im Dezember auf der Internationalen Motor-Schau in Berlin.

Wichtiger war der AEG-Pavillon auf der ersten Deutschen Schiffbauausstellung. Dieser freistehende Bau war für längere Zeit geplant und blieb vom Juni 1908 an vier Monate geöffnet. Während die Hauptausstellung in den offiziellen Hallen am Zoologischen Garten (in der Hardenbergstraße) stattfand, wurde der AEG-Pavillon unabhängig von ihr auf dem Auguste-Viktoria-Platz (heute Breitscheidplatz) errichtet und war – so Behrens – in Beziehung zur Platzform entworfen. Außerdem stand er direkt der Kaiser-Wilhelm-Gedächtniskirche von Franz Schwechten gegenüber, der – wie bereits erwähnt – in den Jahre 1889, 1896 und 1899 für die AEG gearbeitet hatte. Behrens war sich vermutlich bewußt, daß dies eine Herausforderung an die Gedächtniskirche und ihren Schöpfer, einen von Kaiser Wilhelm wie von Emil Rathenau besonders geschätzten Architekten, darstellte. Sein eigener Bau – der keineswegs frei war von historischen Elementen – muß dennoch mit seinen dekorlosen, glatten Flächen einen scharfen Kontrast zu der eklektizistischen neoromanischen Kirche gebildet haben. Die Verachtung der jüngeren Generation für Schwechtens Werk kommt in einer Anekdote von Walther Rathenau zum Ausdruck, der die Gedächtniskirche als „typischen Kitsch" bezeichnete.

Der Pavillon für die Schiffbauausstellung war ein oktogonaler Bau mit leicht geneigtem Dach, der wiederum aus toskanisch-romanischen oder noch früheren Vorbildern entwickelt war. Er erinnerte lebhaft an eine Reihe solcher Bauten: an das Baptisterium des Doms von Florenz, an Karls des Großen kleine Pfalzkapelle in Aachen, an San Vitale in Ravenna. Er ist natürlich auch eine vereinfachte Fassung seines Entwurfs für eine oktogonale Kirche in Hagen. Die Detailzeichnungen für den Pavillon fertigte Gropius an.[18]

An zwei Seiten erweiterte sich das Oktogon – das 18 m im Durchmesser und

AEG-Pavillon für die Erste Deutsche Schiffbauausstellung, Berlin, 1908.

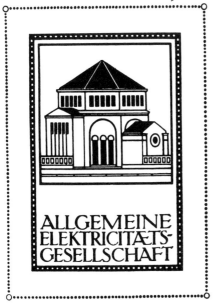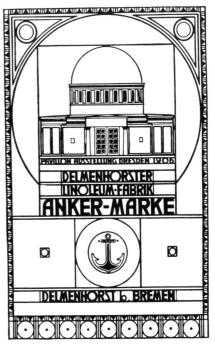
Plakat für die Delmenhorster Linoleumfabrik, 1906, und für den AEG-Pavillon, Erste Deutsche Schiffbauausstellung, 1908 (links).

20 m in der Höhe maß – auf der einen Seite zu einem hohen Vorbau mit einem Ziergiebel und fünf schmalen Fenstern, auf der anderen Seite zu einem länglich-rechteckigen Raum mit steiler Dachneigung. Der Eingang an der Westfront lag den Hauptausstellungshallen gegenüber. Die Wände zwischen den beiden Erweiterungen schmückte eine große Blendarkade mit drei Fenstern. Das Licht im Innern kam vor allem aus den Fensterreihen, die im oberen Drittel des Gebäudes eine Art Laterne bildeten. Am Außenbau war ein neues Monogramm oder Signet der AEG zu sehen; diesmal waren die Buchstaben innerhalb eines Hexagons angeordnet.

Im Pavillon wurden AEG-Produkte ausgestellt, vor allem natürlich Geräte, die in der Nautik Verwendung fanden. Im rechtwinkligen Erker mit den hohen Fenstern war eine vollständige Kommandobrücke installiert. Das Innere wurde bei Nacht durch eine riesige oktogonale Licht-Anlage (ein modernes Gegenstück zu der oktogonalen Krone Friedrich Barbarossas in Aachen) erleuchtet, von der sechzehn Behrens-Bogenlampen herabhingen.

Draußen strahlte bei Nacht eine ausladende Gitterarkade mit tausenden elektrischer Birnen und bildete so eine Art Fassade vor der dem AEG-Pavillon gegenüberliegenden Ausstellungshalle. Lichtpunkte markierten auch die Umrisse abgesenkter Gärten, und unterhalb einer Pergola aus weißem Gitterwerk spielten ein Dutzend kleiner Fontänen.

Der AEG-Pavillon wurde vom Kaiser persönlich eröffnet. Er war selbstverständlich die treibende Kraft im Flottenverein, der die Kampagne für eine Stärkung der deutschen Seemacht betrieb.[19]

Vielleicht war es dieser Bau, der viele vermuten ließ, Behrens sei – obwohl er nicht als solcher ausgebildet war – als Architekt bei der AEG beschäftigt. Jedenfalls begann er bereits Anfang 1908 an wichtigeren Projekten für ständige Bauten zu arbeiten. Es waren – etwa in der Reihenfolge ihrer Fertigstellung – der Umbau eines bereits zum Teil fertigen Werkstättenbaus von Johann Kraaz; ein kleines Kraftwerk für die Turbinenfabrik in der Huttenstraße in Berlin-Moabit und schließlich der berühmteste aller seiner Bauten, die neue Turbinenfabrik am gleichen Standort.

Das Kraftwerk ist ein Backsteinbau mit den Maßen 16 × 10 m, dem Pavillon auf der Schiffbauausstellung in einigen Einzelheiten nicht unähnlich, und wieder eine Erinnerung an Ravenna, diesmal vielleicht an das Grabmal der Galla Placidia. Auf der einen Seite ist ein flacher Erker für Schaltbrett und Kontrollvorrichtungen mit Bogenfenstern, die bis zum Boden reichen, trapezförmigen „Giebeln" zu beiden Enden und hübschen Backsteindetails, wie das Gesims, Friese und die deutlich hervorgehobenen Gewölbesteine über den Bögen. Der Bau enthält Dynamos zur Herstellung von elektrischem Strom für die Werkstätten und ist mit einem – auch von Behrens entworfenen – Anbau mit dem Kesselhaus verbunden. Dieses Kraftwerk bediente das große neue Gebäude, das zum Symbol für Behrens' Industriebauten geworden ist: die Turbinenhalle.

Mit dem Umbau der „Alten Fabrik für Bahnmaterial" begann Behrens die von seinen Vorgängern Schwechten und Kraaz entworfenen und ausgeführten AEG-Gebäude in der Brunnenstraße nach und nach zu verändern und zu

AEG-Fabriken am Humboldthain, Berlin.

Alte Werkstatt für Eisenbahnmaterial von Johann Kraaz, umgebaut und erweitert von Behrens, 1908.

ersetzen. Die „Alte Fabrik" war ein fünfgeschossiges Gebäude von etwa 87 m Länge mit der Front zur Voltastraße, neben zwei älteren Gebäuden, einer Gießerei und einer Werkstatt für Gußformen von Franz Schwechten (1900). Kraaz hatte eine ganze Menge dekorativer Details aus diesen benachbarten Gebäuden in seinen neugotischen Entwurf von 1904 übernommen, zum Beispiel die vertikal betonten Strebepfeiler, die kleinen Fialen, und ein Zickzack-Kantenmuster, das er hier und dort immer wieder anwendete. Die Rückseite des Gebäudes sollte nach dem Entwurf zwei große rechtwinklig in das eigentliche Fabrikgelände vorspringende Flügel haben.

Um 1907 waren das Hauptgebäude in der Voltastraße und nur einer der beiden Flügel (der östliche) fertiggestellt. Behrens bekam den Auftrag, den zweiten, westlichen Flügel sowie einen Wasserturm an die Innenseite der Werkstatt anzubauen. Er behielt die Form des Kraazschen Entwurfs im wesentlichen bei, vereinfachte ihn und ließ alle Dekoration fort. Beim Wasserturm eliminierte er alle Anklänge an einen Rathausturm aus dem 14. Jahrhundert im Originalentwurf von Kraaz. Dieser Wasserturm mit seiner Uhr ähnelt von fern dem Hochzeitsturm von Olbrich in Darmstadt, der damals gerade im Bau war. Es ist bemerkenswert, daß auch Olbrichs Arbeiten aus dieser Zeit und bis zu seinem Tode 1908 im Grunde neoklassizistisch, geometrisch, bar allen Ornaments und von klarer Zurückhaltung waren. Seine große Ausstellungshalle auf der Mathildenhöhe ist ein Beispiel hierfür. Auch andere neuere Gebäude dieses Jahrzehnts, die zu der Darmstädter Kolonie hinzukamen – zum Beispiel die von Albin Müller für die Ausstellung von 1908 entworfenen – ähnelten den gleichzeitigen Bauten von Behrens für die AEG.

Zu dem Zeitpunkt, als Behrens nach Berlin kam, entwickelte sich die Nachfrage nach den von der AEG produzierten Turbinen überaus lebhaft, da die deutsche Seemacht mit der britischen zu konkurrieren begann. Der Ingenieur Karl Bernhard, mit dem Behrens am Entwurf für die neue Halle der Turbinenfabrik arbeitete, schrieb:

„Die betriebstechnischen Grundlagen der neuen Halle sind von Fabrikdirektor O. Lasche entworfen. Nach seinen Angaben hatte die Turbinenfabrik der AEG im Jahre 1904 einen Auftragsbestand bzw. Bestand an Lieferungen von nur wenigen Tausend Pferdestärken, während Anfang Oktober des Jahres 1909, also nach kaum fünfjähriger Entwicklung, die Lieferungen bereits eine Million Pferdestärken überschritten hatten. Trotz der nur mäßig günstigen Geschäftslage waren damals 2600 Mann mit dem Turbinenbau an dieser Stelle beschäftigt. Die Bedeutung des Turbinenbaues, namentlich der Turbodynamos, aber auch der Schiffsturbinen, welche die Allgemeine Electricitäts-Gesellschaft baut, wurzelt in dem Dampfverbrauch und der Betriebssicherheit."[20]

Die Fabrik, in der bis dahin Turbinen fabriziert wurden, war viel zu klein – 18 m in der Breite – und mit Kränen ausgestattet, die nur 25 Tonnen heben konnten. Die neue Halle wurde so angelegt, daß sie Material von den Bahngleisen übernehmen konnte, die in einiger Entfernung von der Hauptstrecke abzweigten und direkt über das Gelände zum rückwärtigen Teil der Anlage führten. Es konnten also sehr große Turbinen gebaut und bis zu ihrer Fertigstellung auf Laufkränen in der ganzen neuen Halle hin- und herbewegt werden. Diese Portalkräne sollten einen Freiraum von 15 m Höhe unter sich und jeder eine Hubkraft von 50 Tonnen, zusammen von 100 Tonnen, haben und in der Lage sein, solche Lasten mit einer Geschwindigkeit von zwei Metern in der Sekunde zu bewegen. Einige Drehkräne für den Transport kleinerer Teile und Materialmengen brauchten für unbehindertes Manövrieren einen entsprechenden Abstand von den Seitenwänden. Aus allen diesen Gründen war ein klarer rechtwinkliger Innenraum erforderlich.

Die dann gebaute Fabrikhalle war – mit 151 000 Kubikmetern umbauten Raums – zu dieser Zeit die größte Stahlkonstruktion in Berlin. Der Bau, der anfänglich mit einer Länge von 123 m (die dann auf 207 erweitert wurde) und einer lichten Breite von 39,3 m geplant wurde, besteht aus der Haupthalle von 25,60 m Breite und nahezu der gleichen Höhe und an ihrer einen Seite einer zweigeschossigen Nebenhalle von 12,93 m Breite. Auch die kleinere und niedrigere Halle verfügt über Laufkräne. Das obere Geschoß wird von zwei 10-Tonnen-Kränen, das untere von zwei Kränen mit einer Hubkraft von 40 Tonnen bedient. Es gibt ausreichende Transportwege zur großen Halle, so daß

Turbinenhalle, Berlin, 1909.

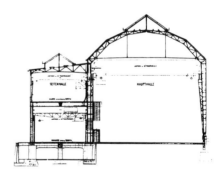

Turbinenhalle, Querschnitt (oben rechts); Grundriß (darunter).

Material bequem von einer zur anderen geschafft werden kann. Im Keller unter der zweigeschossigen Halle liegen die Lagerräume, die Umkleideräume usw.

Nach Behrens' Willen sollten die beiden Hallen sich in ihrem Außenbau voneinander unterscheiden. Das erreichte er, indem er die Fassade des kleineren Baus gegenüber dem größeren etwas von der Hauptstraße, der Huttenstraße, zurücksetzte und sie als einen besonderen Bau behandelte. Eine Perspektive von 1908 und ein Aufriß von 1909 zeigen, wie sie sich vor die größere Halle schiebt. In diesen frühen Zeichnungen ähnelt die Fassade der kleinen Halle dem Erker des Kraftwerks und zeigt eine ausdrucksstärkere Form als die dann schließlich ausgeführte.

Behrens und Bernhard beschlossen gemeinsam, für die Rahmen der großen Halle weniger, dafür aber massivere Eisenträger zu benutzen, als sonst bei einem Bau dieser Ausmaße üblich war, und auf innere Stützen zu verzichten. Das Innere wie das Äußere sollte in ihrem Erscheinungsbild so einfach wie möglich sein. So schrieb Behrens:

„Für den Anbau der Haupthalle war die architektonische Idee maßgebend, die Eisenmassen zusammenzuziehen, und nicht, wie es den üblichen Gitterkonstruktionen eigen ist, sie aufzulösen."[21]

Die zweiundzwanzig großen Stahlträgerrahmen, die das Skelett der Konstruktion entlang der langen Front zur Berlichingenstraßen bilden, bestehen aus starken Vierkantstahlträgern; die Dachkonstruktion bilden zwei gebogene Träger, die durch einen Zugbalken miteinander verbunden sind und sich im First in einer tragenden Fläche treffen. Die Dachträger an der inneren Seite des Baus ruhen auf einem korrespondierenden Pfeiler der Nebenhalle: Der Gesamtbau hat also einen asymmetrischen Querschnitt. Die Stützen auf der Seite der Berlichingenstraße laufen nach unten spitz zu, jede einzelne ruht etwas über dem Boden auf einer tragenden Fläche. Solche „Scharniere" oder tragenden Oberflächen wurden seinerzeit für notwendig gehalten, damit die gesamte Konstruktion sich – bei Temperaturwechsel – mit der Expansion und der Kontraktion der einzelnen Teile leicht verändern konnte. Vorgänger dieses Typs war die berühmte „Halle aux Machines" in Paris, die für die Weltausstellung von 1889 erbaut worden war. In der modernen Praxis läßt man diesen vorsorglichen Einbau von Gelenken, tragenden Oberflächen oder Scharnieren für gewöhnlich fort. Die Stützen der Turbinenhalle haben das Gewicht der Laufkräne und ihrer Lasten zu tragen. In gewissem Sinne ist das ganze Gebäude eine Vorrichtung für fahrbare Kräne mit einem Dach darüber und Fenstern.

Die nach unten spitz zulaufenden Stützen sind so angebracht, daß ihre Außenfläche senkrecht ist, während ihre Innenseite sich vom Ansatz des Dachs her verjüngt. Laut Bernhard war es Behrens' Idee, die Fenster zwischen den Stützen in der Ebene dieser inneren Fläche einzusetzen, so daß – von außen gesehen – die großen Fenster in einem Winkel geneigt sind, der die nach oben zunehmende Dicke der Stütze sichtbar macht. Dieser Kunstgriff enthüllt auch die volle Tiefe der horizontalen Träger, die in der ganzen Länge des Baus die Stützen miteinander verbinden. Das gibt wiederum dem Träger und den ihn tragenden Stützen das Aussehen eines Gesimses über Säulen. Die abgerundeten Betonecken des Baus sind nichttragende Teile und durch Stahlbänder

horizontal unterteilt. Behrens gab für ihre Bedeutung im Bau folgende rationale Erklärung:
„Die beiden Eckpfeiler haben nur verbindende und schließende Funktion. Gerade darum sind sie aus einem anderen Material, nämlich Beton, und stehen durch ihre horizontal gegliederte Struktur absichtlich im Gegensatz zum Vertikalismus der Konstruktion, und da sie nicht Stabilität vermitteln, ist ihnen auch die schräge Lage, die die Fenster zeigen, gegeben."[22]

Viele Betrachter fanden, daß diese Ecken (die in der gleichen Ebene geneigt sind wie die Fenster und wirken, als verjüngten sie sich nach oben) – im Gegensatz zu der erklärten Absicht des Architekten – einen schweren, mächtigen Eindruck erwecken. Sie lassen sich nicht ohne weiteres als bloße „Haut" oder Füllung sehen, sondern ähneln eher den leicht geneigten Rustikasockeln eines Renaissancepalazzo. Es scheint, als trügen sie den Giebel des tonnengewölbten Dachs, und dieser Eindruck, zusammen mit der von außen wie eine Horizontalkonstruktion wirkenden langen Flanke des Gebäudes, täuscht über das wahre Konstruktionssystem des Ganzen.

Auch wenn kein Zweifel daran besteht, daß der Erfolg des Baus der engen Zusammenarbeit von Ingenieur und Architekt zu danken ist – so erscheint im Rückblick Karl Bernhards Äußerung zu dem Gebäude keineswegs ohne Kritik an der ästhetischen Seite des Entwurfs. Er schrieb:

„Trotz dieser Anordnung muß zugestanden werden, daß bei aller Großzügigkeit der architektonischen Wirkung des Giebels im ganzen der beabsichtigte Eindruck, die Eckausbildung nur als Verkleidung hervortreten zu lassen, nicht geglückt ist. Jedermann sieht den Giebel, der aus dünner Eisenbetonhaut vor der Eisenkonstruktion ausgebildet ist, als einen wuchtigen Betonbau an; zwei Eckpfeiler mit hohem Giebelfelde. Diese von Prof. Behrens nicht beabsichtigte Wirkung geht so weit, daß Oberbaurat Erhard in Wien in einer Veröffentlichung ‚Die neuzeitliche Tektonik' die Turbinenhalle der AEG als ‚Eisenbetonbau' bezeichnet und damit den hierdurch gekennzeichneten ‚Materialstil' belegen will. Das ist ein Rückfall in gewisse künstlerische Bestrebungen, bei großen Ingenieurwerken die Bauart durch Verkleidung zu verschleiern, um durch große, glatte Flächenmasken zu wirken. Die Glas-Eisen-Front an der Berlichingenstraße ist dagegen echt und ein unantastbares Kunstwerk des Eisenbaus, ein künstlerischer Gewinn, was bei der Giebelfront bezweifelt werden muß..."[23]

An anderer Stelle fügt er mit anerkennender Wärme hinzu: „Hier hat der Künstler den Ingenieur dagegen geschützt, etwas anderes zu schaffen, als was sich aus der Technik unmittelbar ergab... Die Verwendung von Eisenbetonumhüllung in der in der Kunstwelt viel besprochenen Giebelfront bemängelt der Verfasser aus Gründen künstlerischer Wahrheit." Derartige Einwände sind typisch für Ingenieure, die Architekten kritisieren. Sie sind aber an dieser Stelle besonders interessant, weil die Turbinenhalle oft als ein Werk unverhüllter Industriearchitektur zitiert wird, in der ein reiner Funktionalismus seinen ersten großen Ausdruck im zwanzigsten Jahrhundert fand. Es läßt sich erkennen, daß Behrens vielmehr der Fabrik sein „Kunstwollen" aufzwang. (Das war ein durch Riegl popularisierter Begriff für den Wunsch, dem Material

Ornament und Bedeutung – unabhängig von technischen Einschränkungen – aufzuzwingen.)

Höhe und Breite der Halle sind fast gleich, so daß die Fassade ein Quadrat bildet. Die Krümmung des Giebels setzt sich aus sechs gleichen Sektoren eines Kreises mit einem Durchmesser von 30 m zusammen (auch dies, wie Bernhard bemerkte, „aus ästhetischen Gründen"). Der rechtwinklige Teil der Fassade, der die beiden Pylonen und das große Fenster umfaßt (das in einer senkrechten Ebene, bündig mit der Oberfläche des Segmentbodens des Giebels, eingesetzt ist), kann mehr oder weniger diesem Kreis eingeschrieben werden und liefert einen Hinweis darauf, daß Behrens hier wie anderswo seinen von ihm so besonders geschätzten Raster verwendete.

Bernhard notiert, daß nur wenig Zeit für den Entwurf des Gebäudes zur Verfügung stand – vom Herbst 1908 bis Frühling 1909; am 30. März begannen die Bauarbeiten (durch die Firma Czarnikow, Berlin). Allein für das Fundament waren drei Monate nötig. Die Stahlarbeiten (ausgeführt von der Dortmunder Union) brauchten dann nur fünf weitere Monate, so daß der erste Bauabschnitt von 127 m bereits im Oktober 1909 fertiggestellt war.

Die Turbinenhalle war – auch wenn sie immer noch als Markstein der Entwicklung der modernen Architektur gilt – keineswegs eine Neuheit: weder im Sinne einer als „Architektur" entworfenen Fabrik noch dadurch, daß sie mit einer feierlichen tempelartigen Atmosphäre umgeben war. Behrens' Wunsch, seine Fabrik „das hohe Lied von Arbeit singen"[24] zu lassen, war unter den Architekten des 19. Jahrhunderts ein nicht ganz ungewöhnlicher Ehrgeiz.

Das Geniale dieses Baus lag in der Ausdruckskraft von Stahl und Glas, die in großem Maß und ohne jede Dekoration verwendet waren; sie zeigte sich in den sorgfältig abgestimmten Proportionen des Gebäudes, in der Sorgfalt, die auf jede konstruktive Einzelheit gelegt worden war. Das Gelenk am Fuß jeder Stütze ist ein Detail, das dies illustriert. Diese Angeln haben zwei große Stahlteller, einen am Fuß einer Stütze, den anderen oben auf der Mauer des Fundaments etwas über Bodenhöhe. Beide haben einen senkrechten Flansch, in dem die eigentlich lastentragende Oberfläche verborgen ist, und zwar der Punkt, in dem die Stütze auf ihrem Halter ruht. Dieser Punkt läßt sich zweifellos in einer Stahlspitze lokalisieren, die in beide Elemente hineingetrieben ist. Jeder dieser Flansche ist durch drei geschwungene Stahlrippen versteift. Bei einiger Überlegung kommt man darauf, daß diese Rippen auch beliebig anders geformt sein könnten. Aber ihre Form, ihre Kurve und die Gelenke, die als ganzes sichtbar werden, legen unserer Vorstellung zugleich Kraft und Elastizität – eben die Bewegung in einer Angel – nahe. Es liegt Bewegungsvermögen in diesen geschwungenen Rippen – ähnlich wie in den massiven Angeln und Gelenken von Hängebrücken des 19. Jahrhunderts. Dies gibt dem Eindruck, daß die gesamte Kraft des Baus, für den Betrachter nahezu greifbar, auf diesen kleinen Punkt konzentriert wird, etwas Erregendes.

Kritische Aufnahme der Turbinenhalle

Für viele Beobachter auf dem Gebiet der Kunst, der Architektur und des Industriedesign war Behrens' Tätigkeit bei der AEG von großer Bedeutung für die Beziehung zwischen Kunst und Gesellschaft. Seine Leistungen wurden in der Presse begeistert diskutiert.

Der Deutsche Werkbund – eine Vereinigung von Künstlern, Designern, Kunsthandwerkern, Akademikern, Wirtschaftlern und Industriellen – war gerade (im Oktober 1907) gegründet worden, und Behrens gehörte zu den Gründungsmitgliedern. Seine Rolle bei der AEG erschien beispielhaft für die Ziele der neuen Organisation. Wie Joan Campbell schreibt,[25] wurde „Behrens bald prominent innerhalb der neuen Vereinigung. Tatsächlich entsprach seine Position bei der AEG so genau dem Werkbundideal, daß er als sein repräsentativster Vertreter in der Vorkriegszeit gelten kann..." Sie zitiert Julius Posener, der Behrens einmal als „Mister Werkbund" apostrophierte, und es ist nicht schwer zu erkennen, wie genau die sozialen, nationalen und künstlerischen Ziele des Werkbunds mit denen von Behrens übereinstimmten.

Der Werkbund befaßte sich mit der Reform von Kunst- und Designerziehung, mit der Versöhnung der schönen und der angewandten Kunst, mit der Rolle des Künstlers in der Industriegesellschaft, mit Ausstellungsprogrammen, die gute Architektur und Innenraumgestaltung verbreiten sollten, mit der „Gestaltung einer Kultur, die auf der Achtung vor der schöpferischen Kraft der individuellen Persönlichkeit beruhte"; und mehr noch mit der Ausbreitung deutschen Einflusses und deutscher Wirtschaftsmacht in der Welt. Nur wenige Mitglieder verfolgten alle diese Ziele, aber die meisten waren mit wenigsten einigen davon befaßt. Hermann Muthesius, der ja bereits auf Behrens einen Einfluß ausgeübt hatte, war eine – wenn nicht *die* – treibende Kraft bei der Gründung des Werkbunds, ebenso wie Friedrich Naumann, der christlich-soziale, liberale Politiker und Wirtschaftstheoretiker. Naumann fand den Werkbund dem Flottenverein vergleichbar; er sagte, daß genauso wie dieser Verein Deutschland ermutige, eine größere Rolle in der Weltpolitik zu spielen, solle der Werkbund dazu beitragen, Deutschlands Wirtschaftskraft auszuweiten.[26]

Wolf Dohrn, der Geschäftsführer des Werkbunds, schrieb voller Begeisterung über seine Besichtigung der Turbinenhalle:

„Wer das Glück hat, den Betrieb zu besichtigen, empfängt den stärksten Eindruck von dem höchst persönlichen Arbeitsgeist dieses vielgliedrigen Aktien-Ungetüms. Niemals vergesse ich den Anblick. Vom Fabrik-Kontor eine Tür öffnend, zeigte mir einer der technischen Direktoren die große Fabrikhalle von einer erhöhten Galerie aus. Er führte mich in die Riesenhalle, wie man jemand in seine gute Stube bittet. So wohl aufgeräumt, so sauber, festtäglich sah es in dieser Arbeitshalle aus. Und übersichtlich. Da konnte man bis in den letzten Winkel schauen. Keine Ecken, keine Zwischenwände, keine Zellen. Wie die Bäume einer Allee, so reihen sich links und rechts von den peinlich sauber gehaltenen Gängen die Arbeiterstände mit den Werkzeugmaschinen und den im Bau begriffenen Dynamos, Turbinen und anderen Maschinen aneinander. Den Transportverkehr durch die Halle vermitteln oben an der Decke in Schienen rollende Laufkräne. Sie führen die fertige Maschine zur Probierstation unterhalb der Galerie, auf der wir standen. Ist sie geprüft, dann ergreift sie der Riesenkran, hebt sie hoch und zieht mit ihr durch die Halle zum Ausgang. Durch den ganzen Raum behindert keine Transmission den Verkehr. Es gibt nur Einzelantriebe, das heißt, jede Werkzeugmaschine hat ihren eigenen Motor. So kann sie jeweils an das zu bearbeitende Objekt herangebracht werden. Und die Arbeit gestaltet sich vielfach wieder nach dem alten handwerklichen Prinzip, wo man mit dem Werkzeug an das Objekt heranging und nicht umgekehrt das Objekt zur Werkzeugmaschine schleppte. Die Werkzeuge sind freilich über die Handwerksdimension hinausgewachsen, sind eben nicht Handwerk–, sondern Maschinenwerkzeug. Aber im Arbeitsvorgang wirkt wieder dasselbe Prinzip."[27]

Dohrns Erörterung der durch die Turbinenhalle angeregten Themen läßt sich als Beitrag zu den Ideen ansehen, die in den zwanziger Jahren dem Kurssystem am Bauhaus unter Gropius zugrunde lagen, wo von den Studenten verlangt wurde, daß sie sowohl mit der Hand als auch mit leichten Maschinenwerkzeugen arbeiten. Mit elektrischer Energie betriebene Maschinen konnten in Einklang gebracht werden mit den Idealen der Arts-and-Crafts-Bewegung. Er schrieb weiter:

„Was ließe sich aus solchen Arbeitshallen machen, wenn Ingenieure und Künstler Hand in Hand gingen! Es steckt in solchen Hallen eine so große, so konzentrierte, so mächtige Stimmung, daß man sich kaum eine schönere Aufgabe für einen Architekten denken kann, als ihr mit den einfachen Mitteln richtiger Raumaufteilung und Raumgestaltung Ausdruck zu geben. Es ist gut, daß ein neuer Fabrikbau der AEG von vornherein dem Zusammenwirken des Ingenieurs Bernhard mit Peter Behrens anvertraut wurde. Berlin wird eine Halle bekommen, in welcher dem technischen Geist unserer Zeit in vorbildlicher Form ein Denkmal gegeben wird."[28]

Anfang 1910 beschrieb Osthaus den Bau mit gleicher Begeisterung in einem Artikel, den Behrens für den besten hielt. Osthaus bemerkte, daß das Monogramm AEG und die Inschrift „Turbinenfabrik" der einzige Schmuck seien. Außerdem stellte er vom Standpunkt eines Industriellenerben mit Genugtuung fest:

„Da hindern keine Buden den Durchblick, wo die Werkmeister ihr Mittagschläfchen halten und verpfuschte Arbeit verbergen könnten. Alles liegt den Augen der Kontrolle offen."[29]

Walter Gropius, der sich noch viele Jahre nachdem er das Büro von Behrens verlassen hatte dessen Einfluß auf sein Denken bewußt war, nahm gewiß Gedanken von Behrens auf, als er seine Broschüre „Industriebauten" verfaßte – die Einführung zu einer Wanderausstellung von Photographien, die er 1911 für Osthaus' „Deutsches Museum für Kunst in Handel und Gewerbe" organisierte. Der Text greift viele Themen um Behrens und die Turbinenhalle auf.

Es sei nicht genug, schrieb Gropius, dem Fabrikarbeiter nur Licht, Luft und Sauberkeit zu geben: Der Arbeiter habe ein Recht darauf – ganz gleich wie ungebildet er sei –, daß sein angeborener Sinn für das Schöne geweckt werde.

Er stellt auch die Frage, wie man durch die Anstellung von Künstlern und Architekten eine gute Wirkung auf die Öffentlichkeit erzielen könne. Der Charakter des ganzen könne sich – so Gropius – der Öffentlichkeit im Erscheinungsbild der Fabrik mitteilen. Zudem könne die Industrie, die so viele Menschen in einer kollektiven Arbeit zusammenbringt, einen ähnlich machtvollen Einfluß auf die Entwicklung einer neuen Kultur haben wie in der Vergangenheit der dynastische Wille eines einzelnen Herrschers.

In diesen Äußerungen gibt sich Gropius als Anhänger der Ideen von Behrens oder Walther Rathenau zu erkennen. Aber wenn er von der inspirierenden Kraft und Ökonomie des modernen Lebens spricht, nimmt es sich aus, als beschriebe er im besonderen die Turbinenhalle.

„Die exakt geprägte Form, jeder Zufälligkeit bar, klare Kontraste, Ordnen der Glieder, Reihung gleicher Teile und Einheit von Form und Farbe bilden die Grundlage zur Rhythmik des modernen baukünstlerischen Schaffens."

An anderer Stelle äußert er sich zustimmend über die geschlossenen, glatten Flächen in der neuesten Eisenkonstruktion im Gegensatz zu den altmodischen Gitterstrukturen. Die Vorliebe für „glatte, geschlossene Flächen" war nicht nur typisch für die Gestaltung am Bauhaus der zwanziger Jahre, sondern ist auch ein hervorstechendes Charakteristikum im deutschen Design bis zum heutigen Tage geblieben: Die Berliner Busse (M. A. N., Typ 1975), die im Abstand von wenigen Minuten an der Turbinenfabrik vorbeifahren, zeigen eine deutliche Familienähnlichkeit mit dem Behrensschen Gebäude.

Die Turbinenfabrik ist heute im Besitz der Kraftwerk-Union. 1956 wurde sie in die Liste der denkmalgeschützten Bauten aufgenommen, 1978 zum Teil restauriert: Der Außenbau erhielt in den Betonteilen einen leuchtend gelben Anstrich und einen grünen für die Stahlkonstruktion.

Drei größere neue Fabriken

Etwa zu der Zeit, als die Entwurfsarbeit an der Turbinenhalle begann, trat Ludwig Mies van der Rohe in das Büro von Peter Behrens ein. Mies (damals zweiundzwanzig Jahre alt) war damit beschäftigt, Detailzeichnungen für die vielen Projekte anzufertigen, die im Büro – sowohl für die AEG als auch für Behrens privat – bearbeitet wurden.

Nach den Umbauten der Alten Fabrik wurde Behrens aufgefordert, auf dem Werksgelände am Humboldthain, einem kleinen bewaldeten Hügel und Park in Berlin-Wedding, das von der Gustav-Meyer-Allee, der Volta-, Hussiten- und Brunnenstraße begrenzt wird, drei völlig neue Gebäude zu errichten.

Diese drei riesigen Fabriken wurden zwischen 1909 und 1913 entworfen und gebaut. Es waren die Hochspannungsfabrik, in der Transformatoren, Widerstände und Hochspannungsteile hergestellt wurden, die Kleinmotorenfabrik, die – wie der Name sagt – kleine Motoren produzierte, und die Montagehalle für Großmaschinen. Behrens entwarf auch eine Erweiterung für die Alte Bahnfabrik an der Voltastraße am Standort der alten Metallgießerei und Stanzerei von Franz Schwechten, die abgerissen wurde, um dem Erweiterungsbau

Platz zu machen. Die Fassade der Alten Fabrik wurde 1911 vereinfacht und von allen neugotischen Schmuckdetails befreit, um eine einheitliche Fassadengruppe entlang der ganzen Voltastraße zu erhalten – verschiedene Gebäude etwa in der Größenordnung von insgesamt 0,4 km Länge. Die neuen Bauten waren auffallend große Stahl-, Beton- und Backsteinkonstruktionen, von denen einige wieder in Zusammenarbeit mit dem Ingenieur Karl Bernhard entstanden.

Die ersten Entwürfe für die Hochspannungsfabrik lagen im Februar 1909 vor. Das Gebäude trat an die Stelle von vier eingeschossigen Fertigungshallen nahe beim Werkseingang, wo im Nordwesten des AEG-Terrains eine Nebenlinie der Eisenbahn auf das Werksgelände führte. Behrens' Hochspannungsfabrik mußte im Gesamtplan möglichst identisch sein mit den vier langgestreckten, rechteckigen, dicht nebeneinanderliegenden Fabrikhallen, die aber an der dem Werkseingang zugewandten Seite gestaffelt zurücktraten, damit die Bahn das Gebäude umfahren konnte. Die erforderliche Großräumigkeit wurde dadurch erreicht, daß die neue Fabrikhalle höher war, was auf eine neue Weise bewerkstelligt wurde: Man umgab zwei langgestreckte, eingeschossige Werkhallen an drei Seiten mit einem sechsgeschossigen Bau. Die Türme an den vier Ecken des Gebäudes enthalten die Treppenhäuser, Lifte und Waschräume, kleinere Treppentürme befinden sich auf der Nord- und Südseite.

Die Ostfassade der Hochspannungsfabrik ist die ausdrucksvollste. Die zentralen Shedbauten der Werkstätten führen mit ihren dreieckigen Ziergiebeln durch das Hauptgebäude. Sie werden von den beiden hohen Türmen flankiert (siehe Aufriß und Foto). Die Treppenhäuser in den Türmen werden im Außenbau durch Gruppen von je drei versetzt angeordneten Fenstern und die riesigen stufenähnlichen Flachdächer der Türme stark betont. Die Westfront des Gebäudes ist weit weniger belebt: Der Winkel, in dem die ganze Front zurückspringt, droht hier den Zusammenhang zwischen den beiden Türmen zu zerstören. Auch die Ziergiebel haben eine schwächere Wirkung, da sie, vom Werksgelände her gesehen, zum Teil im Dunkeln liegen. Auch mußte Behrens 1910 bei der Überarbeitung der Pläne etwas von dem gigantischen Staffeleffekt der Treppenhäuser opfern, um einen besseren Zugang zum Güteraufzug im nordwestlichen Turm zu schaffen.

Die Hochspannungsfabrik ist ein mit Backstein verkleideter Stahlskelettbau; an den Flanken des Gebäudes sind die Senkrechten betont und haben durch ihre rudimentären Kapitelle die Wirkung von Pfeilern. Oberhalb dieser Pfeiler läuft eine Zahnleiste aus Backstein. Das ganze Gebäude drückt erneut Behrens' Überzeugung aus, daß die moderne Bewegung in Kunst und Architektur eine neue Klassik hervorbrächte, die sich den Bedürfnissen der Moderne anpasse und mit ihren komplexen Lebensbedingungen übereinstimme. Dieser sehr neue Klassizismus ergab sich durch Vereinfachung und klare Proportionen. „Darum ist mehr eine Vereinfachung, die die klaren Maßverhältnisse der einzelenn Teile begünstigt, zu erstreben als eine reiche Ornamentierung."[30]

Dies bezog sich auf seine Bogenlampen, läßt sich aber für sein Architekturverständnis genausogut sagen. Die Wirkungen solcher strengen Massierung von Baukörper und Raum kommt in den ersten Skizzen und Aquarellperspektiven überzeugender zum Ausdruck als im fertiggestellten Gebäude selbst – ein häufiges Mißgeschick in der Architektur. Der Bau ist durch seine Lage um eine Hauptfront gebracht. Während die Turbinenhalle eine Fassade und eine imposante Flanke – in der Tradition von Tempel und Kirche – besitzt, können auch die Türme und Giebel nicht verhindern, daß die Hochspannungsfabrik ein merkwürdig gesichtsloser Bau bleibt, der sich dem Gedächtnis nicht einprägt.

Das nächste Gebäude am Humboldthain, die Kleinmotorenfabrik, wurde 1909 entworfen; der Bau begann gegen Ende 1910. Bis zu seiner Fertigstellung 1913 gab es drei Bauabschnitte. Auch hier ersetzte der Neubau einen früheren, der abgerissen wurde. Das Gebäude zeigt in seiner ganzen Länge von 196 m an der Voltastraße eine großartige Fassade: halbrunde Säulen oder Stützpfeiler aus purpurrotem Backstein, die ein schlichtes, durchgehendes Gebälk tragen. Die Fassade ist in vier durch flache Pilaster begrenzte Abschnitte gegliedert, wobei die Pilaster zusammen mit dem Architrav eine zusammenhängende Fläche bilden, so daß die sieben halbrunden Säulen in jeder Gruppe wie „gerahmt" erscheinen. In dieser Anordnung wirkt das klassische Vorbild der Säulen „in antis" (des antiken Portico oder Pronaos) nach. Jeder Stützpfeiler schließt oben mit einem senkrecht kannelierten Band ab, einer Art reduziertem Kapitell, und springt etwa anderthalb Backstein breit zu jeder Seite von einem schmalen senkrechten Mauerstück vor. Zwischen jedem dieser Mauerstücke fügen sich bündig drei Fenstergruppen mit Stahlrahmen ein, deren Mittelpfosten blaugrün gestrichen sind. Die Horizontalen der drei Geschosse wirken wie flache Bänder, die sich hinter den Säulen hindurchziehen. Die Fenster des fünften Geschosses bilden ein durchgehendes Band, eine Art Dachfenster in einer Mansarde. Das sechste, das Dachgeschoß, wird durch Oberlichter beleuchtet.

Die zum Werksgelände hinaus liegende Innenfront des langen Baus ähnelt sehr den Seitenaufrissen des Hochspannungsgebäudes: Breite Fenster führen durch alle vier Geschosse, darüber läuft ein Fries oder Dachgeschoß mit kleineren Fenstern, jeweils zwei über jeder Fenstergruppe. Drei größere Flügel und ein kleinerer Treppenturm – wie der an der Südseite der Hochspannungsfabrik – führen von dieser Seite ab. Aber die wirkungsvollste Fassade – und eines der Meisterwerke von Behrens – ist die großartige, stoaähnliche, etwa 20 m hohe Säulenreihe entlang der Voltastraße. Hoeber schrieb, die Fasssade drücke die gewaltige Arbeitsleistung – etwa 10000 Motoren im Monat – in diesem Gebäude aus, während Fritz Mannheimer – im Werkbundjahrbuch von 1913 – ihre Wirkung mit den Gewölbebauten der Gotik oder mit Paestum oder Stonehenge verglich.

Der dritte große Bau auf diesem Gelände war die Montagehalle für große Maschinen. Er wurde 1911 entworfen und im folgenden Jahr gebaut. Wie geplant war dieses Gebäude an der Hussitenstraße 176 m lang. Sein Giebel sollte die Ecke des Geländes markieren und die ganze Reihe der Gebäude in der Voltastraße abschließen. (Damals wurden nur 13 der projektierten 16 Achsen gebaut, und die Ecke des Werksgeländes wurde erst 1928 fertigge-

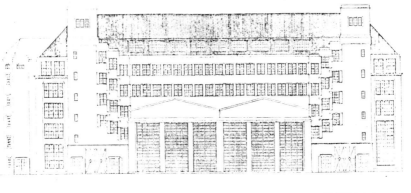

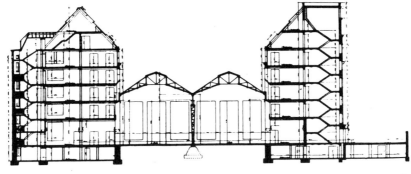

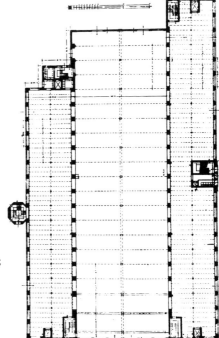

Seite 100: AEG-Hochspannungsfabrik, Berlin-Wedding, 1910.

AEG-Hochspannungsfabrik, Aufriß (oben);

Querschnitt (darunter);

Grundriß Erdgeschoß (rechts).

(Die Zeichnungen sind in verschiedenem Maßstab angelegt.)

stellt.) Die 10 m langen Abschnitte wurden wie in der Turbinenhalle jeweils durch einen mächtigen Stahlrahmen abgeschlossen. Auch der eigentliche Zweck der Montagehalle war ihr ähnlich: Sie mußte zwei Laufkräne – jeder mit einer Hubkraft von 75 Tonnen – tragen. Sie bewegten sich in Schienen an der Decke entlang über die Nebenlinie der Bahn hinweg. Die Hussitenstraße fällt ziemlich stark zur Ecke Voltastraße ab, so daß der Bau auf einem hohen, leicht geneigten Sockel steht. Fast in der ganzen Länge ihrer inneren (Nord-Ost-) Seite schließt sich ein Flügel der L-förmigen Fabrik für Bahnmaterial an.

Viele Beobachter meinen, daß dieser Bau zu Unrecht vom Ruhm der kleineren Turbinenhalle in den Schatten gestellt wird. Er ist ihr darin ähnlich, daß er einen großen, rechteckigen Raum unter ein vielgestaltiges Dach einbringt, aber der monumentale Klassizismus des früheren Baus tritt weniger deutlich hervor. Der Außenbau ist schlicht und zurückgenommen, und es gibt keine so vieldeutigen Partien wie die heroischen Betonpylone und den Giebel der älteren Halle. Die Fenster liegen in einer vertikalen Ebene zwischen den nur sehr wenig vortretenden Stützen. Die Gruppierung der Senkrechten und Waagerechten ist in Proportionen und Rhythmus sorgfältig ausgewogen. Man hat diese Bauweise mit Mies van der Rohes Wandsystem im ITT-Campus in Chicago (1956) verglichen.

Außer diesen größeren Gebäuden arbeitete Behrens noch (1909–1911) an Entwürfen für einen monumentalen Eingang zum Werksgelände, der jedoch nicht gebaut wurde. Er gestaltete auch den Dachgarten auf dem Verwaltungsgebäude neu (der für Empfänge im Sommer genutzt wurde) und stattete ihn mit seinen üblichen weißen Gitterpergolen und weißgestrichenen Gartenmöbeln aus.

Die AEG siedelte einen Fabrikkomplex in Hennigsdorf, im Nordwesten Berlins an (heute DDR). Zwischen 1910 und 1915 wurde dort eine Anzahl von Behrens entworfener Fabrikgebäude auf einem Gelände am Havelkanal – dem Hohenzollernkanal – errichtet, der Berlin mit Stettin und der Ostsee verbindet. Dazu gehörte eine Porzellanfabrik, die aus fünf miteinander verbundenen kleineren Hallen mit steilem Dach bestand, eine kleine in Backstein gebaute Fabrik, die Wachstuch herstellte, und eine weitere für Lackproduktion – alles Produkte, die mit der Elektroindustrie in Verbindung standen. Eindrucksvoller war ein Lokomotivwerk, das zwischen 1913 und 1918 erweitert wurde, bis es schließlich aus vier miteinander verbundenen Werkshallen bestand, viel kleiner als die Montagehalle am Humboldthain, aber ihr ähnlich im Äußeren.

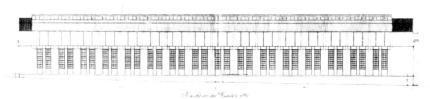

AEG-Montagehalle, Voltastraße, 1912, Aufriß.

AEG-Montagehalle, Voltastraße, 1912 (rechts).

AEG-Kleinmotorenfabrik, Voltastraße, 1910 (darunter).

Kleinmotorenfabrik, Aufriß Außenfront, Grundriß, Aufriß Innenseite, Querschnitt (unten).

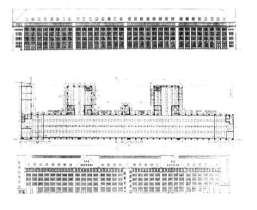
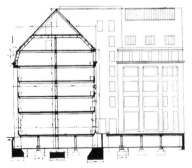

1915 wurde eine Gruppe solcher niedriger und breiterer Stahlrahmenhallen für den Bau von Flugzeugen errichtet.

Das 15 km von Berlin entfernte Hennigsdorf war immer noch weithin ländlich, so daß die AEG (1910–1911) in Verbindung mit den neuen Fabriken auch Arbeiterwohnungen baute. Damit wurde Behrens im Massenwohnungsbau tätig.

Im Sommer 1910 trat Charles Edouard Jeanneret (Le Corbusier) in Behrens' Büro ein, wo er fünf Monate verbrachte.

Jeanneret, der von seiner Kunstschule in Chaux-de-Fonds den Auftrag hatte, über angewandte Kunst in Deutschland zu berichten, schrieb im Jahre 1912 über Behrens:

„Seine jüngste Fabrik, die ‚Turbinenhalle', wurde sogar als ‚Kathedrale der Arbeit' bezeichnet. Er baut umfangreiche Arbeiterkolonien, in denen das Volk der 150 000 Seelen, das von der AEG sein Brot erhofft, Unterkunft finden soll. Behrens ist der kraftvolle, abgründige, ernste Genius, zutiefst erfaßt von einem Drang nach Beherrschung; wie geschaffen für diese Aufgabe und diese Zeit; kongenial dem Geiste des heutigen Deutschland".[31]

Tatsächlich waren die Wohnungspläne von Behrens für die AEG vergleichsweise bescheiden in ihrem Maßstab. Diese ersten Miethäuser sind freundliche, wenn auch unscheinbare rote Ziegelbauten mit Gaubenfenstern in dem steilen Dach. Der Grundriß der Häusergruppe bildet ein „U", das sich zur Hauptstraße, der Rathenaustraße, öffnet. Die Fenster sind überwiegend groß, zu horizontalen Bändern zusammengefaßt und durch helle Backsteineinfassungen und weiße Fensterrahmen und -sprossen hervorgehoben. Unter den 34 Wohneinheiten gibt es Zwei- und Dreizimmerwohnungen: Alle haben eine Diele, eine Küche von annehmbarer Größe und ein Badezimmer. Damals gab es auch Einzelzimmer für kurzfristige Mieter oder Besucher. Im Erdgeschoß war zu

AEG Hennigsdorf, Flugzeugbau-Montagehalle, 1915.

beiden Seiten des viereckigen Hofs ein Laden vorgesehen, und nach hinten hinaus lagen Gärten.

Im Zusammenhang mit diesen Häusern entwarf Behrens Möbel, die im Frühling 1912 in der Zentralverwaltung der Gewerkschaft in Berlin gezeigt wurden.

Wohnhäuser in Hennigsdorf, 1910/11.

Möbel für Arbeiterfamilien, 1912. Grundriß der Wohnhäuser in Hennigsdorf.

Verschiedene Zeitschriften brachten Illustrationen zu Küchen, Wohn- und Schlafzimmern, die Behrens für Arbeiterfamilien entworfen hatte.[32]

Außerdem zeichnete Behrens noch ein Bootshaus für die begeisterten Ruderer unter den Angestellten in Hennigsdorf.

In diametral entgegengesetzter Richtung vom Zentrum im Südosten Berlins, in Oberschöneweide (heute Ost-Berlin), entwickelte die AEG am Ufer der Spree eine weitere Gruppe von Fabriken. Diese umfaßte ein Kabelwerk, eine Gummifabrik und ein Automobilwerk. Die neue Fabrik für die NAG (Nationale, früher Neue Automobil AG), eine Tochterfirma der AEG, wurde 1915 entworfen und im darauffolgenden Jahr gebaut. Das nahe am Fluß gelegene Geländer an der Ecke Wilhelminenhof- und Ostendstraße, war trapezförmig, und die siebengeschossigen Fabrikhallen an seiner Peripherie umschlossen zwei lange, aber kleinere Hallen mit Steildächern von drei Seiten wie ein Hufeisen – ziemlich genau nach Art der Hochspannungsfabrik. Der Eingang zu den Büros führt durch einen Torbogen am Fuße eines 70 m hohen Turms. Die Empfangshalle, ein strenger, von Arkaden umschlossener Raum, ist von unten zugänglich: Die Eingangstreppe mündet in der Mitte des Geschosses.

Ein allen Gebäuden gemeinsames Charakteristikum ist das schwere, gestufte Gesims, das in einem Winkel von 45 Grad vorspringt. Die NAG-Fabrik, die Autos und Lastwagen herstellte, produziert heute Teile für Fernsehtechnik.

Zwischen 1911 und 1915 plante Behrens eine umfangreiche Gartenvorstadt für die AEG-Arbeiter in Oberschöneweide. Dies ist vielleicht der Plan, auf den sich Jeanneret und andere Zeitgenossen beziehen. Es existieren noch die Grund- und Aufrisse des Projekts. Sie zeigen Gruppen von viergeschossigen Wohnblocks mit Balkonen und Terrassen, die um Gartenhöfe angeordnet sind. Sie entsprechen dem, was man heute mit hoher Wohndichte bei niedriger Geschoßzahl bezeichnen würde. 1915 wurde dann tatsächlich eine bescheidene Anlage, die 170 Wohnungen umfaßte, überwiegend kleine zweigeschossige Häuser mit Terrassen und zusätzlichen Schlafzimmern im Dachgeschoß mit Gaubenfenstern ausgeführt. Jedes Haus hatte einen „Mehrzweckraum". Diese Häuser wurden auf dem Gelände zwischen Zeppelinstraße, Roedernstraße, An der Wuhlheide und Fontanestraße gebaut, für das ursprünglich der obenerwähnte ehrgeizige Plan gedacht war. Die Häuser sind aus grauem Zement, die Fenster haben Läden, und das Gelände in der Mitte ist für Gärten und Schrebergärten genutzt.

Etwas früher hatte Behrens – wie in Hennigsdorf – ein Bootshaus für die Angestellten entworfen. Der solide Bau wurde im Mai 1912 eröffnet. Das am Wasser gelegene dreigeschossige Gebäude, das einen Bootsstand, Speisezimmer, Umkleideräume und einen Ruheraum enthielt, besteht noch heute.

Eine weitere AEG-Fabrik wurde 1913 in Riga (Lettland) gegründet. Sie war allem Anschein nach der Hochspannungsfabrik in Berlin ziemlich genau nachgebaut, hatte aber nur einen Turm, der viel höher war als der der älteren Berliner Fabrikanlage.

Neoklassizistische Themen, 1907 bis 1914

Privater Wohnungsbau

1906 beschloß Karl Ernst Osthaus, die Wohnung im Folkwangmuseum – die er mit seiner jungen Familie bewohnte – aufzugeben, damit diese Räume für Museumszwecke genutzt werden konnten. Er kaufte ein Grundstück auf einer Anhöhe bei Eppenhausen oberhalb von Hagen und machte Pläne für ein neues eigenes Haus, das unter Umständen der Mittelpunkt einer Gartenvorstadt oder einer Künstlerkolonie werden sollte – er war bei dieser Idee zweifellos von der Künstlerkolonie in Darmstadt inspiriert. Obgleich er zu dieser Zeit wichtige Projekte für Behrens in und um Hagen ausfindig machte, war er immer noch sehr an der Architektur Henry van de Veldes interessiert, und als er den Bau der in Aussicht genommenen Wohnsiedlung erwog, wählte er van de Velde zum Architekten für sein eigenes Haus (Hohenhof), teilte das übrige Terrain in drei Bereiche auf und bat Behrens, van de Velde und schließlich noch den niederländischen Architekten J. L. M. Lauweriks, unabhängig voneinander, aber im Rahmen eines Gesamtplans zusammenhängende Häusergruppen für diese Bereiche zu entwerfen.

Die 20 ha Land um Eppenhausen bestehen aus einer ziemlich flachen bewaldeten Hügelkuppe; im Norden und Osten fällt das Land sehr steil ab, und von da führt eine kleine Straße – kaum mehr als ein Pfad – das „Stirnband", rund um den Hügel bis nach oben. Bereits im Oktober 1906 scheint Behrens Osthaus einen Lageplan für das gesamte Grundstück geschickt zu haben, und ein Plan von 1907 enthält eine Reihe großer öffentlicher Gebäude um eine quadratische Piazza, die sogenannte „Goldene Pforte". Eines dieser vorgesehenen Gebäude, ein großer Giebelbau auf der Ostseite des Platzes, der über das „Stirnband" geführt ist, war mit einiger Sicherheit als neues Folkwangmuseum gedacht. Osthaus, der sich offenbar einige Jahre lang nicht entscheiden konnte, wie er die Verantwortlichkeit unter seinen drei Architekten aufteilen sollte, lud auch die anderen beiden ein, Lösungen für die Planung eines Kulturzentrums einzubringen. Es gibt einen Plan von Henry van de Velde von 1906/7, der das geplante neue Museum als *seinen* Entwurf zeigt[1], und noch einen weiteren von 1907, der einige der Häuser von Behrens einbezieht, aber mit anderen Grundrissen als die tatsächlich gebauten.[2] Außerdem existiert noch ein Lageplan von 1910, auf dem eine einheitliche Reihe von Gebäuden – von Lauweriks mit Bleistift eingezeichnet – quer über das ganze Gelände führt, wobei seine eigenen Häuser genau an der Stelle erscheinen, die sie heute einnehmen, aber auch Bauten einbezogen oder ersetzt sind, die entweder Behrens oder van de Velde zugesprochen waren.

Behrens' Plan von 1907 ist streng und axial. Die Gebäude um die „Goldene

Pforte" sind so angeordnet, daß der unregelmäßige, schräge Verlauf des „Stirnbands" über den Platz so weit wie möglich ausgeglichen wird. Er plante auch eine gerade Achse über den Platz, die im Norden durch einen Giebelbau mit einem weiten, symmetrischen in drei flachen Terrassen angelegten Garten

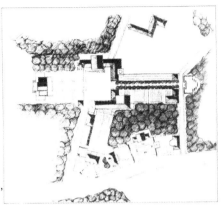

Gartenvorstadt, Hohenhagen, Eppenhausen, Lageplan, 1907.

abgeschlossen wurde. Nach Süden setzt die Allee „Unter Kastanien" diese Achse fort bis zu einem Freilichttheater. Eine Gruppe von Villen an der Hassleyerstraße liegt einem kommunalen rechteckigen, symmetrisch angelegten Garten gegenüber. Das Haus für Dr. Cuno ist mit seiner eigenen Achse der Ecke Hassleyerstraße und „Stirnband" konfrontiert. Hoeber erwähnt, daß das Haus Cuno zunächst von Behrens als ein Bau mit zwei Flügeln geplant

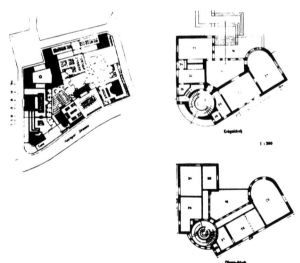

Haus Cuno, älterer Plan (veröffentlicht bei Hugo Licht) (links); Grundriß Erdgeschoß (rechts); Grundriß 1. Obergeschoß (darunter).

war, die zu beiden Seiten eines runden Treppenhauses abgehen. Eine Vorstellung von diesem Entwurf gibt ein Plan von Behrens, der diese Fassung von Haus Cuno zeigt.[3] Van de Veldes zweite Zeichnung stellt es mit einem ovalen Raum in der Mitte dar. Wenn Behrens seinen früheren Entwurf verwirklicht hätte, wäre an dieser Ecke ein deutlich hervorgehobener Angelpunkt, eine beziehungsvolle Folge von Häusern und eine Bewegung von einem zum andern über die Freiräume hinweg entstanden, etwa so, wie Lauweriks es vorschlägt und tatsächlich auch in dem kurzen Abschnitt des „Stirnbands" ausgeführt hat.

Das erste Haus der Gartenvorstadt hingegen war das Haus Schroeder von Behrens, das 1908 entworfen und im darauffolgenden Jahr gebaut wurde. Behrens' Häuser waren nicht für Künstler gedacht. Schroeder war Zahnarzt, Willy Cuno war der Bürgermeister von Hagen, und Goedecke war Bauinspektor. Die Künstler und Musiker, die Osthaus nach Hagen zog, wohnten in den Häusern von Lauweriks. Das Haus Schroeder war das dritte Wohnhaus in Behrens' Karriere als Architekt und das erste durchweg streng geometrische.

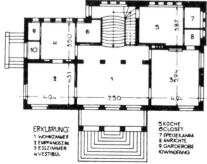

Haus Schroeder, Eppenhausen, Gesamtansicht, Grundriß 1909.

Es war auch das erste unter seinen Häusern, in dem der Wohnraum weitaus größer war als das Eßzimmer und – wie in einer Villa von Palladio – einen zentralen Platz in der Achse des Hauses einnahm. Dieser Raum war unterteilt durch eine Säulenreihe, die genau auf der gleichen Linie mit den Säulen des weißen Portikos an der Südseite lag. Hinter diesem Säulen-„Schirm" führte ein breites, monumentales Treppenhaus nach oben. Dieses Treppenhaus lag auf der Nordseite des Hauses in einem Turm, den ein halbkreisförmiger Giebel krönte und der sein Licht durch eine dreiteilige Lunette empfing – eine weitere palladianische Eigentümlichkeit. Der Außenbau zeigt zwei Geschosse, das untere hatte einen glatten ockerfarbenen Anstrich, gegen den sich die breiten, blendend weißen steinernen Tür- und Fensterrahmen abhoben. Das Obergeschoß war schmaler und oberhalb eines breiten horizontalen Bandes aus weißem Kunststein mit graublauen Schieferplatten verkleidet. Die regelmäßig angeordneten Fenster hatten Läden und das Dach eine Neigung von genau 45 Grad. Der Treppenturm und ein Balkon waren – des Kontrastes wegen – aus einheimischem grauem Kalkstein in Form von Bruchsteinmauerwerk. Dieser Stein, der auf dem Gelände abgebaut wurde, ist von allen drei Architekten als vereinheitlichendes Element für die Häuser der Gartenvorstadt verwendet worden.[4]

Das Haus Cuno (1909–1910) ähnelt im Grundriß dem Haus Schroeder: Auch hier bildet das große Wohnzimmer und der Treppenaufgang das Zentrum des Hauses, aber die Anlage ist noch symmetrischer und strenger. Die rechteckigen Räume zu beiden Seiten des Wohnzimmers sind genau gleich, und das große Arbeitszimmer für den Hausherrn ist quadratisch. Hoeber schrieb kurz nach der Fertigstellung des Hauses: „Die Grundrißeinteilung ist... von einer einzigartigen... symmetrischen Schönheit, die im kleinen sich wohl mit den strengen Villenplänen eines Andrea Palladio vergleichen läßt, zum mindesten mit Rücksicht auf die feierliche Tendenz."[5]

Das Äußere enthält – typisch für Behrens – einen leicht asymmetrischen Rhythmus durch die Anordnung der Balkone zu beiden Seiten des Baus: Der auf der rechten Seite ist wie eine dicke Stützmauer aus Bruchsteinmauerwerk um einen Teil der Hauptfassade gelegt. Die Vorderfront hat eine Struktur aus sorgsam ausgewogenen vertikalen und horizontalen Spannungen, die zunächst den Eindruck von Symmetrie erweckt – nur allmählich erkennt man, daß dies eine Illusion ist. Der hohe Rustikasockel in Bruchsteinmauerwerk aus einheimischem Kalkstein hat die Höhe eines Geschosses, die Wände darüber sind glattverputzt. Sie schließen rundum mit einem schmalen, niedrigen, aber ausdrucksvollen Dachgesims ab. Ein ähnlich niedriges Gesims – einer Kordel ähnlich – unterteilt das Gebäude etwa in halber Höhe. Ursprünglich war (und ist jetzt wieder nach der Restaurierung von 1980) der untere Teil der verputzten Wand zwischen dem oberen Rand des steinernen Sockels und dieser Trennlinie weiß und die Hauptwand oberhalb in einem dunklen Ton gestrichen. Zwischen dem oberen Gesims und der Dachrinne war eine gerippte Brüstung, die auf ungewöhnliche Weise zurücktrat, so daß das Dach nicht eigentlich über die Wand vorsprang. Auch diese Einzelheit ist wieder hergestellt worden.

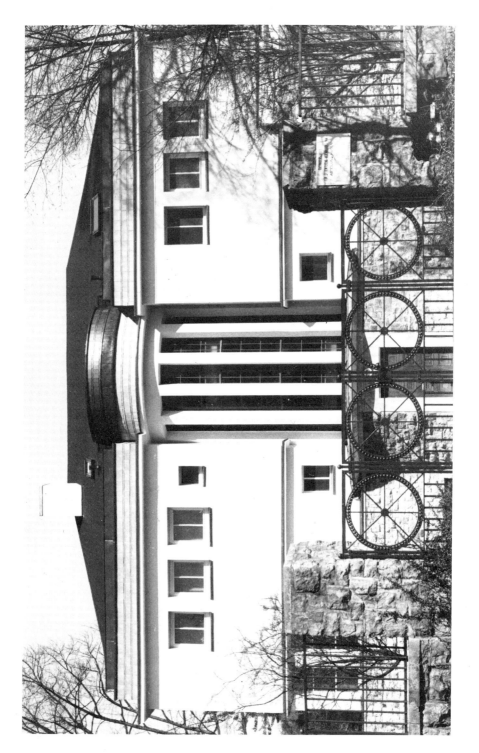

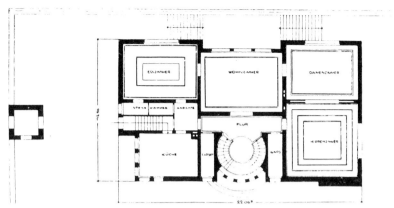

Haus Cuno, Eppenhausen, Gesamtansicht, 1910 (Seite 112); endgültiger Grundriß Erdgeschoß (oben).

Die Gartenfront ist symmetrisch, die drei Fenster des Wohnzimmers liegen etwas hinter den vorgezogenen Steinmauern, die beiderseits um das Haus herumführen und die Balkone tragen.

Das auffälligste Element der Haupt-, also der Straßenfassade des Hauses ist der runde verglaste Turm, durch den die Wendeltreppe führt und der so merkwürdig aus der Fassadenfläche zurücktritt. Seine Existenz in dieser Form verdankt er dem aufgegebenen alten Plan, den Bau mit zwei Flügeln anzulegen, die sich in einem spitzen Winkel treffen. Diese Idee war übrigens entweder eine Version der Anlage von van de Veldes „Hohenhof" oder aus einem klassizistischen Bau des frühen 19. Jahrhunderts übernommen: dem Kasino von Georg Moller (etwa 1817) – einem Wahrzeichen Darmstadts. Die beiden Flügel dieses Baus hatten glattflächige Fassaden über einem Rustikasockel, die Ecke, an der sie sich trafen, war durch einen zylindrischen Turm mit vier schlanken Pfeilern und einem vorspringenden Dach über dem Erdgeschoß hervorgehoben. Die Überdachung des Turms hielt sich wie beim Haus Cuno an die Höhe des leicht geneigten Hausdachs.

Heute ist das Haus Cuno eine elegante und imponierende palladianische Villa. Es ist dennoch kein wirkungsvoller Blickfang für die Ecke des Geländes, an der es steht, noch eine Fortsetzung der einstigen Hausreihe an der Hassleyerstraße. Das Scharnier wurde durch den veränderten Plan gewissermaßen zur Fläche, durch die der eigentliche Blickpunkt, das Treppenhaus, nahezu verdeckt wurde. Diesem Vorgang verdankt der Bau seine Spannung, seine ungeheuer straffe und kompakte Erscheinung. Dennoch kann es kaum jemals ein – ästhetisch oder praktisch – ganz befriedigendes Gebäude gewesen sein. Der endgültige Entwurf war die verknappte Wiederholung eines anderen, der kühn genug gewesen wäre, die eine Seite an der Ecke „umzudrehen". Der jetzt entstandene Treppenturm, der Dachvorsprung und die Anlage des Gartens bewirken dies nicht. Eine ausreichende räumliche Beziehung zur Ecke fehlt, und es ist nicht wahrscheinlich, daß es sie je zum benachbarten Haus Schroeder gegeben hat, obgleich Behrens auch weiterhin in diesem Bau den funktionalen Mittelpunkt seines Gesamtplans gesehen hat.

Im Hinblick auf die praktische Bewohnbarkeit gibt es ernstliche Nachteile. Das Wohnzimmer liegt nach Norden und Nordosten hinaus ohne lohnende Aussicht, der Garten davor bietet keine Geborgenheit. Von der schmalen Terrasse vor dem Wohnzimmer blickt man unmittelbar auf benachbarte Grundstücke. Auch die Seitenbalkone bieten wenig Aussicht, da die Grundstücksgrenzen zu nah sind. Der größte Teil des Gartens liegt vor dem Haus und ist halböffentlich und unpersönlich.

Das Haus verursachte auch während des Baus und nachher eine Menge Ärger. Obgleich das Haus Schroeder und das Haus Cuno teuer waren (nach Angaben von Alfred Lichtwark kostete das Haus Schroeder 40 000 Mark, was den ursprünglichen Kostenvoranschlag überschritt, das Haus Cuno 100 000 Mark), gab es technische Mängel, die während der nächsten zwei bis drei Jahre Gegenstand eines nahezu ständigen Briefwechsels zwischen Osthaus und Behrens waren. Lichtwark, der Kurator der Hamburger Kunsthalle, machte 1910 bei seinem Besuch auf einige Gefahren aufmerksam:

„Behrens, ganz unverkennbar. Ja, ja. Aber. Doch das kann man eigentlich nur angesichts der Ausführung sagen ... Bei Behrens sehe ich immer zuerst die falschen Ansätze. Jetzt hat er in einer der Villen den ersten Stock um zwei Handbreit eingezogen. Die Mauer des Erdgeschosses bildet mit der des ersten Stockes einen Winkel: Das zu sehen, beunruhigt mich sehr. Formell die Notwendigkeit dafür plausibel zu machen, scheint mir unmöglich. Und dann die Praxis. Welches Material hält das aus? Wir haben doch Regen, Schnee und Frost. Man wird diesen Vorsprung schon im nächsten Jahr schräg abdecken müssen, und das wird komisch sein. Solche Dinge gibt es auch bei van de Velde an allen Ecken und Enden. Sie laufen auf den Händen."[6]

Nachdem die Kritik einer Gruppe von Architekten ihm die Augen geöffnet hatte, machte sich auch Osthaus wegen der beiden Häuser Sorgen:

„Wieviel Schuld den ausführenden Kräften auch zugemessen werden mag, immerhin wird angesichts der Tatsache Ihrer Bauleitung die Verbreitung von Redereien unausbleiblich sein, die einer weiteren Durchführung meiner Absichten auf dem Ihnen zugeteilten Gelände sehr hinderlich werden. Es handelt sich nicht nur um die höchst fatale Durchnässung der Wände, die ihre Angriffspunkte in dem Rücksprung des Mauerwerks über dem Erdgeschoß haben, sondern auch um die anscheinend recht zweifelhafte Qualität des Kunstsandsteines. Der Stein soll sehr porös sein, Nässe durchlassen und dem Frost nicht widerstehen ... Ich möchte angesichts dieser Mißlichkeiten, die für die eingeweihten Kreise mit der jammervollen Verwahrlosung des Krematoriums in Einklang zu stehen scheinen und infolgedessen eine starke Animosität hervorrufen, dringend empfehlen, daß Sie in Schroeders Interesse die schärfsten Maßregeln ... erheben."[7]

Behrens war furchtbar überarbeitet und die meiste Zeit über nicht in Hagen. Sein Briefwechsel mit Osthaus wuchs sich zu einer düsteren Saga von Mängeln aus, wie sie Architekten und ihren Bauherrn Alpträume verursachen. Diese reichten von banalen Einzelheiten bis zu alarmierenden Konstruktionsfehlern. Obgleich Osthaus Behrens besonders wegen seiner Methode, die einzelnen Elemente eines Raums in allen ihren Dimensionen zu koordinieren, bewunderte, war er genötigt, im Dezember 1910 zu schreiben:

„Im Wohnzimmer von Frau Cuno sah ich vor einigen Tagen, daß die Borden der Tapeten ganz ohne Rücksicht auf die Quadratteilung des Fußbodens geklebt sind. Die Anordnung ist recht fatal, daß man nicht weiß, ob man die Möbel nach dem Fußboden oder nach den Wänden richten soll. In jedem Falle kommt eine schlechte Wirkung zustande. Ich kann mir nicht denken, daß diese Anordnung von Ihnen beabsichtigt ist, bin aber hier nicht in der Lage festzustellen, wer die Schuld daran trägt..."[8]

Den ganzen Sommer 1910 über gab es Ärger mit dem kreisförmigen Treppenhaus im Haus Cuno, der korrigierte Zeichnungen und lange Briefe von Behrens aus Berlin nötig machte. Die Entdeckung solcher Schwierigkeiten zog sich bis 1913 dahin, und durchweg spielte Frau Cuno mit ihren Einwendungen und Klagen eine lebhafte Rolle dabei:

„Lieber Freund! Heute morgen hatte ich wieder einmal die Freude, von Frau Cuno ins Verhör genommen zu werden. Vor ihrer Haustür steht noch immer bei jedem Regen der Teich, der durch die von den kreisförmigen Vorsprüngen herabklatschenden Regenmassen gebildet wird. Es wird unumgänglich sein, daß wir die Wassermengen am Rande des unteren Dachvorsprunges (dicht über der Haustür) durch eine Rinne einfangen und zur Seite leiten. Man steht wirklich in der Traufe, wenn man auf das Öffnen der Tür warten muß. Dann ist die Frage noch zu lösen, wie man trockenen Fußes zur Haustür gelangt. Als Notbehelf könnte eine durchlochte Matte dienen, die hoch genug ist, um über die Wasserlache hinaus zu ragen, aber besser wäre es auch für das Haus, wenn man ein Gefälle nach Außen schaffen könnte. Allerdings möchte ich bitten, den Kostenpunkt dann nicht unberücksichtigt zu lassen..."[9] Aus den Briefen von Osthaus läßt sich nie ganz klar erkennen, ob sie sarkastisch gemeint waren.

Die dritte von Behrens' Villen in Eppenhausen, das Haus Goedecke (1911/12) hat in den architekturgeschichtlichen Darstellungen weniger Aufmerksamkeit gefunden als das Haus Schroeder und das Haus Cuno. Osthaus, vorsichtig geworden, warnte Behrens vor konstruktiven Komplikationen in seinem Entwurf: „... Ich möchte sogar dringend raten, ... auch im übrigen Mauern und Dach so einfach und solide wie möglich zu konstruieren."[10]

Briefe im Osthaus-Archiv zeigen, daß Goedecke genau wußte, was er wollte, wieviel er zu zahlen bereit war und wo das Haus stehen sollte. Er schlug vor, einen anderen Architekten zu nehmen, falls seine Wünsche nicht erfüllt würden. Und er setzte sich durch. Zweifellos war seine berufliche Vertrautheit mit Bauangelegenheiten hilfreich: So bekam er das bewohnbarste, wenn auch vom ästhetischen Standpunkt uninteressanteste Haus. Für seine Größe war es wohl auch das preiswerteste, und der Bau ging den Berichten nach ohne Stocken und Schwierigkeiten voran. Es ist ein schlichtes Haus, das man leicht für ein Pfarrhaus aus dem 18. Jahrhundert hätte halten können. Der L-förmige Grundriß paßte sich der Ecksituation an: Es lag in der Nähe des geplanten Freilichttheaters, umgeben von dichtem Wald, weit genug von der Straße entfernt und hat eine angenehme Beziehung zu seiner Umgebung.

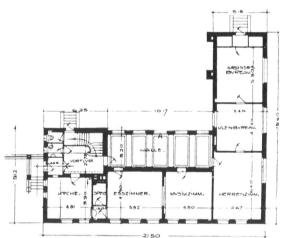

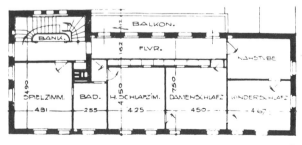

Haus Goedecke, Eppenhausen, 1911/12.

Gartenseite.

Grundriß Erdgeschoß (oben) und 1. Obergeschoß.

(Die Zeichnungen sind in verschiedenem Maßstab angelegt.)

Die Häuser in Hagen waren die Hauptquelle für Differenzen zwischen Behrens und seinem ausgezeichneten Assistenten Walter Gropius. Der Streit darüber beschleunigte Gropius' Ausscheiden aus Behrens' Büro.

Während dieser Zeit war Gropius verantwortlich für praktisch alle Detailzeichnungen und mit der Bauführung der beiden Häuser Schroeder und Cuno beauftragt. Er erinnert sich: „In der ersten Phase – ganz im Geiste Behrens' – hatte ich lebhaften Anteil an den Häusern Schroeder und Dr. Cuno, die ich auch fast allein durchdetaillierte."[11] Gropius kam im Zusammenhang mit den Häusern mehrmals nach Hagen und festigte seine Freundschaft mit Osthaus. Im März 1910 war ihm jedoch daran gelegen, seine Einstellung zu den quälenden Ärgernissen mit den beiden Häusern Osthaus gegenüber zu erklären. In einem langen Brief, der sich mit den Mängeln des Hauses Cuno befaßte, schrieb er:

„... An gewissen Punkten scheiterte aber auch mein Einfluß und meine Überredungskunst, und ich mußte als Vertrauter des Geschäftes natürlich nach außen hin auch gegen besseres Wissen die Behrensschen Wünsche vertreten. Es ist mir angenehm, daß ich meine Vorschläge mit Skizzen und Briefen belegen kann, denn in der letzten Zeit ist es zu verschiedenen Differenzen zwischen Behrens und mir gekommen, die sich so gesteigert haben, daß ich mich gestern genötigt gesehen habe, auf mein ferneres Zusammenarbeiten mit ihm zu verzichten. Es würde mir eine Freude sein, wenn sich mir in nächster Zeit eine Gelegenheit böte, über diese, mich sehr angreifende Sache persönlich mit Ihnen sprechen zu können. Ich muß fürchten, daß Ihnen von der anderen Seite meine Rolle in einem falschen Licht geschildert werden wird, und es wäre mir besonders schmerzlich, von Ihnen falsch beurteilt zu werden..."[12]

Schon für Osthaus war es zu diesem Zeitpunkt schwierig zu entscheiden, wem der Vorwurf für die Unzulänglichkeiten der Häuser zu machen war, für uns heute ist es unmöglich. Uns bleibt nur die Tatsache, daß diese Häuser, das Ergebnis einer Zusammenarbeit zweier so hervorragender Architekten (das in Dutzenden von Darstellungen moderner Architektur immer wieder ohne jeden kritischen Kommentar wiedergegeben wird), in mancher Hinsicht mißlungen waren. Die elementaren Mängel wie die fehlende Wasserdämmung deuten darauf hin, daß Behrens als Architekt Autodidakt war und seine Erfahrungen vor allem an provisorischen Ausstellungsgebäuden gesammelt hat.

Für ehrgeizige Untergebene war es zu dieser Zeit schwierig, mit Behrens zu arbeiten. Le Corbusier beschreibt ihn in einem Brief an Osthaus von 1912 als „tragique et déséquilibré" (tragisch und unausgeglichen).[13] Für den Weggang von Gropius spielte eine Rolle, daß er ehrgeizig war und sich bereits mit sechsundzwanzig Jahren Behrens durchaus gleichrangig fühlte, was Grund zu Verstimmungen gegeben haben mag. Im gleichen Monat legte er mit dem oben zitierten Brief dem Industriellen Emil Rathenau sein „Memorandum" zu preisgünstigen Wohnungen für Arbeiter vor.[14] Ob dieses Memorandum beraten wurde, ist unbekannt, aber Rathenau trat als Generaldirektor der AEG bei einer endgültigen Entscheidung sicher für Behrens ein. Es stellt sich auch die Frage, ob Gropius Behrens in der Gunst von Osthaus verdrängt hat, wozu noch der pausenlose Strom unerfreulicher Briefe, die Behrens zu der Zeit von Osthaus erhielt, sprechen mag. Gropius äußerte viel später einmal, Osthaus habe die Absicht gehabt, ihm einige Häuser in Auftrag zu geben, nachdem er Behrens verlassen hatte, und daß er sich vage erinnere, einige Zeichnungen dafür angefertigt zu haben.[15]

Als Gropius im Juni 1910 Behrens verließ, ging Adolf Meyer, ein weiterer Assistent, mit ihm und wurde sein Partner.

Der Bau der Eppenhauser Gartenvorstadt wurde durch den Ausbruch des Ersten Weltkriegs unterbrochen. Später waren die Möglichkeiten, ihn fortzuführen, durch die veränderten politischen, finanziellen und architektonischen Verhältnisse reduziert. Die Architekten waren weitverstreut: Lauweriks in Holland, van de Velde in der Schweiz und Behrens in Berlin. 1921 starb Karl Ernst Osthaus. Das Folkwangmuseum wurde nach Essen verkauft, und während der nächsten dreißig Jahre gab es keinerlei künstlerische Unternehmungen von Interesse mehr in Hagen.[16]

Das katholische Gemeindehaus in Neuss

1907 schrieb der Katholische Gesellenverein von Neuss am Rhein einen beschränkten Wettbewerb für ein Wohnheim und ein Gemeindezentrum aus und lud Behrens, Richard Riemerschmid und Paul Schultze-Naumburg ein, Pläne zu entwickeln. Preisrichter war der Münchner Architekt Theodor Fischer. Riemerschmid trat zurück, und Behrens wurde gewählt.

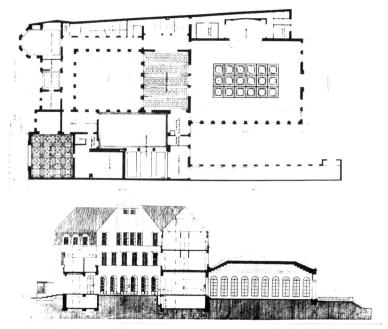

Katholisches Gemeindehaus, Neuss, 1908–1910: Grundriß und Schnitt.

Der Gesellenverein, eine Art Arbeitergewerkschaft, war 1852 gegründet worden – als Zweig der ältesten in Deutschland bestehenden Arbeitergewerkschaft, die eher religiöse als politische Ziele hatte. Das Gesellenhaus wurde zwischen 1909 und Frühjahr 1910 fertiggestellt. Es enthielt ein Wohnheim, eine Kapelle (für die Thorn-Prikker später ein Fresko malte), ein Refektorium und einen Eßsaal sowie Verwaltungsbüros und eine sehr große Diele für Versammlungen und Veranstaltungen. Die eine Seite der Diele öffnete sich zu einer Bühne. Viele Einzelheiten – eine Pergola, Arkaden und so weiter – hat dieser Bau mit den Eppenhauser Villen gemein.[17]

Auf dem trapezförmigen Gelände (in dessen nordöstlicher Ecke das Gesellenhaus errichtet wurde) standen vermutlich Wohnhäuser städtischen Charakters. Rund um eine kleine Piazza, kleinere Parks und Gärten waren zwei- bis dreigeschossige Wohnhäuser geplant, die von der Gewerkschaft vermietet werden sollten. Dieser interessante Plan, der 1910 entstand, wurde niemals ausgeführt. Die Wohneinheiten umfaßten fünf bis sechs Zimmer, die auf zwei Geschosse verteilt um einen Hof lagen. Die Perspektivzeichnungen zeigen konventionelle, aber verschiedenartige Gebäudegruppen, die in vielem den Eppenhauser Villen ähneln. Trotz der asymmetrischen Anordnung erinnern sie mit ihren klassizistischen Anklängen stark an das Darmstadt Mollers aus dem frühen 19. Jahrhundert.

Das Haus Kröller

Eine merkwürdige Episode in Behrens' Laufbahn war die Vor-Ort-Anfertigung eines Eins-zu-eins-Modells aus Leinwand und Holz von einem sehr großen Haus für die Kunstsammler Anton und Hélène Kröller in Den Haag in Holland. Im März 1911 waren sie nach Hagen gekommen, um dort die neuen Häuser zu besichtigen, und auf Behrens' Bitte traf Osthaus sich mit ihnen und führte sie herum. Noch im gleichen Jahr wurde Mies van der Rohe mit der Projektleitung und Beaufsichtigung der Arbeiten betraut. Die Modelle und Behrens' Zeichnungen zeigen, daß es sich um ein langes zweigeschossiges Gebäude mit flachem Dach, mit einem großen Magazin und blumenbestandenen Innenhöfen gehandelt hat. Nach einem Jahr, in dem Mies viel Zeit auf das Projekt verwendet hatte, lud Frau Kröller ihn ein, einen eigenen Alternativentwurf und ein weiteres Eins-zu-eins-Modell auszuarbeiten. Auch dies wurde dann nicht akzeptiert. Schließlich wählten Kröllers H. P. Berlage als Architekten.

Nach dem Krieg entwarf Henry van de Velde das Kröller-Müller-Museum für Otterlo. Laut Osthaus waren die Kröllers während ihres Besuchs in Hagen sehr vom Haus Hohenhof beeindruckt.

Das Haus Wiegand

Das wichtigste Privathaus dieser Periode – und eines seiner bekanntesten war das Haus, das Behrens für Dr. Theodor Wiegand in Berlin baute.[18]

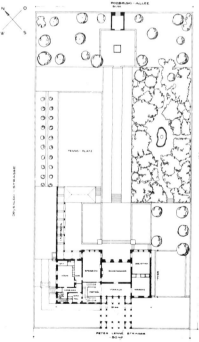

Haus Wiegand, Berlin-Dahlem, 1911/12, Säulenhalle, Grundriß.

Theodor Wiegand (1864–1936) war einer der angesehensten deutschen Archäologen. Seit 1896 – nach dem Tod von Carl Humann – war er mit den Grabungen in Priene befaßt und leitete auch andere bedeutende Ausgrabungen in Kleinasien: in Milet, Didyma und Samos. Heute bilden die Grabungsfunde aus diesen Gegenden einen hervorragenden Teil der herrlichen Sammlungen des Pergamonmuseums in Ost-Berlin. 1910 wurde Wiegand Direktor der Antikensammlung des Königlich-Preußischen Museums und mußte sich also in Berlin nach einer Wohnung umsehen. Es ist möglich, daß er durch die Vermittlung eines gemeinsamen Freundes, Edmund Schüler, auf Behrens aufmerksam wurde. Schüler war in der deutschen Botschaft in Konstantinopel beschäftigt, wo er Wiegand kennenlernte. Er nimmt für sich in Anspruch, sich etwa zur gleichen Zeit für die Heranziehung von Behrens für den Entwurf der Deutschen Botschaft in St. Petersburg eingesetzt zu haben. Dies war die Folge einer „Pilgerfahrt" zu den AEG-Fabriken, die ihn veranlaßt habe, seine Vorgesetzten zu überreden, Behrens mit diesem Prestigeprojekt zu betrauen.[19]

Wahrscheinlich hat Dr. Wiegand beim Entwurf dieses Hauses sehr mitgewirkt. Es ist das einzige unter den Behrens-Häusern, in dem der Neoklassizismus so weit getrieben ist, daß dorische Säulen und Pfeiler verwendet wurden.

Das Haus wurde zwischen 1911 und 1912 auf einem Grundstück von 50 × 100 m zwischen der Podbielskiallee und der Peter-Lenné-Straße in Dahlem, einem der schönsten Wohngebiete Berlins, gebaut. Es ist weit von der Hauptstraße, der Podbielskiallee, zurückgesetzt, so daß der Haupteingang an der Peter-Lenné-Straße liegt. Dieser Eingang wird durch eine bemerkenswerte Besonderheit des Hauses gewonnen: eine Säulenhalle von quadratischem Grundriß aus unkannelierten dorischen Säulen. Zur Straßenfront hat die Säulenhalle zu beiden Seiten zwei kleinere Eckportale, so daß die ganze Anlage wie ein Vorhof und ein Propyläum zugleich wirkt. (Der Eingang erinnert an den für das „Tonhaus" in der Flora in Köln, 1906.)

Im Grundriß weist das Haus Ähnlichkeiten mit der Cuno-Villa auf. Das Speisezimmer befindet sich links von der Eingangsdiele, die Bibliothek und das Arbeitszimmer liegen auf der rechten Seite. Der große Empfangsraum befindet sich geradeaus in der Mitte. Die Räume zu beiden Seiten des Wohnzimmers treten in der Art kleiner Flügel aus der Gartenfront hervor. Das Haus ist jedoch wesentlich größer, und zwar nicht nur in diesem zentralen Kern, der den des Hauses Cuno um einige Meter in der Länge und Breite übertrifft, sondern es ist insgesamt geräumiger und großzügiger. Auch nimmt das Treppenhaus – gegenüber dem im Haus Cuno – weniger Raum ein.

Alle fünf Durchgänge der Säulenhalle haben Doppeltüren, die sich zur Eingangsdiele öffnen lassen – ohne Zweifel für den Empfang von Gästen bei offiziellen Anlässen. Diese Anordnung – eine Doppeltür, die sich in der zentralen Achse auf einen großen Empfangsraum öffnet – läßt an hellenistische Stadthäuser des späten 4. Jahrhunderts v. Chr. denken, ähnlich denen, für deren Ausgrabung Wiegand in Priene verantwortlich war.[20]

Im ersten Geschoß liegen die Schlafzimmer und ein Familienwohnraum genau über dem offiziellen Empfangsraum im Erdgeschoß. Über der Küche befindet sich ein Gästeschlafzimmer und ein Badezimmer. Im Dachgeschoß sind die Dienstbotenzimmer untergebracht.

Der ganze Außenbau des Hauses ist (wie die ungewöhnlich monumentalen antiken Häuser in Priene) in feingefugten Quadern aus grauem Muschelkalkstein ausgeführt. Die untere Hälfte der Wand hat ein sanft geschwungenes Profil und ist leicht geneigt. Das Dach (für das eine der Zeichnungen von Behrens Schinkelsche Zinkplatten vorsieht) ist mit roten römischen Ziegeln gedeckt.

Ein überdachter Laubengang, der sich, schön mit ihm abgestimmt, an das Haus anschließt, führt vom Speisezimmer zu einem länglichen offenen Pavillon, mit Blick in den Garten und auf den Tennisplatz.

Im ganzen Haus finden sich klassische Details, die, obgleich sie Können verraten, aus verschiedenen Epochen abgeleitet und oft bewußt unorthodox zusammengestellt sind, so daß der Klassizismus hier lebendig und kreativ im Geiste der hellenistischen Wohnarchitektur wirkt. Dieser Mangel an Orthodoxie könnte auch in Häusern in Priene oder auf Delos angetroffen werden. Das beste Beispiel dafür ist das Peristyl: Die unkannelierten dorischen Säulen ohne Schwellung tragen ein ganz einfaches im Grunde ionisches Gebälk: ein schlichtes Architrav, kein Fries und ein Gesims, das auf einem wulstigen Echinus ruht. Das Peristyl ist mit Glasblocksteinen überdacht. An anderer Stelle bezieht sich Behrens auf Schinkel, einen Vorläufer, der (wie er sagte) entwerfen konnte, als stecke er „in der Haut" eines klassischen Architekten. Fritz Neumeyer verweist auf die Ähnlichkeit der gesamten Gartenfront des Wiegand-Hauses mit Schinkels Entwurf für ein Stadthaus mit einem Säulenhof von 1826 und auf das Peristyl, das dem von Schinkel entworfenen gleicht, auch wenn es anders angeordnet ist.

Beide – sowohl Gropius („Apoll in der Demokratie") als auch Mies van der Rohe – sprachen später von Behrens' Enthusiasmus für Schinkel und für klassische Proportionen. Gropius schrieb: „Er führte mich in die Systemlehre der mittelalterlichen Bauhütten und in die geometrischen Regeln der griechischen Architektur ein. Oft besichtigten wir zusammen die Bauten von Friedrich Schinkel in und um Potsdam. In Schinkel erblickte er seinen künstlerischen Ahnen."

Der Kunsthistoriker Edwin Redslob erinnert daran, daß Behrens in seinem Wohnort Neubabelsberg ein zerstörtes Schinkelhaus wieder aufgebaut habe.

Das Haus Wiegand wurde mit peinlich genauer Aufmerksamkeit für jedes Detail ausgestattet und eingerichtet. Alles war klar, von formaler Strenge, kostspielig und sehr gewichtig. Behrens entfaltete seine reiche Virtuosität in der großen Spannweite des Mobiliars, das er für das Haus entwarf: für Küche, Garten, Bad, Wohnraum, Speisezimmer, Schlafzimmer sowie auch in den eingebauten Möbeln. Für einen Teil des Zubehörs – zum Beispiel das Gehäuse eines Heizkörpers – griff er zurück auf ein besonders von ihm geschätztes Motiv: das Wagenrad mit spiralförmigen ionischen Speichen (das er schon früher im Haus Schroeder verwendet hatte). Ein ähnliches Motiv („eine zierliche Erinnerung an den Palast von Troja") benutzte er für die Bronzetüren des Haupteingangs, später auch in der Petersburger Botschaft. Vielleicht hatte

Behrens die Motive unterhalb der Fenster in Schinkels Schloß Charlottenhof wahrgenommen. Das Quadrat im Kreis – ein weiteres Lieblingsmotiv – findet Verwendung in dem Metallrost oben auf den Heizkörpergehäusen. Anderswo – zum Beispiel an eingebauten Schränken – wurden Rosetten verwendet, und das Mobiliar des Elternschlafzimmers schmückt eine sorgfältig ausgeführte Palmette, die von einer gemalten apulischen Amphora übernommen war.

Heute ist das Wiegand-Haus der Sitz des Deutschen Archäologischen Instituts. 1978 wurde es von Grund auf restauriert.

Ergänzungen und Umbauten im Haus von Frau Dr. Mertens (eine Garage, eine Pergola, ein Tennisplatz 1909 und einige Innenräume 1910) hatten Behrens – neben der Arbeit an einem Schinkel-Haus im Herzen des klassizistischen Potsdam – beschäftigt. Etwa um diese Zeit bekräftigte er, daß er die Pioniere der modernen Bewegung in der Architektur nicht in Morris, Burne-Jones oder in den, wie er sich ausdrückte, „ähnlichen deutschen Romantikern" sah, sondern vielmehr im Klassizismus des 19. Jahrhunderts in Deutschland.[21]

Die Deutsche Botschaft in St. Petersburg, 1911–1912

Wie bereits früher erwähnt, notierte Edmund Schüler (der um 1911 dem Außenministerium angehörte), er habe seinen Vorgesetzten, den Staatssekretär Alfred von Kiderlen-Wächter davon überzeugen können, daß Peter Behrens eingeladen werden sollte, seinen Entwurf für die neue Botschaft am St.-Isaaks-Platz in St. Petersburg vorzulegen.

Vom Zeitpunkt der Einladung an blieben Behrens nur noch acht Wochen, um seine Entwurfszeichnungen auszuarbeiten, aber sie wurden rechtzeitig abgeliefert, von den zuständigen Stellen – den Kaiser eingeschlossen – gebilligt, und die Bauarbeiten begannen. Mies van der Rohe wurde mit der Bauführung betraut.

Der Standort für das Gebäude war die Ecke vom St.-Isaaks-Platz und der Morskája, einer der Hauptstraßen der Stadt: Das Grundstück hatte etwa die Form eines Parallelogramms. Der Platz war 1910 durch Abriß einer Reihe älterer Gebäude erweitert worden (gegen erheblichen und empörten Protest), und an ihrer Stelle waren Gärten angelegt worden.[22]

Behrens hatte ein Raumprogramm etwa wie für ein Stadtpalais zu berücksichtigen. Das Gebäude mußte in die städtebauliche Umgebung der eleganten Palazzi aus dem 18. und 19. Jahrhundert passen und natürlich in den Augen der Fremden Deutschland versinnbildlichen.

Die Empfangsräume bilden einen dreigeschossigen Block, dessen denkwürdige Hauptfassade zum St.-Isaaks-Platz hin orientiert ist. Ein weiterer dreigeschossiger Block flankierte im spitzen Winkel dazu die Morskája. Er enthielt Büroräume, die Wohnungen des Botschafters und des Kanzlers der Botschaft sowie Gästezimmer. Beide Blöcke zusammen bilden im Grundriß eine L-Form. Zwei von diesem L ausgehende „Arme" – die eine zweigeschossige Garage und die gleichfalls niedrigen Stallungen enthalten – schließen den Hof wiederum in L-Form ab und bilden so (im Grundriß) ein regelmäßiges Trapez über der Mittelachse des Hauptgebäudes.

Der Haupteingang hat drei Türen und führt in die große Halle. Genau der Halle gegenüber ist der Eingang zum Hof. Das Haupttreppenhaus erhebt sich im rechten Winkel zur Achse der Halle auf der linken Seite.

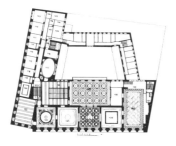

Deutsche Botschaft, St. Petersburg, 1911/12.

Grundriß 1. Obergeschoß (oben links).

Grundriß Erdgeschoß (oben rechts) und Querschnitt.

Auf der ersten Etage sind der Thronsaal, der Speisesaal und, parallel zur Front des Gebäudes, eine Folge von Empfangsräumen mit jeweils quadratischem Grundriß. Im privaten Flügel der Botschaft gibt es noch ein ovales Speisezimmer. Die dritte Etage und die über den Garagen und dem Stallgebäude enthalten Räume für das Personal und sonstige Zwecke.

Die Hauptfassade der Botschaft von etwa 58 m Länge und 17,5 m Höhe wird beherrscht durch eine gewaltige Säulenreihe aus rotem finnischem Granit, die an beiden Enden mit einem Pfeiler abschließt. Wie Hoeber richtig bemerkt, gibt der Außenbau keine Vorstellung von der komplizierten Ökonomie der Innenräume. Die Säulen, deren Kapitelle einen etwas reduzierten dorischen Echinus und einen betont niedrigen Abakus haben, tragen das Gesims und eine gestaffelte Brüstung, die das steil von der Fassade nach hinten zum Hof abfallende Dach verdeckt. Die Silhouette der vorderen Fassade ist demnach betont horizontal. Der Seitenflügel hat riesige, flache Pilaster. Zwischen den Säulen der Fassade, die an die der Kleinmotorenfabrik erinnern, treten die Fenster unter übertrieben schweren Gewölbe- und Schlußsteinen stark zurück. Die Tiefe der Schlußsteine und der Fensterbänke zusammen ergibt die Gesamttiefe jeder Geschoßebene. Die Fenster haben gewaltige Rustika-Architrave, so daß die Wandflächen neben den Fenstern aussehen als seien sie aus zyklopischem Mauerwerk – im Kontrast zu dem glatten, wenn auch deutlich gefugten Quaderstein, aus dem die Säulen aufgebaut sind. Das Verhältnis der betonten Vertikalen – in den überhöhten Säulen – und der betonten Horizontale – in der Reihe der zerklüfteten Schlußsteine und Fensterbänke – war in voller Absicht als Kontrast und Spannung gedacht. Das Ergebnis ist aber nicht sehr gelungen. Die Fassade, in der zwei kraftvolle Elemente sich gegenseitig aufheben, wirkt hart und steif und sehr bombastisch.

Über den drei Türen ragen drei Balkone vor, und auf einem Sockel in der Mitte des Gesimses stand ein gewaltiges Paar von Pferdebändigern oder Dioskuren – eine Arbeit des Berliner Bildhauers (und Schülers von Tuaillon) Eberhard Encke – die unglücklicherweise genauso steif und barbarisch wirken wie die Fassade.

Das Torhaus hat einen hübschen Giebel in der Art, wie Behrens ihn früher schon verwendet hat: eine gebrochene Kurve mit hervortretenden Graten. Diese Variante zum Giebel der Turbinenhalle war das Hauptmotiv für Eingang und Pavillon der Zementindustrie-Ausstellung in Treptow ein Jahr zuvor gewesen.

Während er an dieser wichtigen Bauaufgabe arbeitete, bezog Behrens seine Inspiration im Hinblick auf die besonderen Funktionen einer Botschaft aus den verschiedensten Quellen. Einige waren neu in seiner künstlerischen Karriere. Zu den offenkundigsten gehörten Übernahmen aus Renaissance-, Barock- und manieristischen Palästen. Die Botschaft sollte die Repräsentanz eines römischen Palazzo haben wie die der Cancelleria oder des Palazzo Farnese, während die ärgerlichen Schlußsteine, Architrave und Rustika-Mauerflächen, die gewissermaßen als zweites Thema hinter den riesigen, glatten dorischen Säulen hindurchführen, sofort den Palazzo del Te ins Gedächtnis rufen. Hoeber meinte, die Frontfassade sei eine Paraphrase des Brandenburger Tors, während ihn der Hof an „die schönsten Höfe des Barock und Andreas Schlüters großzügige Hofgliederung im Königlichen Schloß zu Berlin" erinnerte. Auch glaubte er, daß die dorische Eingangshalle mit ihren Marmorfußböden stark von Schinkels „Schloß Orianda in der Krim" und der des Alten Museums beeinflußt sei. Die Fassade ist auch ein Nachklang des Alten Museums. Der Hauptempfangsraum, der an den Thronsaal anschließt und ihn erweitert, hat eine reichvergoldete Kassettendecke, die wiederum an einen venezianischen Palast denken läßt.

Der Hauptteil der Malereien war von Dr. Hans Wagner, einem zu dieser Zeit in Rom lebenden Künstler, und viele der Innenraumausstattungen und der Möbel wurden von oder in Zusammenarbeit mit Carl Fieger entworfen, der 1911 in das Büro von Behrens eintrat.

Der kreative Anteil von Mies ist ungewiß. Später sagte er: „Unter Behrens habe ich die große Form gelernt, wenn Sie wissen, was ich meine." Auch er erwähnte das Brandenburger Tor als Inspirationsquelle für die Botschaft „etwas, das Berlin vermittelt". Unstimmigkeiten über die Durchführung des Bauprogramms brachten Mies offensichtlich dazu, bald nachdem der Bauunternehmer im Frühling 1912 den Rohbau fertiggestellt hatte, das Büro Behrens zu verlassen. In einem Bericht über ein Gespräch mit Mies (im Jahr 1961) schreibt Stanford Anderson, daß Mies erfolgreich mit den verschiedenen Anforderungen fertig geworden sei, die Behrens nicht bewältigen konnte, habe

Deutsche Botschaft, St. Petersburg, Perspektive.

diesen verärgert. Außerdem gab es Differenzen wegen Einzelheiten der Innenausstattung, die allem Anschein nach durch ein Versehen von Mies an die Presse durchsickerten, was Behrens wiederum verdroß.[23] In einem anderen Interview erinnert sich Mies an eine Auseinandersetzung mit Behrens über Berlages „Beurs" (Börse), für die sich Behrens früher sehr begeistert hatte. Sie zeigt ein andermal, daß Behrens durch seine Assistenten leicht zu provozieren war und ärgerlich reagierte. Mies hatte kurz zuvor (als er am Kröller-Projekt arbeitete) sich die „Beurs" gründlich angesehen und erwähnte sie Behrens gegenüber, der daraufhin meinte, seiner Ansicht nach sei sie inzwischen völlig „passé". Mies erwiderte aufmüpfig: „Na, wenn Sie sich da nur nicht sehr irren!", woraufhin „Behrens in Wut geriet – er sah aus, als wollte er mich schlagen."[24]

Dennoch bleibt der Eindruck, daß Mies Peter Behrens gefühlsmäßig und künstlerisch näher stand als Gropius oder Corbusier. Wenn auch bestimmte Aspekte im Verhältnis von Behrens zu Theorie und Entwurf in der weiteren Entwicklung aller drei zu erkennen sind, ist doch allein Mies dem Neoklassizismus treu geblieben und hat seine Vorliebe für die Verwendung kostbaren Materials beibehalten. Seine luxuriösen Häuser für reiche Auftraggeber liegen auf der Linie der Behrens-Villen. Als Mies 1927 mit der Weißenhofsiedlung in Stuttgart – einem Projekt des Werkbunds – beauftragt wurde, wurde Behrens eingeladen, obgleich er – wie Hans Poelzig – erheblich älter war als die anderen Teilnehmer.

Auch Behrens war, lange nachdem sie sich getrennt hatten, großzügig gegenüber Mies; Philip Johnson berichtet, Behrens habe den Barcelona-Pavillon von 1929 als das „bedeutungsvollste Bauwerk des 20. Jahrhundert" gepriesen.

Die Botschaft wurde ausführlich diskutiert, und als Staatsauftrag für einen Höhepunkt in Behrens' professioneller, wenn auch nicht seiner künstlerischen Laufbahn gehalten. Hoeber behauptete später, daß französische und russische Proteste gegen die „teutonische" Fassade der Botschaft ein Beweis für die Furcht der Entente-Mächte gewesen sei, ihre Geschmacksdiktatur könnte bedroht sein.[25] Sie ist als eine Art Prototyp für die offizielle Architektur im Dritten Reich angesehen worden. Man weiß, daß sie Hitler gefallen hat. Sie zog auch die Bewunderung eines obskuren Architekturstudenten in Moskau, Alfred Rosenberg, auf sich, der später aus seiner Heimatstadt Reval in Estland an Behrens schrieb und ihn um Rat für seine Laufbahn bat. Zu seiner Überraschung, so berichtete Rosenberg, erhielt er einen höflichen Brief, in dem er aufgefordert wurde, seine Zeichnungen vorzulegen. Schließlich aber blieben Rosenbergs Zeichnungen in Moskau, und er besuchte nicht Behrens, wie geplant, in Berlin, sondern reiste statt dessen nach München, wo er Hitler begegnete und einer der führenden Nationalsozialisten wurde.[26] In den dreißiger Jahren wurde Rosenberg dann sogar ein gefährlicher Gegner von Behrens.

Die Deutsche Botschaft wurde nur zwei Jahre nach ihrer Fertigstellung, bei Ausbruch des Ersten Weltkriegs, vom russischen Mob geplündert. Sie steht jedoch immer noch.

Industrie-, Büro- und Ausstellungsbauten, 1911 bis 1919

Büros

Im Januar 1911 begann Behrens an dem Entwurf für ein neues Zentralbüro der Mannesmannröhren-Werke in Düsseldorf zu arbeiten. Die bekannte Firma war damals mit der AEG verbunden, und Walther Rathenau gehörte zu ihren Direktoren.

Das Mannesmann-Bürohaus ist ein fünfgeschossiger, rechteckiger Block am Ufer des Rheins im Geschäftszentrum von Düsseldorf. Die Büros gruppieren sich um zwei Innenhöfe, die in der Mitte durch einen Versorgungstrakt – den beiden Haupttreppenhäusern, Fluren und Toiletten – miteinander verbunden sind.

Behrens hielt bei der feierlichen Eröffnung am 10. Dezember 1912 eine Rede, in der er den Entwurfsprozeß beschrieb, der ihn zur Lösung der gestellten Probleme in diesem – seinem ersten – Bürohaus geführt habe. Interessanterweise begann er in einer äußerst logischen Weise, und zwar beim Bürotisch.

„Als kleinstes Raumformat stellte sich das Bureau heraus, das nur einen Schreibtisch enthält, an dem sechs Personen arbeiten. Es bildet gewissermaßen die Einheit des Hauses, die Zelle des Gesamtkörpers. Genaue Abmessungen der Schreibflächen auf dem Tisch, der Tiefe des Schreibstuhles, des zum Passieren notwendigen Zwischenraumes zwischen Stuhl und Wand, wurden vorgenommen. Die Entfernung vom Fenster und den darunter befindlichen Heizkörpern, die Aufstellung kleiner Tische für die Schreibmaschinen und Tische zur Ablage von Akten wurden eingerechnet. Ein freier, unverstellter Durchgang von Tür zu Tür, endlich der nötige Raum für Aktenschränke wurden berücksichtigt. Das ergab den geringsten, aber ausreichenden Flächeninhalt eines Normalbureaus.

Die Grenzen dieses Raumes bestimmten gleichzeitig die Konstruktionspunkte. Es enstand eine Pfeilerstellung, so daß vier Pfeiler an den Schmalwänden des Raumes und in gleichen Abständen an der äußeren Korridorwand zu stehen kamen".

Dennoch stieß Behrens, wie er erklärte, wann immer er die Planung der einzelnen Stockwerke für die verschiedenen Abteilungen mit seinen Auftraggebern besprach, auf ein allem Anschein nach unlösbares Problem: Jeder Abteilungsleiter wollte nicht nur etwas anderes haben als die übrigen, sondern er wollte auch in der Lage sein, die Anordnung seines Raums nach dem Wandel der Zeit und der Umstände verändern zu können.

„So oft ich in Zusammenarbeit mit der Direktion versuchte, die einzelnen Abteilungen im Hause zu verteilen, die einzelnen Bureaus der Abteilungen an der passendsten Stelle festzulegen, so oft zeigte sich jedesmal, je nach der

Mannesmannröhren-Werke, Düsseldorf, Hauptverwaltung 1911/12.

Mannesmann-Hauptverwaltung.

Schnitt (oben links).

Grundriß Erdgeschoß (oben rechts).

Grundriß 2. Obergeschoß (rechts).

(Die Zeichnungen sind in verschiedenem Maßstab angelegt.)

Auffassung, ob der augenblickliche Geschäftsstand oder eine Entwicklung berücksichtigt wurde, daß eine andere Verteilung noch größere Vorteile bot.

So schien es mir, als ob für ein endgültiges Ziel niemals die richtige Anordnung gefunden werden könne.

Aus dieser Erfahrung ergab sich klar die Forderung, daß dem Organisationswillen und der Verfügungsfreiheit des Leiters eines so großen Verwaltungsbetriebes im Hause durch ein für alle Mal festgelegte Raumgrenzen kein Hindernis gesetzt werden kann. Und so entstand das Prinzip: im Gegensatz zu fest ausgeführten Mauern, die Zimmer von bestimmten Größen abgrenzen, jedes Stockwerk als eine frei nach Willkür einzuteilende Fläche anzusehen. Es muß also jederzeit in der Hand der Direktion liegen, je nach Bedarf, viele kleine Bureaus, oder einige große, übersehbare Säle herzustellen. Darum wurde also bei der Konstruktion auf tragende Mauern verzichtet und das ganze Haus auf einem offenen Pfeilersystem aufgebaut.

Die Wände, die nunmehr die einzelnen großen oder kleinen Räume abtrennen, sind freitragende, schallsichere Scherwände, die mit leichter Mühe herausgenommen oder an anderer Stelle aufgestellt werden können.

Der Grundriß zeigt, wie sämtliche Bureaus an den Außenseiten des Hauses liegen und ausnahmslos durch die gleiche Fensterordnung erhellt sind. Dadurch dürfte dieses Haus wohl das hellste und best belichtete Bureaugebäude sein, das zurzeit benutzt wird".

Er behauptete auch, daß je drei Fenster zwischen vier Stützen pro Büroeinheit den Raum besser, das heißt mit einem hellen, schattenlosen, dabei aber diffusen Licht ausleuchteten als eine einzige harte Lichtquelle.

Der Mannesmannbau ist eine steinverkleidete Stahl-Rahmen-Konstruktion. Der Sockel aus grobbehauenem Kalkstein verjüngt sich deutlich nach oben. Die folgenden Geschosse sind aus glattem Quaderstein, das Dach hat eine starke Neigung und ist mit Schiefer gedeckt. Daß der fertige Bau einem Florentiner Palazzo ähnelt, fiel nicht nur den Zeitgenossen auf, Behrens selbst erwähnt es in seiner Ansprache, in der er den Palazzo Strozzi und Medici-Riccardi als Prototypen der monumentalen, geschlossenen Form nennt, die er angestrebt habe. (Der Bau ähnelt von ferne auch Alfred Messels Hauptverwaltungsgebäude der AEG am Friedrich-Karl-Ufer in Berlin von 1905. Behrens gab seiner anhaltenden Bewunderung für Messel in dem Nachruf Ausdruck, den er 1909 schrieb und in dem er besonders das AEG-Gebäude – gerade im Zusammenhang mit Messels „Palladianismus" – hervorhob.)

Der Eingang von der zum Fluß gelegenen Seite zeigt dorische Säulen zu beiden Seiten des Portals und hatte ursprünglich im Tympanon ein Relief von Eberhard Encke.[2] Das Gebäude wurde in den dreißiger Jahren (nicht durch Behrens) erweitert und ist noch immer in ausgezeichnetem Zustand.[3]

Ein anderer – verwandter – Bürobau war die Hauptverwaltung Continental-Kautschuk- und Guttapercha-Gesellschaft (Continental Gummi-Werke) in Hannover-Vahrenwald. Konstruktion und Organisation der Büroeinheiten waren fast identisch mit denen bei Mannesmann, allerdings war der Bau in Hannover, der im Zweiten Weltkrieg zerstört wurde, größer: Die Fassade hatte eine Länge von 100 m, das Dach über den vier Geschossen auf niedrigem Rustikasockel war streng horizontal. Die Eckpilaster ähneln denen am Alten Museum Berlin. Die Büroräume schließen sich um zwei Höfe zu beiden Seiten einer großen Mittelhalle mit Arkaden und Säulen, ähnlich dem „cortile" eines Florentiner Palastes.

Continental Gummi-Werke, Hannover 1911/12, Eingangshalle.

Der 1912 begonnene Bau war 1914 gerade fertiggestellt und wurde während des Krieges als Lagerhaus für das Militär benutzt. Bis 1920 wurde er wiederhergestellt und vollendet.

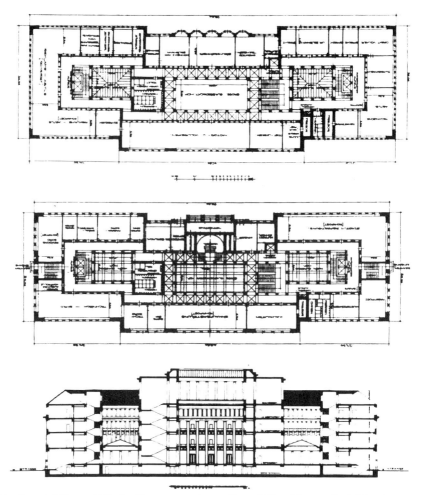

Continental Gummi-Werke, Hauptverwaltung. Grundriß 1. Obergeschoß (oben); Grundriß Erdgeschoß (Mitte); Schnitt (unten).

Ein Gebäude von ähnlichem Aussehen wurde 1917 für die neue Hauptverwaltung der AEG entworfen, aber nie ausgeführt. Ein weiteres verwandtes Projekt scheint das Bürohaus der T-Z-Gitterwerke in Berlin-Tempelhof (1911–1912) gewesen zu sein.

Bauen für Industrie und Verwaltung

Zu den bemerkenswertesten Entwurfszeichnungen, die aus dem Büro von Peter Behrens kamen, zählen die im Zusammenhang mit einer von der AEG geförderten elektrischen Eisenbahnlinie entstandenen. Diese sollte von Gesundbrunnen, im Norden Berlins (nahe dem Humboldthain), nach Neukölln im Süden der Stadt führen und war Bestandteil der AEG-Planung zwischen 1907 und 1914. Einige Abschnitte der geplanten Strecke mußten oberirdisch geführt werden, der größere Teil aber sollte eine Untergrundbahn sein. Zwischen 1910 und 1912 fertigte Behrens Zeichnungen eines Stahlviadukts an, der auf einzelnen Stützen ruhte, und zwei Fassungen eines hochgelegenen Bahnhofs, der vielleicht für Gesundbrunnen gedacht war.[4] Sabine Bohle meint, Behrens'

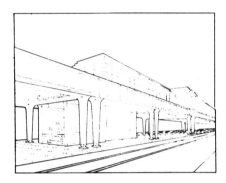

Hochgelegener Bahnhof, Perspektive, um 1910.

Handschrift in einem Entwurf von 1915 für einen geplanten Untergrundbahnhof in der Neanderstraße zu erkennen, und Behrens wird auch der Entwurf für den U-Bahnhof Moritzplatz zugeschrieben, obgleich heute nichts mehr über oder unter der Erde übrig ist, das sich Behrens zurechnen ließe.[5] Für Behrens war es nur ein kleiner Schritt vom Entwurf eines Bahnhofs zu dem einer elektrisch betriebenen Personenzug-Diesellokomotive für die AEG. Ein Exemplar dieser interessanten Entwurfszeichnungen wurde erst kürzlich – 1964 – in passablem Zustand gefunden.

Entwurf für eine Brücke über den Rhein, Köln, 1910/11.

Eine Hängebrücke über den Rhein

Anfang 1911 nahm Behrens zusammen mit Max Berg, Hans Poelzig und anderen an einem Wettbewerb für eine neue Brücke über den Rhein zwischen Köln und Deutz teil. Er entwarf – in Zusammenarbeit mit der Dortmunder Union-Stahlbau-Gesellschaft eine Hängebrücke, deren Fahrbahn zwischen zwei Pylonen aufgehängt war, die auf Senkkästen im Wasser standen. Für die Anfahrt zur Brücke plante Behrens auf beiden Seiten des Rheins Gebäude in der Art der Mannesmann-Hauptverwaltung. Sie sollten sich aber über Rustika-Arkaden erheben und so eine Uferstraße – in der Art des „Adelphi"-Plans der Brüder Adam für London – bilden. Sein Wettbewerbsbeitrag hatte jedoch keinen Erfolg.

Die Frankfurter Gasanstalt

Ein größerer Industriekomplex, der ausgeführt wurde und immer noch steht, waren die Gaswerke an dem damals neuen Osthafen in Frankfurt am Main. Wie bei den AEG-Betrieben sind die verschiedenen Bauten rund um eine Eisenbahnstrecke angelegt. Die Öfen am westlichen Ende liegen zwischen Kohlenhalden auf der einen Seite und Kokslagern – dem Nebenprodukt der Gasherstellung – auf der anderen Seite. Die Gasbehälter befinden sich so weit wie möglich entfernt am äußersten – östlichen – Ende des Geländes. Zwischen diesen beiden Gebäudegruppen ist eine Reihe bemerkenswerter, sorgfältig zueinander in Beziehung gesetzter Bauten angeordnet, die Behrens entworfen hat: auf der Seite nach Süden die eigentliche Gasfabrik und im Norden die Verwaltungsbauten und die Gebäude für die Techniker und Arbeiter.

Die durchweg rechteckigen Bauten bestehen aus einem L-förmigen Kraftwerk mit elektrischen Generatoren, einem Dampfkesselhaus, einem Laborato-

Frankfurter Gasgesellschaft, 1911/12, Perspektive.

rium und der Anlage für die Reinigung des Gases, einer Fabrik zur weiteren Behandlung der Ammonium-Nebenprodukte und einem großen Gerätehaus. Alle diese Bauten stehen in der Tradition der kleinmaßstäblichen Industrieanlagen des 19. Jahrhunderts, sie sind gut proportioniert, nicht zu hoch und haben mäßig steile Mansarddächer à la Schinkel. Auffallend ist die überaus sorgsame Behandlung des Backsteins. Die hohen rechteckigen Fenster in den breiten flachen Rahmen sind zwischen den Stützen zurückgesetzt. Der Klassizismus äußert sich hier in den Proportionen und in zurückhaltenden Details wie in dem Zahnschnitt an den Gesimsen.

Mitten zwischen diese Gebäude setzte Behrens das spektakulärste Bauwerk: einen hohen zylindrischen Wasserturm, der mit drei weiteren, durch Bogenbrücken untereinander verbundenen, niedrigeren Rundtürmen zusammenhing.[6] Diese drei Türme in lilabraunem glasiertem Klinker enthielten Pumpen und Kessel für die Lagerung von Teer und flüssigem Ammonium – beides industriell wertvolle Nebenprodukte der Gasherstellung. Die kraftvollen, aus der Geometrie abgeleiteten Formen sind entweder als Vorwegnahme expressionistischer Architektur bezeichnet worden oder man hat sie im Zusammenhang mit Ledoux' klassizistischem Industriekomplex in Arc-et-Senans gesehen.

Der Querschnitt durch diese Gebäudegruppe zeigt hingegen, daß es da wenig Raum für Phantastisches, für Formalismus oder Expressionismus gab: Jeder Teil dieser Konstruktion entspricht in seinen Ausmaßen dem Minimum des für die jeweilige Funktion erforderlichen Raums. Diese Funktion – der chemische Prozeß mit festen, flüssigen und gasförmigen Substanzen – erforderte unumgänglich ein Höchstmaß angepaßter, individueller Formen in allen Teilen dieser Industrieanlage und auch in ihrem baulichen Zusammenhang. Ihre Anordnung war ebenso wie ihre Form in erheblichem Umfang physikalisch bedingt und nicht durch menschliche Maße oder menschliche Tätigkeiten. Die Berücksichtigung des Ästhetischen war also äußerst eingeschränkt (wie bei so vielen elektrischen Geräten, die Behrens gestaltet hat): die Einbindung verschiedener Einzelheiten in glatte, saubere Formen, die Beachtung guter Proportionen, da wo dies möglich war, eine große Sorgfalt in bezug auf Farbe und Struktur der Oberflächen. Dennoch stimmen die Türme in amüsanter Weise mit dem Eschenheimer Turm in Frankfurt überein.

An der Nordgrenze des Geländes befinden sich die Produktionsstätten, die Sozialeinrichtungen, die Büros, das Haus des Geschäftsführers der Fabrik und ein Torhaus. Ein Gebäude für Meßgeräte und Regulatoren, etwas mehr in der Mitte des Geländes, vervollständigt die Anlage. Bei allen Ansprüchen der Industrie, für die diese Bauten geschaffen wurden, sind sie doch eine Überraschung: Sie sind klar überlegt in ihrer Beziehung zueinander und sorgfältig durchdacht in den Proportionen und den Details jedes einzelnen Baus. Das Haus des Geschäftsführers wird – vom künstlerischen Standpunkt aus – ebenso ernst genommen wie eine der Eppenhauser Villen, und das Torhaus steht in ähnlicher Beziehung zu diesem Bau wie die Gartenpergola zum Haus Wiegand. Entlang der Schielestraße sind die Gebäude differenziert und in der Weise durch ihre Farbe gekennzeichnet, daß der Unterschied zwischen Wohn-

Frankfurter Gasgesellschaft, Ehemalige Bürobauten, 1911/12.

Frankfurter Gasgesellschaft, Wasserturm, 1911/12.

funktion und industrieller Funktion stufenweise deutlich wird. So ist das Haus des Geschäftsführers aus gelbem Backstein mit dunkelbraunen Akzenten wie die Kapitelle der quadratischen Pfeiler. Im Bürogebäude sind gelber Backstein und dunkelbrauner Klinker etwa gleichmäßig verwendet; in den Sozialeinrichtungen tritt der gelbe Backstein zurück, während die Werkstätten und die übrigen Gebäude ganz aus dunkelbraunem Backstein gebaut wurden.

Es war ein langer Weg für Behrens von den „Festen des Lebens und der Kunst" bis hierher: von dem Traum, einen phantastischen Tempel für das schöne Schauspiel des Lebens zu errichten bis zu dem Entwurf und Bau strenger, funktional festgelegter Fabrikgebäude für Gaswerke auf ödem Industriegelände. Wenn er auch das Theater immer noch für das höchste Symbol einer Kultur gehalten haben mag, akzeptierte er nun, daß alle Manifestationen der modernen Zivilisation ein Gegenstand ernsthafter Erwägung für den Künstler waren.

Ausstellungen 1910–1914

Zu zwei Ausstellungen lieferte Behrens einen wichtigen Beitrag: zu der Ausstellung der Zementindustrie in Treptow bei Berlin und zur Weltausstellung in Brüssel. Beide Ausstellungen fanden im Sommer 1910 statt.

Die Brüsseler Ausstellung

Behrens war für wichtige Teile der deutschen Sektion verantwortlich: für die Maschinenhalle, die Eisenbahnhalle, die Halle für den Verband Deutscher Ingenieure, für den Ausstellungsraum der Delmenhorster Linoleumfabrik und für die Presseabteilung und die Bibliothek des Verbandes der Illustrierten-Verleger. An der Organisation des deutschen Beitrags auf der Messe war der Werkbund beteiligt.

Die Maschinenhalle stellte eine elegante Variante zur Turbinenhalle und der Montagehalle der AEG dar. Da es sich hier jedoch nicht um eine wirkliche Fabrik handelte, waren formal größere Freiheiten erlaubt, besonders bezüglich der inneren Höhe der Halle oberhalb der Laufkräne, die ähnlich wie in der AEG entlang der Achse des Gebäudes in Schienen rollten.

Die Maschinenhalle bestand aus einem 23 m breiten und etwa ebenso hohem Mittelschiff und zwei Seitenschiffen von jeweils 7 m Breite. Die volle Länge der acht Achsen betrug 35 m. Die senkrechten Hauptstützen aus Stahl im Mittelschiff setzten sich in gebogenen Trägern fort, die an einer Seite steil nach oben vorspringend das Dach der Haupthalle und an der anderen kräftig nach unten abgebogen die Dächer der Nebenschiffe bildeten. Ausgehend von diesen Trägern, überspannten Bogen den mittleren Raum, und am Rande der Konstruktion trugen kleinere senkrechte Stützen die Dachkanten der Nebenschiffe. Diese dienten zugleich als Verankerung der mächtigen Tragflächen des Innenraums.

Die geschwungenen Innenprofile dieser Bögen waren dunkelblau gestrichen, während die Innenfläche des Dachs mit einer weißen auf Nut und Feder

Maschinenhalle, Brüsseler Weltausstellung, 1910.

gearbeiteten Holzdecke verkleidet war. Nur der mittlere Bereich war verglast, was das schwebende Gleichgewicht des Raums noch betonte. In dieser Halle wurden schwere Maschinen und Motoren verschiedener Hersteller gezeigt.

Theodor Heuss (einer der entschiedensten frühen Förderer des Werkbunds) schrieb im Juni 1910 in „Die Hilfe" begeistert über die neue Halle von Behrens: „Dort, wo der reine Eisenbau siegreich vorwärts dringt, ist er zugleich künstlerisch bewußt geworden und hat einen Mann gefunden, der ihm, mit einer starken inneren Empfindung für alles Ingenieurmäßige, eine schlanke und feste Monumentalität gibt. Das ist Peter Behrens."

„Monumentalität" war übrigens ein Lieblingswort im Kreis um Behrens. Man fühlt durchaus mit der Stenotypistin, die 1909 in einem Brief an Osthaus versehentlich schrieb, „daß Herr Professor Behrens sich *monumental* auf einer vierzehntägigen Reise befindet". Er verbesserte es in „momentan".[7]

In der Halle des Verbands Deutscher Ingenieure lag das Ausstellungsmaterial in Schaukästen und hing an Stellwänden, deshalb mußte sie also nicht wie eine Fabrik aussehen. Sie war zum großen Teil – wie die Eisenbahnhalle – aus Holz und hatte in beiden Geschossen der Mittelhalle seitliche Galerien. In diesen hingen von schweren runden Konsolen unter einem Metopenfries zeltartige Draperien herab. Die Eisenbahnhalle war – in Zusammenarbeit mit dem Münchner Ingenieur Hermann Kügler – aus Holzbalken konstruiert, die nach einem patentierten System bearbeitet waren. So wie die Maschinenhalle einer Fabrik ähnelte, sollte diese Halle einen Bahnhof suggerieren.

Die Ausstellung der Zementindustrie
Hierbei handelte es sich um eine Ausstellung von Baumaterialien wie Kalkstein, Lehm, Ton, Kunststein, Zement und Stahlbeton. Sie wurde in Verbindung mit der dritten Jahrestagung des Werkbunds veranstaltet und hatte das Ziel, Ingenieure, Architekten und Industrielle von den künstlerischen und praktischen Möglichkeiten synthetischer Materialien zu überzeugen.[8]

Behrens legte vor den Pavillons der Zement- und Kalksteinindustrie nebeneinander zwei rechteckige Höfe an und in deren Mitte abgesenkte Gärten. Der Pavillon der Zementindustrie und das Eingangstor erhielten beide einen Giebel mit einer sechsmal gebrochenen Kurve. Hinzu kam ein kleines zweigeschossiges Haus. Alle diese Gebäude und die Höfe demonstrierten die vielfältigen Anwendungsmöglichkeiten und Eigenschaften der verschiedenen Produkte. Außerdem wurden Skulpturen aus Kunststein von Richard Engelmann aus Berlin-Dahlem gezeigt.

Die Weltausstellung, Gent
Im Sommer 1913 wurde Behrens auf Initiative des Deutschen Museums für Kunst in Handel und Gewerbe in Hagen ein Raum für eine Retrospektive seiner Arbeiten auf der Weltausstellung in Gent gewidmet. Das Museum war eine Einrichtung, die Behrens' Förderer Osthaus geschaffen hatte. Osthaus hatte diesen Raum als Mittelpunkt der Ausstellung geplant und konnte Behrens mitteilen, daß er dafür den Grand Prix bekommen sollte. Unter den gleichen Voraussetzungen war im Jahr zuvor eine Wanderausstellung in die Vereinigten Staaten gegangen, die viele Arbeiten von Behrens enthielt und deren Katalog er gestaltete. Beide Ausstellungen trugen erheblich zu seinem Ruf in Deutschland und im Ausland bei.[9] Den Höhepunkt seines Ruhms erreichte er 1913 mit der Veröffentlichung von Fritz Hoebers prächtiger und wichtiger Monographie über ihn. Dies war eine einzigartige Auszeichnung zu der Zeit für einen lebenden deutschen Architekten und ungewöhnlich für Architekten jeglicher Nationalität außer etwa Wright und Lutyens. Im gleichen Jahr wurde Behrens in das geschäftsführende Komitée des Werkbunds gewählt und war als Komitée-Mitglied verantwortlich für die Kölner Werkbundausstellung von 1914.

Die Werkbundausstellung von 1914
Dies war die bislang größte und umfassendste Werkbundausstellung. Sie umschloß Kunsthandwerk, Industriedesign, Graphikdesign, Architektur und Stadtplanung. Osthaus bat Behrens auch, ihm bei dem Entwurf eines Raums für die Ausstellung „Meisterwerke der angewandten Kunst" behilflich zu sein. Noch wichtiger ist aber, daß Behrens auch die zentrale Festhalle der Ausstellung entwarf, die zu Vorträgen, Diskussionen und als Tagungsort für die siebente Jahrestagung des Vereins dienen sollte.

Die langgestreckte rechtwinklige Halle hatte als Fassade eine Variation über ein Thema Albertis in S. Andrea in Mantua und verband das Motiv der Tem-

Ton-, Zement- und Kalkindustrieausstellung, Berlin, 1910.

Festhalle, Werkbundausstellung, Köln, 1914.

pelfront mit dem des Triumphbogens. In den Bogen über dem Eingang stellte Behrens einen verkleinerten Abguß von Enckes Dioskuren von der Petersburger Botschaft. Das Innere erinnert an das Krematorium in Hagen.

Dieser Innenraum war der Schauplatz der berühmten Diskussion über die künftige Richtung des Werkbunds, die zwischen Hermann Muthesius und Henry van de Velde und ihren Anhängern stattfand. Die erbitterte und explosive Auseinandersetzung ist in den vergangenen Jahren ausführlich beschrieben worden.[10]

Kurz dargestellt, ging es um folgendes: Muthesius betonte in seiner Einführungsrede – der er eine gedruckte Zusammenfassung seiner zehn „Leitsätze" als Vorschlag für die künftige Arbeit des Werkbunds vorangestellt hatte –, daß industrielle und ökonomische Gesichtspunkte von höchster Bedeutung seien und daß es die Aufgabe des Designers sei, funktionale „Einheiten", Modelle oder Typen für die Verwendung in der Architektur und den angewandten Künsten zu entwickeln. Er nannte das „Typisierung". Ihm widersprach van de Velde erbittert; er als Künstler betrachtete künstlerische Freiheit als unantastbar und die Aufgabe des Werkbunds, allgemein ausgedrückt, als die eines Vereins zur Hebung des Publikumsgeschmacks und der Umweltqualität. Gropius, der sich später als „enfant terrible" in dieser Angelegenheit bezeichnete und der Muthesius aus verschiedenen Gründen nicht mochte, sah in diesem Disput eine Gelegenheit, dessen Autorität anzugreifen und womöglich für sich selbst eine führende Stellung im Werkbund zu erringen. Aus diesem Grunde stachelte er die Opposition an und verschwor sich mit Osthaus, eine Sezession aller Muthesiusgegner vom Werkbund anzudrohen.

In dieser Auseinandersetzung übte Behrens – obgleich er mehr zu van de Veldes Standpunkt neigte – einen mäßigenden Einfluß aus.

„Ich muß offen sagen, daß ich mir nicht ganz klar darüber geworden bin, was Herr Muthesius unter ‚Typisierung' gemeint hat. Ich habe zunächst nicht daran gedacht, daß hierunter die Festlegung eines Kanons zu verstehen sei. Ich habe an typische Kunst gedacht, die für mich das höchste Ziel in jeder Kunstbetätigung bedeutet. Sie ist der stärkste und letzte Ausdruck einer tiefen Persönlichkeit. Sie ist die reifste und aufgeklärteste, von allem Nebensächlichen befreite Lösung eines zu schaffenden Objektes. Die besten Werke eines Künstlers werden nach diesen beiden Seiten hin stets Typen bedeuten. Es ist selbstverständlich, daß zum Beispiel ein Warenhaus, das als prägnanter Ausdruck dieser Erscheinung in die Wege tritt, eine bessere Architektur ist, als wenn es die Haltung eines Schlosses einnimmt. Das Streben nach dem Vollendeten hat in früher Zeit dazu geführt, daß zum Beispiel der Grundriß eines Wohnhauses nicht mehr besser zu gestalten war, daß alle an ihn gestellten Bedingungen für Schönheit und Zweckmäßigkeit erfüllt waren. Es entstand das für eine Stadt typische Wohnhaus, das sich mit feinen Variationen oft wiederholte. In diesem Sinne glaube ich das Typische in der Kunst zu verstehen. An ein Aufheben der künstlerischen Freiheit soll doch wohl nicht gedacht werden. Gerade die Gewährung der künstlerischen Freiheit muß eines der heiligsten Gebote der Werkbundbestrebungen bleiben..."

Er sagte weiterhin, daß Kunst keine Privatangelegenheit sei, keine Geliebte, der man zu dienen hätte; daß man nicht länger eine Ästhetik wolle, die ihre Maßstäbe aus romantischen Tagträumen beziehe, sondern eine, die auf den Realitäten des Lebens gegründet sei. Professor August Hoff erinnerte sich an Behrens Äußerungen in dieser Debatte, der er als junger Student beigewohnt hatte. Der Maler Thorn-Prikker hatte ihn mitgenommen. Er hatte Behrens' Stimme als „männlich und sonor" im Gedächtnis. Behrens habe in seinem Auftreten „vornehme Zurückhaltung mit patrizierhaftem Stolz verbunden, war aber im vertrauten Kreise liebenswürdig und humorvoll."[11]

Als Behrens nach der Konferenz wieder in Darmstadt war, schickte er Osthaus folgendes Telegramm:

„erfahre aus berlin über konflikt durch aufsätze in zeitungen bin gewiss für unbedingte freiheit des individuellen schaffens halte aber für notwendig dass werkbund auf dieser grundlage erhalten bleibt rate darum secession vorerst zu vermeiden und klärung durch aussprache massgebender personen zu bewirken würde spaltung in diesem falle für abgeschmackt halten und bedauern glaube als ihr und der sache freund zu raten behrens."[12]

Osthaus und Gropius waren ärgerlich darüber, daß Behrens zur Mäßigung riet. „Vage wie immer in seinem Verhalten", schrieb Osthaus an Gropius. „Behrens' Stellung ist höchst bedenklich ... wie es scheint, denkt er, die Rolle des großen Vermittlers zu spielen."[13] In der Folge werden die Beziehungen zwischen Osthaus und Behrens als distanziert beschrieben.

Die Kontroverse wurde für einige Zeit aufgeschoben. Obgleich die Plakate von Behrens die geplante Dauer der Ausstellung von Mai bis Oktober angaben, wurde sie erst im Juli eröffnet. Im August brach der Krieg aus. Die Ausstellung wurde geschlossen. Innerhalb weniger Wochen waren die Hallen und Pavillons ein Notlazarett, das sich mit Verwundeten von der Westfront füllte.

Ein nicht ausgeführtes Projekt

Anfang 1913 war Behrens mit den Entwürfen für die geplante Neugestaltung des Holstentors in Lübeck befaßt, eine Sache, welche die Bevölkerung der Stadt seit vielen Jahren mit Berichten, Vorschlägen und Wettbewerben beschäftigte.[14] Zum Gedenken an Wilhelm I. sollte ein „Volkshaus" entstehen, ein öffentliches Zentrum mit Bibliothek und Vortragssaal; außerdem war ein Reiterstandbild für den Kaiser (von Tuaillon) vorgesehen, eine neue Brücke über die Trave und, als Umrahmung des Ganzen, die Umgestaltung des Platzes und die Einbeziehung des mittelalterlichen Holstentors mit seinen dicken, runden Türmen. Behrens arbeitete einige neoklassizistische Pläne aus. Sein Wettbewerbsbeitrag war ein sehr einfacher rechtwinkliger Block mit dicht gestellten hohen Fenstern in der ganzen Höhe des Obergeschosses und ein Eingangsportiko mit einem dreieckigen Ziergiebel. Die Pavillons zu beiden Seiten des zentralen Blocks schlossen einen weiten Außenraum ein. Ein anderer – früherer – Entwurf hat mit seiner betonten Mittelkuppel einen stark palladianischen Charakter. Den beschränkten Wettbewerb gewann ein neugotischer Entwurf von Emil Blunck. Eine Kontroverse zu der relativen „Modernität" von Behrens und dem Eklektizismus des ausgezeichneten Entwurfs wurde eine Zeitlang in den „Lübeckischen Blättern" und anderswo ausgetragen. Sie ist vielleicht nur deswegen wichtig, weil Arthur Moeller van den Bruck den Behrensschen Beitrag glühend verteidigte. Moeller van der Bruck sollte 1922 als Autor von „Das Dritte Reich" (ein Buch, das prägend war für gebildete Anhänger des Nationalsozialismus) bekannt werden. In seinem anderen Werk „Der preußische Stil" pries er Behrens als architektonischen Erben der Tradition eines Schinkel und eines Gilly. Obwohl es von Grund auf konservativ war, wurde es zu einem der Kultbücher für diejenigen unter den Nazis, die als Intellektuelle galten. Dieses Lob trug in den späteren Jahren dazu bei, Behrens (wie auch Hans Poelzig, den Vorgänger von Behrens an der Preußischen Akademie der Künste, der gleichfalls von Moeller empfehlend hervorgehoben wurde) in den Augen einiger Machthaber im Dritten Reich zu rehabilitieren.

Die C.-W.-Julius-Blancke-Werke

Behrens' erster Kontakt mit der Firma C.-W.-Julius-Blancke-Werke in Merseburg an der Saale war der Auftrag, Zifferblätter für die bei ihnen hergestellten Manometer zu entwerfen. Im Januar 1912 jedoch wurde er mit dem Entwurf eines neuen Fabrikgebäudes beauftragt, das im Zusammenhang stand mit einer Wohnsiedlung für Angestellte. Eine Reihe verschiedener Wohnungstypen wurde entwickelt: von Zimmern für unverheiratete Angestellte bis zu Einfamilienhäusern für Ingenieure und Büroangestellte. Das Hauptterrain sollten die zwei- und viergeschossigen Wohnbauten für Arbeiter und ihre Familien einnehmen. Die Häuser wirkten im allgemeinen mit ihren steilen Dächern und Mansardenfenstern wie kleine Geländehäuser, und das Land ließ Gärten, Bäume und eine großzügige Parkanlage zu. Wie in Hennigsdorf lagen die Arbeiterwohnhäuser meist in einer Reihe, die aber in gewissen Abständen nach vorn oder rückwärts im rechten Winkel abbog, um Raum zu lassen für Vorgärten und die Möglichkeit zu schaffen, die Umgebung der Häuser unterschiedlich zu gestalten.

Die Entwürfe – eine Variante der Gartenstadt-Idee – zeigen die Häuser umgeben von dichtgepflanzten Bäumen. Bereits 1908 hatte Behrens geäußert, daß er einer dichten Anordnung der Bauten der verstreuten Anlage von Ebenezer Howard den Vorzug gäbe.[15] Hoeber nannte – in der Entstehungszeit dieser Entwürfe – Voysey als möglichen Einfluß neben historischen deutschen Vorbildern für einfaches Wohnen, wie die Fuggerei in Augsburg oder die Grabenhäuschen in Ulm – Überreste aus dem 16. und 17. Jahrhundert.

Die Kriegsjahre

Behrens' Vertrag mit der AEG endete 1914. Obgleich er nicht offiziell erneuert wurde, arbeitete er auch weiterhin von Zeit zu Zeit an AEG-Projekten – zum Beispiel für die NAG-Fabrik in Oberschöneweide und auch für die Fabriken in

Hennigsdorf. Sein Assistent Jean Krämer übernahm an seiner Stelle eine ähnliche Tätigkeit als architektonischer Berater der AEG.

Als Reaktion auf die Welle patriotischen Gefühls, die über Deutschland hinwegfegte, unterzeichnete auch Behrens das bekannte Manifest der deutschen Universitätslehrer und Wissenschaftler (insgesamt 93 deutsche Intellektuelle). Dieses „an die Kulturwelt" gerichtete Manifest verteidigte Deutschland gegen die Anklage der Kriegsschuld und gegen den Vorwurf, die Neutralität Belgiens verletzt zu haben. Unter den bedeutenden Unterzeichnern waren Dehmel, Klinger, Liebermann, Reinhardt, Planck, von Stuck, Trübner und Wiegand. Behrens war auch an der Gründung des „Bundes deutscher Gelehrter und Künstler" beteiligt, in dem sich etwa 1000 politisch neutrale Intellektuelle und Künstler mit der deutschen Sache identifizierten, die, grob gesprochen, in dem Kampf gegen den britischen Imperialismus gesehen wurde, einem Kampf also um ein nationales und kulturelles Überleben. Sie befürworteten Friedensverhandlungen ohne Gebietsannexionen auf beiden Seiten. Die Künstler unter den Mitgliedern neigten zum Beispiel dahin, sich von der (durch Friedrich Naumann ermutigten) Verbindung der Werkbundbestrebungen mit deutscher Außenpolitik zu distanzieren, mit anderen Worten, von einer offenen Unterstützung einer Politik der industriellen und kulturellen Vorherrschaft in Europa durch wirtschaftliche Expansion und Außenhandel.[16]

Dennoch erhielt Behrens – obgleich er mit sechsundvierzig Jahren zu alt für den aktiven Dienst war – die Erlaubnis, seine Uniform zu tragen, er war in den neunziger Jahren[17] Reserveoffizier geworden, und er besuchte verschiedene Male mit General Scheffer das IX. Armeekorps an der Ostfront. Er nahm auch an einem beschränkten Wettbewerb für ein „Haus der Freundschaft" für den deutsch-türkischen Verein in Konstantinopel teil. Diese Idee, die einigen als imperialistisches Vorgehen erschien, wurde von Ernst Jäckh, dem damaligen Generalsekretär des Werkbunds, vorangetrieben. Das Haus sollte eine Bibliothek und einen Lesesaal, einen Konzertsaal, ein Theater, Ausstellungsräume, ein Café und so weiter erhalten, um die deutsch-türkische Freundschaft zu festigen. Die Türken stellten das Baugelände zur Verfügung, der deutsch-türkische Verein die Mittel; man erwirkte die Schirmherrschaft des Kaisers und des Sultans. 1916 wurden zwölf Architekten aufgefordert, Entwürfe einzureichen, einer von ihnen, Gropius, konnte nicht teilnehmen, weil er nicht von der Armee freigestellt wurde.[18] Behrens erhielt den zweiten Preis nach German Bestelmeyer. Der Plan wurde nur zum Teil realisiert.

Während des Krieges bemühten sich beide gegnerischen Seiten, neutrale Länder durch kulturelle Veranstaltungen verschiedenster Art zu beeinflussen. Zu diesem Zweck organisierte der Werkbund Ausstellungen im Gewerbemuseum in Basel (März–April), im Museum in Winterthur (Mai–Juni), in Bern (Juli), in Kopenhagen während des Jahres 1917/18. Das Auswärtige Amt subventionierte diese Ausstellungen. Behrens war für die Schweizer Ausstellungen verantwortlich und entwarf einen sehr attraktiven auseinandernehmbaren Pavillon aus vorfabrizierten Holzteilen für die Ausstellung in Bern. Gustav Ammann, ein Schweizer Gärtner, der mit Behrens am Garten um den Pavillon gearbeitet hatte, erinnert sich in einem Brief auf die Nachricht von seinem

Tode (1940) mit Sympathie an ihn: „Bei aller Reserviertheit war Peter Behrens ein liebenswürdiger Mensch. Er hatte eine ganz besondere Zuneigung zu den Pflanzen. Oft erschien er auf seinen Reisen in der Gärtnerei Froebel und wollte die neuesten Christrosenzüchtungen sehen. Auf seinem Gute in Babelsberg hegte und pflegte er seinen Garten als echter Liebhaber".[19]

Zu dieser Zeit berieten Behrens und Muthesius als Vertreter des Werkbunds die deutsche Regierung in architektonischen und Baufragen im „Normenausschuß der deutschen Industrie". In der Folge wurde das DIN-Format mehr und mehr auf eine Reihe verschiedener Industrieprodukte angewandt.

Interessante Unternehmen während des Kriegs waren die elegant proportionierte Fabrik (1917) und die Flugzeughallen (1919) für die Hannoversche Waggonfabrik AG (Linden). Das Innere der Produktionsräume in der Fabrik ist der Maschinenhalle in Brüssel nicht unähnlich.

Ein erheblicher Teil der Arbeit im Büro Behrens galt jedoch der Entwicklung von billigen Wohnungen: einer Siedlung in Lichtenberg (einem östlichen Vorort von Berlin), von der zwischen 1915 und 1918 nur ein kleiner Teil verwirklicht wurde, und einer weiteren 1917 in Spandau (im Westen Berlins). Beide haben viel gemein mit der Merseburger Planung.

1918 kamen einige Häuser zu der AEG-Wohnsiedlung in Hennigsdorf hinzu. Diese Reihe an der Paul-Jordan-Straße umfaßt elf freistehende Reihenhäuser (mit 22 Wohnungen), die so angeordnet sind, daß jedes dritte Haus von den übrigen zurücktritt und ein Mäanderband entsteht, das uns seit den Wohnbauten von 1911 in der Rathenaustraße vertraut ist. Das Auffallende an diesen einfachen, zweigeschossigen Häusern mit ihren schwach geneigten Dächern ist das neue Material, aus dem sie errichtet sind. Infolge der Materialverknappung wurden hier Blocksteine aus einer Mischung von Beton und Klinkerbruch benutzt und unverputzt gelassen.

In der ersten Nachkriegszeit sind zwei Wohnbausiedlungen im östlichen Deutschland von großem Interesse. Die eine von 1919 war für eine Genossenschaftssiedlung für Industriearbeiter in der Textilstadt Forst (Lausitz), jetzt an der Grenze zu Polen. Man hatte hier die Lebensweise der Arbeiter berücksichtigt, die aufgeteilt war zwischen der Arbeit in der Fabrik und der auf ihrem kleinen Landbesitz. Die Häuser wurden eng mit Handelsgärtnereien und Schrebergärten verbunden und zwischen die Felder bewegliche Zäune gesetzt, so daß die genossenschaftlich gehaltenen Landwirtschaftsmaschinen verwendet werden konnten. Auf diese Weise wurde hier durch die Kooperative die Fortführung einer halb bäuerlichen, halb proletarischen Existenz angeboten und gefördert, die sonst im allgemeinen jäh abgebrochen oder nur unter der ständigen Gefahr weiterer Industrialisierung durchgehalten wurde.

Eine ähnliche Unternehmung in Neusalz an der Oder in Schlesien (jetzt Polen) war deswegen bemerkenswert, weil Behrens die Mitglieder dieser Bergbaugemeinde nach ihrer Meinung über ihr künftiges Heim befragte. Er beschrieb die Rolle des Architekten in diesem Zusammenhang als die eines Koordinators, der die Wünsche sowohl der Bauherrn als auch der Benutzer (vor allem Kriegsveteranen) ausführt.[20] Die beiden ungewöhnlichsten Wünsche, die geäußert wurden, waren, daß keine Treppen oder Stufen im Haus sein

Häuser in Hennigsdorf, 1918-1920 (links).

Hannoversche Waggonfabrik, Flugzeughalle, Hannover, 1915 (Mitte).

Werkbundpavillon, Bern, 1917 (unten).

sollten und daß der Eingang durch den Garten vom Hause aus zu überblicken sein sollte. Behrens und sein Kollege Heinrich de Fries entwickelten drei Haustypen: Das erste, ein zweigeschossiges Haus mit vier Wohnungen, die von einem gemeinsamen Treppenhaus abgingen, hatte einen durchgehenden Balkon im ersten Obergeschoß. Die Gärten der Erdgeschoßwohnungen lagen auf einer Seite der Reihe und die der Obergeschoßwohnungen auf der anderen. Bei einem anderen Haustyp führte die Treppe zu den Wohnungen im Obergeschoß an der einen Seite des Hauses entlang, so daß man von den Gärten auf dieser Seite direkt auf den Balkon gelangte. Ein dritter Typ bestand aus Einfamilienreihenhäusern mit Eckhäusern, die vier Wohnungen enthielten. Diese Idee, wo zu jeder Wohnung in einer Siedlung von ziemlich hoher Dichte bei niedrigen Mieten ein eigener Garten gehörte, den man von jedem Wohnzimmer aus sehen konnte, nannte Behrens das „Doppelgartenhaus"-System. Sie wurde weiterentwickelt zu einem Entwurf, den er das „Terrassenhaus" nannte: ein viergeschossiger Wohnblock, bei dem jede Geschoßebene den Dachgarten für die nächsthöhere bildet. Eine Weiterentwicklung dieser Idee war Behrens' Beitrag zur Weißenhofsiedlung 1927 in Stuttgart.

Als Ergebnis dieser intensiven Arbeit für den Massenwohnungsbau (weitere Pläne wurden, wie schon erwähnt, für Spandau entwickelt; dann 1920 für Potsdam-Nowawes; für Grossenbaum und für Babelsberg) veröffentlichten Behrens und de Fries 1918 gemeinsam eine Broschüre „Vom sparsamen Bauen". Sie untersuchten das Problem, wie man schneller und sparsamer bauen konnte in einer Zeit, da Baumaterial knapp war und neue Wohnungen dringend gebraucht wurden. Sie plädierten für eine standardisierte Anlage von Grundwohnungstypen, die „vom Standpunkt des Arbeiters aus zu überdenken" waren, und zu diesem Zweck moderne Konstruktionsmethoden, bei denen Stahlbeton und Hohlblocksteine verwendet würden, möglichst zu ra-

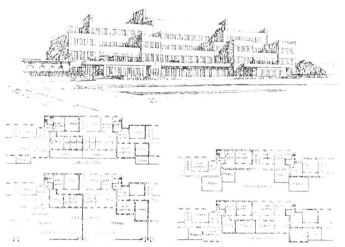

Terrassenhäuser, 1920: Perspektivzeichnung und Grundrisse.

tionalisieren, um eine weitgehende Mechanisierung in der Produktion und Montage von Baumaterial für Massenwohnungsbau zu erreichen. Eine harmonische Mischung von kleinen Reihenhäusern mit dazugehörigen Schrebergärten und niedrigen, mehrgeschossigen Miethäuserblocks würde Vororte mit einem differenzierten Wohnungsangebot schaffen. Die Autoren kritisierten streng die „Sentimentalität und die falsche Romantik" mancher Architekten, die Arbeiterwohnungen nach dem Vorbild von kleinstädtischen oder dörflichen Traditionen bauten (eine Tendenz vor allem bei Architekten, die sich später aktiv dem Nationalsozialismus zuwandten).

Eingebaute Schränke und anderes festes Zubehör, so meinten sie weiter, könnten billiger sein als freistehende Möbel. Überdies sollten kleinere, leichtere und billigere Möbel entworfen werden, um soviel Raum wie möglich zu gewinnen. Die Ausstattung von Schiffskabinen wurde als Beispiel dafür genannt, wie sich mit derartigen Möbeln eine akzeptable, angenehme und bequeme Wohnumwelt schaffen ließ. Die Broschüre schlägt auch vor – wie Behrens bereits 1908 in seinem Artikel „Die Gartenstadtbewegung"[21] –, in solche Wohnungsplanungen Gemeinschaftseinrichtungen wie Kinderkrippen, Bäder, eine Bibliothek und einen Versammlungsraum einzubeziehen.

Das zentrale Thema der Broschüre „Vom sparsamen Bauen" ist selbstverständlich die Arbeiterwohnung, auf diese Weise bekräftigt der Essay bewußt oder unbewußt die Überzeugung von einem klassenspezifischen Wohnen. Für Beamte und den Führungsstab der Hamburger Reedereien konnte Behrens wieder ganz und gar zu der Gartenstadt-Vorstellung im englischen Sinne zurückkehren. Seine Siedlung für die Deutsche Werft in Altona-Othmarschen (1920) aus individuellen Backsteinhäusern mit riesigen malerischen Dächern mit einer Neigung von 45 Grad steht in bemerkenswertem Kontrast zu seinen anderen Planungen aus der gleichen Zeit.

Die zwanziger und dreißiger Jahre

Behrens begrüßte die neue Republik. In einem Artikel von 1919 schrieb er, daß die neue Zeit nach einem kulturellen Ausdruck ihres Geistes verlange; alle Anstrengungen sollten gemacht werden, um das kulturelle Niveau zu erreichen, auf dem sich eine universale Kunst unter der Führung der Architektur entwickeln könne.[1] Auf praktischer Ebene beteiligte er sich auf Einladung der deutschen verfassunggebenden Versammlung in Weimar an der Formulierung der republikanischen Reichsverfassung.

Zur gleichen Zeit zog er sich aus der Geschäftsführung des Werkbunds zurück, um nur noch beratend tätig zu sein. Die konservativen Elemente im Werkbund standen wieder einmal wie schon 1914 unter dem Druck der Linken und der eher zur Avantgarde gehörenden Mitglieder. Obgleich Behrens zu diesem Zeitpunkt eindeutig zu den konservativen „Älteren" der Organisation gehörte, erwog er – zusammen mit Poelzig –, den „Arbeitsrat für Kunst", mit dem Gropius eng verbunden war, mit dem Werkbund zusammenzuschließen. Dessenungeachtet bezeichnete Gropius Behrens, Poelzig, Paul und Muthesius als „Architekten-Hochstapler". Zu diesem Zeitpunkt empfand Behrens offensichtlich keinerlei Feindschaft gegen entschieden republikanische, radikale Organisationen; 1924 stellte er mit der „Novembergruppe" ein Modell für ein Turmhaus am Kemperplatz (von 1921) aus. Um 1925 war er allem Anschein nach Mitglied der Gruppe und stellte 1926 wieder mit ihr aus.[2]

Eins ist auffallend an diesen unmittelbaren Nachkriegsjahren: Behrens warf die „Sachlichkeit", die, verbunden mit dem Neoklassizismus, den „Behrens-Stil" ausgemacht hatte, über Bord. Er gehörte zu denen, die Bauten entwarfen, die so expressionistisch waren wie die Bilder der mit der Novembergruppe verbundenen Künstler. Einer dieser ersten Bauten war zugleich eine seiner größten Leistungen: die neue Hauptverwaltung der Farbwerke in Hoechst.

Die Farbwerke Hoechst (früher Meister, Lucius und Brüning) waren ein Teil der riesigen IG-Farben, eine aus dem halben Dutzend deutscher Gesellschaften, die vor dem Ersten Weltkrieg entstanden waren und die Weltproduktion synthetischer Farbstoffe beherrschten. Hoechst besaß außerdem eine pharmazeutische Abteilung.

Während dieses Zeitabschnitts, als Behrens an der neuen technischen Zentrale, den Verwaltungs- und Forschungsbauten für Hoechst arbeitete, machte Deutschland – als unmittelbare Folge des Krieges – heftige politische und soziale Umwälzungen durch: Frankfurt, das während des Krieges bombardiert worden war, wurde – 1920, nach dem Kapp-Putsch – von den Franzosen besetzt; im Januar 1923 besetzten die Franzosen das gesamte Gebiet an Rhein und Ruhr, das zu der Zeit durch einen Generalstreik gelähmt war. Im Sommer 1923 war die Mark, die seit 1921 gefallen war, auf eine Million für den Dollar

Hauptverwaltung der Farbwerke Hoechst, 1920–1924.

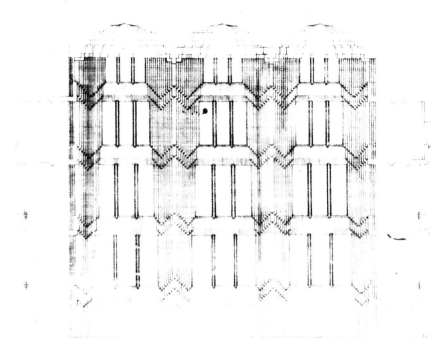

Farbwerke Hoechst: Querschnitt der Halle.

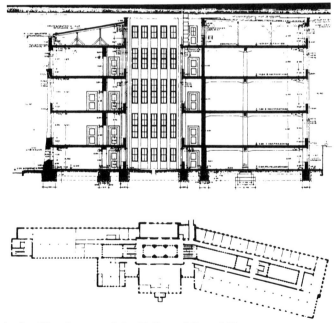

Querschnitt der Büroräume und der Halle und Grundriß.

gesunken. Behrens mußte während der Arbeit an diesem Auftrag darum bitten (in einer Zusatzklausel zu seinem Vertrag), sein Honorar gegen die Inflation abzusichern.[3] Die wirtschaftliche Situation verschlechterte sich durch den passiven Widerstand in den Fabriken, die aufgehört hatten zu produzieren, durch Demonstrationen, Verhaftungen und Schießereien und die Ausbeutung der chemischen Technologie durch die Franzosen. Ohne deren Erlaubnis konnte niemand das Werksgelände betreten oder verlassen.

Behrens wurde 1920 von Geheimrat Adolf Haeuser, den zu der Zeit leitenden Direktor, aufgefordert, den Entwurf der neuen technischen Zentrale zu übernehmen. Haeuser, ein Rechtsanwalt, hatte großes Interesse an Kunst und besaß eine umfangreiche Gemäldesammlung.

In der Aufforderung wurde die Dringlichkeit der Sache betont, und so hielt Behrens kaum einen Monat danach vorläufige Pläne und Vorschläge bereit. Der schriftliche Auftrag sah Verwaltungsbüros, Zeichensäle, Laboratorien, Archive, einen Vortragssaal und eine Ausstellungshalle vor, das Ganze auf einem langen, schmalen Grundstück gegenüber dem bereits bestehenden Bürohaus. Behrens schlug einen zentralen rechtwinkligen Block vor mit dem Haupteingang genau gegenüber dem alten Gebäude. Die beiden Bauten sollten durch eine am Fuß eines Turms abgehende Brücke miteinander verbunden werden. „Dadurch entstehen", wie Behrens es ausdrückte, „auf beiden Seiten des Turmes, sowohl für denjenigen, der von Höchst, als für denjenigen, der von Mainz kommt, malerische Platzbilder..."

Zu beiden Seiten dieses zentralen Baukomplexes folgen die nur wenig niedrigeren Büroflügel dem stumpfen Winkel der Straße. Die Fassade hat insgesamt eine Länge von etwa 150 m.

Im Stil weicht das Gebäude, das heute noch in gutem Zustand ist, erheblich ab von allem, was Behrens bisher gebaut hatte. Der Turm hat eine große Phantasieuhr mit gotischen Ziffern auf der Mainzer und eine kleinere auf der anderen Seite. In der Mitte der Brücke befindet sich zu beiden Seiten ein kleines V-förmiges Erkerfenster. Das beherrschende Motiv ist jedoch der parabolische Bogen. Er ist sowohl in der großen Brücke als auch in der oberen Fensterreihe des Turms, des Zentralbaus und der Büroflügel verwendet. Die kräftig betonten Gewölbesteine dieser Bögen sind aus hellerem Backstein. Für das Gebäude wurde Backstein mit zwei kontrastierenden Oberflächen verwendet. Die Sockel der Büroflügel verjüngen sich nach oben stark, und die rechtekkigen Fenster der Büros bilden vertikal betonte Gruppen in tiefen Nischen. Dennoch wird die Wirkung von Säulen oder Pfeilern mit ihrer betonten Vertikalen aufgehoben durch horizontale Bänder aus hellerem Backstein, die über die gesamte Fassade laufen. Die Bögen und der als Ausdrucksmittel verwendete Backstein erinnern an die zeitgenössische Architektur der Amsterdamer Schule (zum Beispiel Berlage und seine Gesinnungsgenossen Kramer und de Klerk)[4]; aber auch Poelzigs Chemische Fabrik in Luban (Posen) von 1912 und der Stuttgarter Bahnhofsbau von Bonatz (1913) könnten Behrens' künstlerisches Vorgehen beeinflußt haben.

Die tragende Konstruktion des Baus ist aus Stahlbeton, die nahezu flachen Dächer sind von einer niedrigen Brüstung verdeckt, die in Abständen von verschlungenen Eisenstäben durchbrochen wird, ein kühnes, mit mittelalterlichen Formen spielendes Detail.

Vom Haupteingang führen drei Türen in die Vorhalle des Hauptgebäudes, und von hier betritt der Besucher die Mittelhalle durch einen einzigen Zugang in der Mitte.

Die Halle ist eine von Behrens' erstaunlichsten Erfindungen. Sie führt durch die volle Höhe des Gebäudes – rund 15 m – und wird von oben durch zwei riesige sternförmige Oberlichter beleuchtet. An beiden Enden befindet sich je ein Treppenhaus, und die Galerien oder Flure zu beiden Seiten öffnen sich in allen Geschossen zur Halle hin. Die acht riesigen Säulen, welche die Galerien tragen, machen aus dieser konventionellen Anlage einen außergewöhnlichen Innenraum. Jede Säule ist im Querschnitt ein gestuftes Dreieck, wobei jede Stufe die Breite eines Backsteins hat. Durch eine zusätzliche, zwei Backstein breite Verkleidung auf jeder Seite des Dreiecks verdicken sich die Säulen nach oben. Die Reihen so entstehender vertikaler Stufen, die – gleichmäßig aufsteigend – nach außen vorspringen, erinnern von ferne an Orgelpfeifen oder an eine Paraphrase der gebündelten Streben an den Vierungspfeilern einer gotischen Kathedrale. Sie sind überdies farbig gegeneinander abgehoben.[5]

Behrens beschrieb dem Werksarchitekten Fehse im Januar 1923 die Abfolge der Farben. Er hatte sich während eines Aufenthalts in Wien mit diesem Gedanken beschäftigt (inzwischen hatte er seine Tätigkeit an der Wiener Akademie aufgenommen) und fügte vier Bogen mit farbig angelegten Zeichnungen bei. Einen, der eine Übersicht gibt, und zwei, die das Nebeneinander der Farben im einzelnen zeigen. Im Entwurf steht Gelb – die Farbe der Freude, die dem weißen Licht am nächsten kommt, wie Goethe in seiner Farbenlehre schreibt – ganz oben, unmittelbar neben den geschliffenen Oberlichtern.

Entsprechend den geschriebenen Instruktionen von Behrens, erhielt die

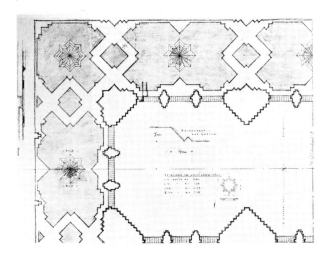

Farbwerke Hoechst: Teilgrundrisse der Halle, oberhalb der Linie: Erdgeschoß, unterhalb: 1. Obergeschoß.

153

Farbwerke Hoechst, Inneres der Halle.

Farbwerke Hoechst, Ehrenhalle der Gefallenen, Statue von Richard Scheibe.

mittlere, senkrechte Backsteinreihe das lichteste und leichteste Gelb. In den darauffolgenden Reihen zu beiden Seiten vertieft sich das Gelb zu Orange. Das gleiche Orange wurde dann wieder von der mittleren Reihe des Stufenbündels darunter aufgenommen, und dieses Orange vertiefte sich wiederum Stufe um Stufe zu Rot. Die mittlere Reihe darunter fing mit einem Karminrot als hellster und leichtester Farbe an und so weiter, so daß sich die Farben wie in der Abfolge des Spektrums entwickelten, bis schließlich die Säulen auf der Ebene des Erdgeschosses zu beiden Seiten von Grün in Blau übergingen.

So wie hier Farben und Töne von einem dunklen kühlen Blaugrün zum strahlenden Licht aufsteigen, gibt es kaum einen Zweifel daran, daß Behrens diesem Raum eine erhabene und transzendente Bedeutung geben wollte. Er sollte eine erregende Wirkung auf den Betrachter ausüben, der die Halle betrat. Der Blick nach vorn traf auf ein Bronzedenkmal des Bildhauers Richard Scheibe, die Figur eines Arbeiters darstellend, das in dem rechtwinklig an die Haupthalle anschließenden Raum stand und sich als Silhouette gegen eine riesige weiße Wand abhob, auf der die Namen von über sechshundert im letzten Krieg gefallenen Mitarbeitern standen.

Die Bezeichnung „Ehrenhalle", die gelegentlich für die Haupthalle verwendet wird, macht klar, daß die beiden Räume zusammengesehen werden müssen – als Grab- und Mahnmal, das sowohl Tragik als auch Hoffnung ausdrückte, und dies um so ergreifender in der Stimmung, die durch die französische Besatzung und das unsichere politische Klima hervorgerufen wurde.

Heute sind die Farben stark verblichen und kaum zu erkennen. Die Liste der Namen ist verschwunden, so daß die eigentliche Botschaft der Bronzefigur nicht mehr verständlich ist. Die Haupthalle macht einen mächtigen, düsteren und bedrückenden Eindruck. Wenn das immer so war, so mag diese Architektur zu etwas anderem geworden sein, als vom Architekten und seinem Auftraggeber beabsichtigt war.

Der Vortragssaal im zweiten Stock wurde während des Zweiten Weltkriegs – zusammen mit der Namenliste – zerstört, und der Ausstellungsbereich ist umgestaltet worden. Die Skulpturen von Ludwig Gies, die den Eingang schmückten, wurden während der Nazizeit abgetragen, da sie offensichtlich expressionistisch waren und daher als „dekadent" galten. Zwei Löwenreliefs hoch oben blieben davon verschont.

Die Dombauhütte in München

Ein weiterer Bau, der im Zusammenhang mit den Bauten für die Hauptverwaltung in Höchst gesehen werden sollte, ist der kleine Backsteinpavillon für die Münchner Gewerbeschau von 1922.

Behrens' „Dombauhütte" war ein kleines rechteckiges Gebäude, in dem Kultgegenstände in der Atmosphäre einer kleinen Kapelle gezeigt werden sollten. Die Außenwände bestanden aus einem heftig bewegten mehrfarbigen Backsteinmuster in Form einander durchdringender Zickzackbänder, die sich nach oben in die Giebel – an jedem Ende einer und je drei an den Seiten – fortsetzten.

Die Holzbalken der Dachkonstruktion durchdringen die Wände des Außenbaus und werden an den Ecken von pyramidalen Kragsteinen und an den Seiten durch Widerlager abgestützt. Das Dach ist mit kräftigen Dachpfannen gedeckt. Auch dieses ganze Gebäude erinnert an die Amsterdamer Schule.

Der Innenraum enthielt Werke religiöser Kunst von einigen Künstlern, für die sich Behrens zu der Zeit begeisterte. Da war ein Sarkophag von Richard Scheibe, ein Triptychon von Adolf Hölzel, ein farbiges Glasfenster von Alfred Partikel. In seiner Eröffnungsrede sagte Behrens:

„Was wir zusammenbrachten, konnte nicht mehr sein als die Durchführung eines Versuches. Vielleicht aber geben wir dadurch andern die Anregung, in besseren Zeiten Größeres zu leisten..."

Eines der eindrucksvollsten Ausstellungsstücke war ein Kruzifix von Ludwig Gies, den Behrens auch für das Hoechstgebäude beschäftigte. Dieses Kruzifix, das Paul Joseph Cremers in seinem Behrens-Buch von 1928 „als Symbol jener ganzen Kunstrichtung" ansah und das er voller Begeisterung beschreibt, erregte während der Ausstellung einen Sturm der Entrüstung, was in der Zukunft für Behrens ernste Auswirkungen haben sollte.

Der Widerstand gegen das Kruzifix im Zusammenhang mit der „Dombauhütte" ging von konservativen kirchlichen und künstlerischen Kreisen aus, die allem Anschein nach von den Nationalsozialisten unterstützt wurden. Unter der gerade frisch erreichten Führerschaft Adolf Hitlers waren sie zu der Zeit in München mit 6000 Mitgliedern besonders stark. Überdies gab es eine deutliche Übereinstimmung zwischen religiösen und nazistischen Vorurteilen in München. Nach heftigen Protesten wurde das Kruzifix entfernt und die „Dombauhütte" geschlossen. Behrens selbst mußte als Sekretär der Ausstellungsleitung der Schließung schriftlich zustimmen. Diese „Cause célèbre" aus dieser Epoche gilt als das erste entmutigte Nachgeben des Werkbunds und

„Dombauhütte" auf der Münchner Gewerbeschau, 1922.

Gebäude der Gutehoffnungshütte Oberhausen, 1921–1925.

anderer offizieller Stellen gegenüber extremistischen, politischen Eingriffen.[6]

Die späteren Auswirkungen dieses Vorfalls sind interessant. Die ganze Angelegenheit wurde im September und Oktober 1938 von Konrad Nonn wieder hervorgezerrt. (Nonn war Herausgeber des „Zentralblatts der Bauverwaltung", einer Veröffentlichung des preußischen Finanzministeriums und eine Dauerplage für das „Bauhaus" während seines ganzen Bestehens.)[7] Zu dieser Zeit äußerte die AEG den Wunsch, Behrens erneut als Architekt für den Bau ihrer Hauptverwaltung zu beschäftigen, die an der von Hitler und Speer projektierten Nord-Süd-Achse in Berlin geplant war. Nonns Briefe an den SS-Standartenführer Rattenhuber, die an Hitlers persönlichen Adjutanten, SS-Gruppenführer Julius Schaub, weitergegeben wurden, fügten in dem Versuch, Behrens' Teilnahme an dem Projekt zu verhindern, Photographien von der Seite in der „Zeitschrift für Bauwesen" aus dem Jahre 1923 bei, die das Innere und den Außenbau der „Dombauhütte" zeigen. Da stand zu lesen:

„Die sogenannte Dombauhütte, in welcher der blasphemische Christus von Gies nebst anderen kunst- und religionverhöhnenden Machwerken der Verfallskünstler ausgestellt waren, war ein besonderes Unternehmen des Prof. Peter Behrens."

Das Kruzifix habe, so behauptete er, bereits 1921 den Widerstand der Bevölkerung erregt, als es ein Gefallenendenkmal im Lübecker Dom werden sollte; man habe ihm den Kopf abgehauen und es in einen Teich geworfen. Dennoch habe Behrens immer weiter dekadente Künstler (wie Pechstein oder Prinz Max von Hohenlohe) um sich versammelt. Die Empörung des Volkes, so Nonn, habe dazu geführt, daß die Ausstellung durch die Polizei geschlossen wurde. Behrens sei danach in der Schweiz herumgereist und habe Bildvorträge gehalten, erklärte er, um einen Aufruhr in der Schweizer Presse „gegen die deutsche Kultur" zu entfachen. Die „Dombauhütten"-Affäre war ein zu dieser Zeit noch seltenes Beispiel für die Empörung der Nazis über moderne christliche Kunst. Was deren Agitation gegen die Kunst im allgemeinen angeht, so nahm sie die berüchtigte Ausstellung „Entartete Kunst" in München 1937 um 15 Jahre vorweg, eine Ausstellung, in der dieses Kruzifix des unglücklichen Gies noch einmal als Beispiel dekadenter Kunst zur Schau gestellt wurde.

Oberhausen: Die Gutehoffnungshütte

Obwohl er zu gleicher Zeit (1921–1925) wie die beiden eben erörterten Bauten realisiert wurde, ist der Komplex der Gutehoffnungshütte (der ein Verwaltungsbau, ein Lagerhaus, einen Öltank und ein weiteres Gebäude mit der Kantine, den Sozialeinrichtungen und ähnlichem für die Beschäftigten umfaßte) doch ganz anders im Stil. Der Gesamteindruck der Gebäudegruppe – mit der Betonung der Horizontalen durch flache weit vorkragende Dächer und die Akzentuierung des ganzen Komplexes durch Türme, deren horizontale weiße Bänder gegen dunklen Backstein gesetzt, eine polychrome Wirkung erzielten – erinnert an Frank Lloyd Wright. Die Konstruktion bestand aus backsteinverkleidetem Stahlbeton und Stahl; das Lagerhaus, das erhebliche Lasten von Stahl, Eisen und anderen Materialien aufnehmen sollte, wurde in fünf Abschnitten über einem 90 cm starken Betonfundament errichtet – eine Vorsichtsmaßnahme gegen die Absenkung des Bodens, der in diesem ganzen Gebiet erheblich unterminiert war. Für die Innenräume wurden für den Fußboden wie für die Wände großformatige Keramikplatten verwendet. Thorn-Prikker entwarf ein farbiges Glasfenster für das Bürohaus.

Wien

1921 wurde Behrens an die Düsseldorfer Akademie berufen, aber ein Jahr später verließ er sie bereits wieder, um als Nachfolger Otto Wagners, der kürzlich gestorben war, die Professur an der Meisterschule für Architektur an der Wiener Akademie anzunehmen.[8] Während seiner Zeit in Wien – wo er als Professor bis 1936 blieb – behielt Behrens seine Berliner Wohnung sowie sein Büro und seine Tätigkeit als Architekt bei. In einem Rückblick von 1930 faßte er die Ziele seiner Akademischen Meisterschule zusammen.[9]

Gleich im Rang und in der Organisation mit einer Universität, böte die Wiener Akademie der Schönen Künste, deren wesentlicher Bestandteil seine Schule sei, so erklärte er, bereits diplomierten Architekturstudenten aller Nationen Forschungsmöglichkeiten unter der Führung eines „Meisters". Behrens betont die umfassende Bedeutung der Stadtplanung, die verständnisvolle Zusammenarbeit mit Ingenieuren, die Verpflichtung der Architekten, gute Wohnungen im Massenwohnungsbau zu entwickeln, die Notwendigkeit des Interesses für das Handwerk und der Einbeziehung von Malerei und Bildhauerei in die Architektur. Mit Begeisterung schrieb er über die „neue Sachlichkeit" diese Qualität eines echten Realismus, die der Sache selbst eigentümlich sei, diese Vitalität, die unabhängig sei von äußerlichen Faktoren. Sie sei zugleich die körperliche Manifestation einer Sache und der Ausdruck der ihr innewohnenden Bedeutung.[10]

Die „freien Künste", so meinte er, seien in den vergangenen Jahrzehnten ihre eigenen Wege gegangen, und man müsse anerkennen, daß dies dazu geführt hätte, die rhythmischen und psychischen Spannungen unserer Zeit zu lösen.

Die Äußerung als Ganzes bezeugt einen „internationalen, modernen" Standpunkt und legt die Vermutung nahe, daß Behrens' Architekturverständnis während der späten zwanziger und dreißiger Jahre mit dem seiner jüngeren Kollegen, die dann nach dem Aufkommen des Nationalsozialismus emigrieren mußten, übereinstimmte.

Es gebe keinen Zweifel, heißt es weiter, daß das Zusammentreffen und Sichdurchdringen verschiedener, nationaler Eigentümlichkeiten und Geschmacksrichtungen, der Austausch von Bauerfahrungen in verschiedenen fremden Ländern und von kulturellen Traditionen dazu beitrügen, die Entwicklung einer modernen Architektur auf höchst günstige Weise zu beeinflussen.

Hugo Häring (der Berliner Architekt und Generalsekretär der Architektenvereinigung der „Ring") war sehr beeindruckt von der Wiener Meisterschule und berichtete über eine Ausstellung, die im März in Berlin stattfand:

„In Deutschland ist keine Akademie und keine technische Hochschule, die mit dem Geist dieser Wiener Schule sich messen könnte... und was junge Menschen im ersten Hinauslangen ihrer Phantasie von der Zukunft begehren, trägt einzig ihr Leben höher. Was kann man Klügeres tun, um solches Ziel zu erreichen als was Behrens tut, nämlich, den jungen Menschen die Bauobjekte nahezubringen, an denen die Phantasie der Gegenwart sich entzündet und die trächtig sind von Zukunft. Solche Aufbereitung junger Architekten für ihren Beruf ist eine Freude. Gestehen wir offen, daß Behrens uns überraschte. Und Deutschland?"[11]

Ein amerikanischer Architekt, William Muschenheim, der damals zu den hervorragenden Behrens-Studenten gehörte (er hatte den Behrens-Preis gewonnen), erinnert sich:

„Das wesentliche Charakteristikum seiner Lehrmethode war, daß er – nach seiner Erkenntnis der besonderen, individuellen, kreativen Fähigkeiten eines Studenten – darauf bestand, daß der Student lernen mußte, seine eigenen Fähigkeiten zu entwickeln und sich ihrer Beziehung zu der neuen Epoche bewußt zu werden, statt irgendwelchen vorbestimmten Regeln zu folgen... Er betonte auch, daß die Studenten voneinander lernen müßten... Wenn etwas an meinen eigenen Arbeiten von irgendeiner Bedeutung ist, so verdanke ich das in hohem Maße meinem Kontakt zu Behrens."[12]

Der Eindruck, den Behrens auf die Österreicher machte, stimmt mit dem, den er zeitlebens bei vielen hervorrief, überein. Ernst Plischke, zum Beispiel, entsinnt sich, daß Behrens' Freundschaft sehr reserviert und zurückhaltend gewesen sei. Plischke, der viel mit Engländern gearbeitet hatte, fand, daß Behrens einem Engländer ähnle. Überdies liebte er – im Gegensatz zu den Wienern – harte Getränke. Es scheint, daß Behrens längst von seiner entschiedenen Abstinenz abgekommen war. Auch Muschenheim bemerkt, daß „er gut lebte und gelegentlich gern Alkohol trank". Behrens stand während dieser Jahre in freundlichen Beziehungen zu Josef Hoffmann, dem Leiter der Wiener Werkstätte, und zu Graf Coudenhove-Kalergi, dem Antisemiten und Befürworter der Pan-Europa-Bewegung.

In den nachrevolutionären Jahren unmittelbar nach dem Krieg hatte Wien eine starke sozialdemokratische Kommunalregierung, die beschloß, sich auf ein ehrgeiziges Programm für öffentlich subventionierten Wohnbau einzulassen. Um diesen kommunalen Wohnungsbau zu finanzieren, wurden in den Jahren 1922 und 1923 Sondersteuern erhoben. Im September 1923 setzte sich die Stadtregierung das Ziel, 25 000 Wohnungen zu errichten. Zwischen diesem Zeitpunkt und 1934 wurden tatsächlich 64 000 Wohneinheiten geschaffen. Besondere Aufmerksamkeit in diesen neuen Wohnbauten sollte der Stadtplanung, der Hygiene und der allgemeinen Lebensqualität gelten.

Ungefähr ein Dutzend Architekten unter der Leitung von Karl Ehn, dem Leiter der kommunalen Bauverwaltung, wurde bei dieser neuen Planung beschäftigt, die später als herausragende Leistung des Wiener Stadtrats und als Beispiel für andere Städte galt.

Behrens entwarf 1924 einen Teil des Winarskyhofs (Wien XX). Dies ist ein langgestreckter Wohnblock, der, obgleich die abgezäunte Leystraße hindurchführt, wie eine Insel in einem weiten Fußgängerbereich mit Gärten und Kinderspielplätzen liegt. Dieser wiederum ist umschlossen von einer langen Reihe von Wohnblocks von Hoffmann, Frank, Strnad, Wlach und anderen.[13]

Im gleichen Jahr entwarf Behrens ein Wohngebiet an der Konstanzigasse 44 (Wien XXII) und etwas später, 1928, den Franz-Domes-Hof am Margaretengürtel 126–134 (Wien V).

Andere Arbeiten in den frühen zwanziger Jahren

Noch einmal zeigten Behrens' Arbeiten das unglaubliche Spektrum seiner Tätigkeiten. Zusätzlich zu den bereits erörterten Projekten nach dem Krieg, arbeitete er auf Einladung des Abtes Petrus Klotz bemerkenswerte Entwürfe für die Abtei von St. Peter in Salzburg aus. Außerdem entwarf er die Pfarrkirche St. Lambert in Essen-Rellinghausen; das Mausoleum des Industriellen Hugo Stinnes in Mülheim, Ruhr; eine neue Brücke, die Brigitta-Brücke in Wien; eine Villa für Alexander Hoffmann in der Penzigerstraße in Wien; ein Hauptbüro des Stumm-Konzerns in Düsseldorf; Briefkästen für die Deutsche Post; ein Porzellanservice für die Staatliche Porzellanmanufaktur Berlin; das Grabmal für Friedrich Ebert, den ersten Reichspräsidenten, auf dem Waldfriedhof in Heidelberg (mit Skulpturen von Karl Knappe); das Grab von Hans Jäckh in Ida (wobei er wieder Ludwig Gies als Bildhauer hinzuzog). Zusätzlich bearbeitete er eine Reihe von Ausstellungsprojekten, einschließlich des „Arbeitsraums eines Gelehrten" für die Wiener Ausstellung von 1923.

Von Interesse für die britische Architekturgeschichte ist das Haus, das Behrens für W. J. Basset-Lowke in Northampton baute. Dieses Haus, mit Namen „New Ways", war das erste Privathaus im „modernen, internationalen Stil", das in England gebaut wurde. Das 1923 entworfene und 1925 fertiggestellte Gebäude sollte nach dem Wunsch von Basset-Lowke ein einzelstehender zweigeschossiger Block sein, der alle erforderlichen Räume in einfacher Form und unter einem Dach enthielt.

Grabdenkmal für Friedrich Ebert, 1925.

Haus „New Ways", Northampton, England, 1923–1925.

Außerdem sollte noch ein von Charles Rennie Mackintosh entworfenes Zimmer aus einem anderen Haus einbezogen werden. Das Wohnzimmer mußte so groß sein, daß man darin tanzen konnte. Zentralheizung und Elektrizität in jedem Raum waren unerläßlich – auch wenn ein Kaminfeuer nach englischer Gewohnheit als Charakteristikum des Wohnzimmers beibehalten wurde. Die Zimmer des Hauspersonals mußten einigen Komfort aufweisen: In den Schlafzimmern sollte es heißes und kaltes fließendes Wasser geben, und die Dienstboten sollten ein eigenes Wohnzimmer erhalten.

Der U-förmige Grundriß mit Eingang, Diele und Treppenhaus in der Mitte und den zu beiden Seiten einer Loggia zum Garten hin vorspringenden Flügeln ist seit dem Haus Cuno typisch für Behrens' Bauweise. Die Mauerflächen unter einem flachen, hinter einer Brüstung verdeckten Dach sind mit glattem, weißem Stuck verputzt. Das merkwürdige Detail der kleinen länglichen schwarzen Blöcke oder auch Stangen, die rundum die Brüstung schmücken, sollten vielleicht an den Stil von Mackintosh oder Hoffmann erinnern. Die Gartentore und Eingangstüren waren ultramarinblau gestrichen.

Das Haus wurde in der „Architectural Review" vom 26. Oktober als große Novität besprochen, wobei einige Zweifel ausgedrückt und ein paar kleine Scherze auf Kosten seiner Modernität angebracht wurden. G. B. Shaw, der einmal Gast im Hause war, wurde gefragt, ob er gut geschlafen habe und soll geantwortet haben: „Ja, danke, ich schlafe immer mit geschlossenen Augen."

Zwei Ausstellungen

Als Reaktion auf die zeitgemäße Begeisterung für Glas als Baumaterial – bislang hatte Behrens kein großes Interesse an diesem Baustoff – wurden zwei seiner Ausstellungsprojekte von 1925 weitgehend aus Glas gebaut. Das eine ist das ziemlich unruhig wirkende „Konservatorium" für den österreichischen Pavillon von Hoffmann auf der Grande Exposition des Arts Décoratifs in Paris, in denen zu viele, wilde Schrägelemente eine dominierende Rolle gespielt haben, das andere der Pavillon für den Verein Deutscher Spiegelglasfabriken

Pavillon der
Deutschen Spiegelglasfabriken, Köln,
1925. Zeichnung.

Wiener Pavillon auf der Grande Exposition des Arts Décoratifs, Paris, 1925.

für die Kölner Ausstellung. Letzterer ist ein hübscher Versuch in der visionären, kristallinen Manier von Scheerbart oder Taut.

Behrens neigte in der Tat immer mehr dazu, Erscheinungsformen in der Architektur aufzunehmen, denen seine Zeitgenossen oder die jüngeren unter ihnen zum Durchbruch verholfen hatten. Der Entwurf für das Hotel „Ritz" in Brünn hat einen deutlichen Anklang an Mies van der Rohes Bürohausprojekt für die Friedrichstraße in Berlin von 1921 oder an Fritz Högers Chilehaus in Hamburg (1922/23). Die Perspektivzeichnungen, die aus Behrens' Büro kamen (zugegebenermaßen nicht alle von seiner Hand) zeigen den etwas verwischten, leicht expressionistischen Stil, der in den späten zwanziger Jahren unter deutschen Architekten Mode war. Etwas später wurde der lebhafte, fließende Schwarz-weiß-Stil Erich Mendelsohns gleichermaßen übernommen.

In den Jahren 1923/24 bildete sich in Deutschland der „Zehner-Ring", und etwas später wurde er zu einem Bund von sechs- oder siebenundzwanzig Architekten erweitert (zu ihnen zählten Taut, May, Gropius, Mies und Mendelsohn), die sich zusammentaten, um ihre Verlautbarungen in der Fachpresse zu publizieren und Gruppenausstellungen und ähnliches zu veranstalten. Behrens wurde auch Mitglied des „Ring", wie später bekannt wurde, nachdem er, gleichfalls seit seiner Gründung, Mitglied im Geschäftsführenden Beirat des „Kreises der Freunde des Bauhauses" war, zusammen mit Nichtarchitekten wie Chagall, Kokoschka, Werfel und Einstein. Dies und seine Beteiligung an der „Novembergruppe" machen klar, daß Behrens während der zwanziger Jahre mit seinen liberalen, modernen und progressiven Kollegen übereinstimmte.

Die Weißenhofsiedlung in Stuttgart

Die Werkbundausstellung, „Die Wohnung", von 1927 bestand aus einer Gruppe von Häusern und Mietwohnungsblocks nach Entwürfen eingeladener Architekten unter der Leitung von Mies van der Rohe. Obgleich Mies auf eine strenge Kontrolle der hier gezeigten Haustypen verzichtete, erwartete er doch von den Architekten, daß sie „ihren Beitrag zum Problem des modernen Wohnens" lieferten, und es gibt auch keinen Zweifel daran, daß er dabei die Probleme der Wirtschaftlichkeit, der Rationalisierung und Standardisierung im Sinn hatte. Die Häuser sollten Prototypen für in möglichst großem Umfang massenproduzierte Wohnungen sein. (Einige der Teilnehmer, wie Bourgeois und Scharoun, haben dies offensichtlich nicht allzu ernst genommen.) Die Häuser mußten sauber konstruiert und auf Dauer bewohnbar sein und sollten nach der Ausstellung verkauft werden.

Behrens trug eine Weiterentwicklung seines Terrassenhauses bei, das er so beschrieb:

„Bei dem von mir projektierten ‚Terrassenhaus' handelt es sich um ein Konglomerat von eingeschossigen, zwei- und viergeschossigen Häusern, die so ineinander hineingeschoben sind, daß immer das flache Dach des niedrigen Hauses die Terrasse bildet für das dahinterliegende höhere Haus."[14]

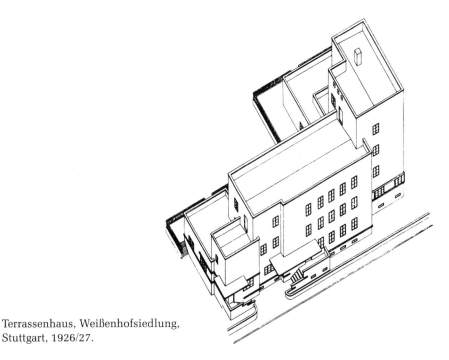

Terrassenhaus, Weißenhofsiedlung,
Stuttgart, 1926/27.

Das Behrens-Terrassenhaus wurde am Hölzelweg 3–5 gebaut und umfaßte 12 Wohneinheiten: acht Dreizimmerwohnungen (für drei bis vier Personen) und vier Vierzimmerwohnungen (für fünf bis sechs Personen). Die Wände waren aus Hohlblocksteinen und stuckverputzt, die Geschoßflächen aus armiertem Beton. Die Häuser hatten Heißwasserzentralheizung und schnitten in bezug auf Wirtschaftlichkeit im Vergleich mit Le Corbusiers' Beitrag gut ab. Für eine Vierzimmerwohnung von 60 m² ergibt sich bei Behrens ein Quadratmeterpreis von 1,30 Reichsmark, bei Le Corbusier dagegen von 4,30 Reichsmark.[15]

Die Weißenhofsiedlung wurde während des Zweiten Weltkriegs (1943) stark durch Bomben beschädigt, das Terrassenhaus von Behrens ist um 1950 von Grund auf verändert und mit einem flach geneigten Satteldach wieder aufgebaut worden.

Die letzten Jahre

Ein Helling im Hafen von Tilsit, ein Wettbewerbsbeitrag für die Erweiterung des Reichstagsgebäudes und ein weiterer Wettbewerbsbeitrag, der den ersten Preis gewann, für eine neue Brücke über den Rhein bei Köln-Mülheim, waren weitere, allerdings unausgeführte Projekte.[16]

Im Jahr 1928 entstanden der Entwurf für eine Kuppel-Synagoge in Zilina, Tschechoslowakei, und die ersten Zeichnungen für eine Neugestaltung des

Alexanderplatzes in Berlin. Aus Anlaß seines 60. Geburtstags wurde in Berlin eine wichtige Retrospektive seiner Arbeiten veranstaltet. Paul Joseph Cremers veröffentlichte seine Monographie, in der er über Behrens' Werk berichtete. 1929 legte Behrens Entwürfe für das Hauptbüro des „Centrosojus" in Moskau vor. Dieses Projekt für ein riesiges Gebäude, in dem 2800 Büroangestellte untergebracht werden sollten, war Gegenstand eines beschränkten Wettbewerbs, zu dem auch Max Taut und Le Corbusier aufgefordert waren. Behrens' kompakter, mächtiger Block, ähnlich seinem Börsenbau in Köln von 1923, ist weniger bekannt geworden als der Entwurf Le Corbusiers, der den Wettbewerb gewann.

Während dieser Periode geriet Behrens oft in Wettstreit mit weitaus jüngeren Architekten, zu denen auch seine früheren Assistenten gehörten. Er gewann den Wettbewerb für den Alexanderplatz, zu dem fünf Architekten (unter ihnen die Brüder Luckhardt und Mies van der Rohe) aufgefordert wurden, Pläne nach den Richtlinien einzureichen, die der Berliner Stadtbaurat Martin Wagner entwickelt hatte. Nach Behrens' Plan sollte der Platz von einer Gruppe einheitlicher, aber unregelmäßig angeordneter, einzeln stehender, großer Häuserblocks von geschwungenem oder rechteckigem Grundriß umschlossen werden. Als verbindendes Motiv waren vollständig verglaste Penthäuser und – als Kontrast zwischen die geschlossenen Gebäudeblöcke eingeschoben – Turmhäuser gedacht. Die Idee der dicht zusammengerückten, gratähnlichen, vertikalen Pfeiler zwischen den Fenstern entwickelte sich vielleicht aus der von ihm beobachteten geschlossenen Wirkung der hohen, schmalen Fensterpfeiler am Mannesmannhaus oder am Hoechstbau, die sich vor allem dann ergab, wenn man sie im spitzen Winkel dazu in der Schräge betrachtete – eine Wirkung, auf die Behrens ausdrücklich hinwies.

Die Wirtschaftskrise der frühen dreißiger Jahre machte das Projekt zunichte, und es wurde auch nach der Machtergreifung Hitlers nicht weitergeführt, wohl auch wegen der feindseligen Einstellung des neuen Regimes zu Martin Wagner. Lediglich zwei bescheidene, farblose Blocks auf der Süd-West-Seite des neuen Platzes, am Anfang und zu beiden Seiten der Rathausstraße wurden 1930/31 doch noch gebaut. Heute stehen sie in unmittelbarer Nachbarschaft langweiliger und charakterloser Bauten, wie sie nach dem Zweiten Weltkrieg ganz in der Nähe, in der Karl-Marx-Allee, diesem architektonischen Alptraum, gebaut wurden.

1930 machte Behrens eine Reihe sorgsamer und feinfühliger Entwürfe für das unausgeführte Kriegerdenkmal, das im Inneren von Schinkels Neuer Wache Unter den Linden entstehen sollte. Er konnte auch einige reizvolle Luxuswohnblocks an der Ecke Bolivarallee und Eichenallee (in Berlin), und das wichtige und schöne Haus Lewin am Schlachtensee bauen.[17] Mit dieser kubischen Architektur stimmt einer der schönsten Entwürfe von Behrens für die angewandte Kunst überein: ein 1930 von den Deutschen Werkstätten hergestelltes Eßbesteck.

Im Juni 1930 setzte er sich für die Gründung des „Reichsverbandes für deutsche Wertarbeit" ein, der das Werkbundprogramm, unabhängig von politischen Eingriffen, weiterzuführen versuchte und bis 1934 bestehen blieb.

Haus für Kurt Lewin, Berlin, 1929/30.

Eine Villa im Taunus

Zu den wirklich großen luxuriösen Villen, die in den frühen dreißiger Jahren gebaut wurden (von denen die von Mies van der Rohe und Le Corbusier am bekanntesten sind), gehört Behrens' Villa für Clara Ganz bei Kronberg im Taunus. Auch wenn sie vielleicht nicht so phantasievoll und neu ist wie die Häuser seiner ehemaliger Assistenten, so ist sie doch ein gut proportionierter, kraftvoll in kubischen Formen gestalteter Bau: ein Haus am Hang eines Hügels mit großen Terrassen nach allen Seiten und einem terrassierten Garten, der mit Bedacht in die Gesamtkomposition einbezogen ist. Eine sehr breite Terrasse über dem Küchen- und Personaltrakt verbindet die zweigeschossigen Gebäudeteile (der eine enthält die Garage und darüber die Wohnung des Fahrers).

Das Haus war in Backstein gebaut und mit dünnen Platten aus weißem Kalkstein (aus den Steinbrüchen von Freyburg an der Unstrut) verkleidet, ein Material, das sich auf angenehme Weise der Witterung anpaßt. Die Flachdächer sind – in Abstimmung mit den Wänden – mit Kunststein belegt. Der Garten, den Camillo Schneider in Zusammenarbeit mit dem Architekten entwarf, fällt in Terrassen ab, die von Trockenmauern aus einem grobbehauenen schieferigen Kalkstein abgestützt wurden.

Die Innenräume waren üppig ausgestattet: Der Wohnraum war mit Pergament ausgekleidet, und der Fußboden aus Sumpfeiche, die wie Ebenholz behandelt war, hatte eingelegte lineare Muster aus hellem Ahorn. Wände und Decke des Speisezimmers waren mit Rosenholz getäfelt, und das große Fenster war seitlich verschiebbar (wie im Haus Tugendhat von Mies van der Rohe), so daß der Raum unmittelbar in die Terrasse überging. Das Haus wurde durch eine Heißluftanlage zentral beheizt. Nach dem Zweiten Weltkrieg stand es leer, verfiel, wurde geplündert und weitgehend zerstört. Inzwischen ist es – wenn auch in stark veränderter Form – wiederaufgebaut.

Der Ring der Frauen

1931 entwarf Behrens einen entzückenden, kleinen Pavillon für die Deutsche Bauausstellung, die auf dem Ausstellungsgelände am Karolingerplatz in Berlin gezeigt wurde. Behrens war auch für die Gesamtgestaltung der Ausstellung verantwortlich. Der „Ring der Frauen" bestand aus einer Mittelhalle von 18 m Durchmesser und 5 m Höhe, mit kreisförmigem Grundriß, um den sich drei gleichfalls zylindrische kleinere Nebenräume gruppierten, einer davon bildete die Eingangshalle. Der Fußboden von zwei der drei Nebenräume lag höher als der des Mittelraums, und da sie sich weit zur Mittelhalle öffneten, konnten sie, wie Behrens notierte, für Theater- und Musikveranstaltungen verwendet werden. Auf der dem Eingang gegenüberliegenden Seite war ein weiterer Durchgang zu einer Freiluftterrasse für Ausstellungszwecke, auf der getanzt werden konnte. Der „Ring der Frauen" war ein Modell für ein Frauenkulturzentrum oder eine ähnliche Einrichtung. Der mit weißen Klinkern verkleidete Außenbau mit den geschwungenen Fensterbändern, den flachen Dächern und

Ein Gedeck des von Behrens entworfenen Eßbestecks, 1930.

Villa Clara Ganz, Kronberg i. Taunus, 1931.
Grundriß Erdgeschoß (links).
Grundriß Obergeschoß (rechts).

Ring der Frauen, Pavillon auf der Bauausstellung, Berlin, 1931.

dem kreisförmigen Springbrunnen auf der Terrasse machte den Pavillon zu einem der reizvollsten kleinen Bauten dieser Zeit und hat möglicherweise auch Charles Holdens „Arnos Grove Underground Station" in London im folgenden Jahr beeinflußt.

Behrens' letzter großer Industriebau (1932–1934) war die Zigarettenfabrik in Linz für die Österreichische Tabakgesellschaft, den er zusammen mit Alexander Popp entwarf: Die sechsgeschossige Stahl-Skelett-Konstruktion mit einer langen, leicht geschwungenen Fassade (die dem Verlauf der Ludlgasse folgt), mit dem in der ganzen Länge durchlaufenden Fensterband in Stahlrahmen erinnert im ganzen an Mendelsohn.

Im Dritten Reich

1932 führte der österreichische Werkbund, der mit dem deutschen eng verbunden war, eine Ausstellung für Musterwohnungen ähnlich der Weißenhofsiedlung durch. Die Ziele der Ausstellung waren allerdings etwas andere, aber es gab die Übereinstimmung im „internationalen Stil". Architekten wie Hugo Häring, André Lurçat und Gerrit Th. Rietveld wurden von Josef Frank, der für die Gesamtleitung verantwortlich war, aufgefordert. Die Ausstellung führte zu einer Spaltung des Werkbunds; Hermann Neubacher, der damalige Präsident (Nationalsozialist und späterer Bürgermeister von Wien, trat aus Protest – unter anderem gegen die „Semitisierung" des Werkbunds, ein Angriff auf Frank – von seinem Posten zurück.

Nach einer außerordentlichen Generalversammlung im Juli 1933 und anhaltendem Ärger, etablierte sich im darauffolgenden Jahr ein neuer Werkbund in Österreich mit Clemens Holzmeister als Präsident und mit Peter Behrens und Josef Hoffmann als Vizepräsidenten. Juden und Sozialisten wurden aus der Mitgliedschaft im neuen Werkbund ausgeschlossen – in Übereinstimmung mit dem deutschen Werkbund, der inzwischen unter nationalsozialistischer Leitung stand und für alle bisherigen Absichten und Zwecke unbrauchbar war.[18] Das politische Klima in Österreich veränderte sich zu der Zeit durch einen scharfen Schub nach rechts, nachdem Dollfuß die parlamentarische Regierung aufgelöst und danach zum Schlag gegen die Sozialisten ausgeholt hatte. Der Werkbundpräsident Holzmeister wurde sein offizieller Berater in allen Kunst- und Designfragen.

Es ist immer noch unklar, welche Motive Behrens hatte, sich mit einer Organisation wie dem neukonstituierten Werkbund einzulassen. Sein damaliger Schüler William Muschenheim erinnert sich, daß er „eindeutig nicht einverstanden war mit dem, was in Deutschland und Österreich seit dem Aufkommen des Nationalsozialismus geschah". Vielleicht sollte man so nachsichtig sein anzunehmen, daß er gehofft hatte – wie viele andere deutsche Konservative, die den Versuch unternahmen, ihre Position innerhalb ihrer Verbände angesichts der nationalsozialistischen Machtübernahme zu halten – einen mäßigenden Einfluß auf die Ereignisse ausüben zu können, bis die Dinge sich wieder normalisiert hätten.

Dennoch gibt es kaum einen Zweifel daran, daß Behrens einige, wenn auch verspätete Versuche unternommen hat, sich mit den neuen Machthabern zu versöhnen. In Verbindung mit einem „Vorschlag zur Ernennung", den er 1939 an die Akademie der Künste Berlin richtete, um seine Mitgliedschaft zu erneuern, behauptete er, der – damals illegalen – österreichischen NSDAP am 1. Mai 1934 beigetreten zu sein. In dem Formular, das Behrens 1939 ausfüllte, gibt es hingegen keine Eintragung in der Spalte der Parteinummer, was seine Behauptung praktisch widerlegt. Albert Speer, der überrascht war zu hören, daß Behrens jemals Nazi war, glaubte, Behrens habe gewußt, daß die Akten der österreichischen Partei während ihrer illegalen Zeit unvollständig waren oder überhaupt nicht existierten und habe diese ziemlich gegenstandslose Behauptung benutzt, um sich durch die politische Zugehörigkeit abzusichern. Vielleicht hatte er – wie viele Mitläufer – auch ganz einfach für seine Eintragung 1934 wie für eine Versicherungspolice gezahlt.

1933 veröffentlichte er seinen zustimmenden Artikel „Die Baugesinnung des Faschismus" in der eleganten Wochenzeitschrift „Die neue Linie".[19] Dieser Artikel war im wesentlichen ein Bericht über die fünfte Mailänder Triennale und ein Rückblick auf zehn Jahre Bauen unter dem faschistischen Regime in Italien. Während der Artikel darauf abzielte, das Herz überzeugter und fanatischer Nationalsozialisten zu rühren – was eher unwahrscheinlich war, denn er war ausschließlich mit Fotos von weltläufigen bürgerlichen Bauten wie Golfclub-Häusern, Hotels und attraktiven Villen illustriert, alle mit weißen Wänden und flachen Dächern –, zeigte er Nationalstolz, wenn er den faschistischen Stil von den Deutschen ableitete (die Italiener nannten ihn „stilo tedesco", schrieb er). Außerdem verwendete er – wenn auch fälschlich – den Kultausdruck der Nazis „völkisch" für den erwachenden Geist des italienischen Volkes, der sich, wie er glaubte, in der Ausstellung zeige.

Mit seinem Wettbewerbsbeitrag für eine Kongreß-, Sport- und Ausstellungshalle auf dem Heiligengeistfeld in Hamburg hatte Behrens 1934 keinen Erfolg. Der eingereichte Entwurf war in Zusammenarbeit mit Alexander Popp und dem Ingenieur Robert Schindler entstanden. Auch Fritz Höger nahm an diesem Wettbewerb teil.[20]

Der Widerstand gegen die Fortsetzung seiner Tätigkeit als Architekt wuchs und kam aus Quellen, die ihm gefährlich nahe standen. Ein Brief Werner Fechners, einem früheren Assistenten in seinem Berliner Büro, vom 22. Februar 1934, gibt ein Bild von der bedrohlichen Atmosphäre, die Behrens zu dieser Zeit umgab. Der Brief war an Winfried Wendland (den damaligen stellvertretenden Leiter des Werkbunds) im Kultusministerium gerichtet. Er brachte seine Verachtung zum Ausdruck über den offenkundigen Wunsch von Professor Behrens, sich mit dem nationalsozialistischen Regime zu versöhnen, den Fechner als „höchst verwunderlich" bezeichnete. Er fügte seinem Brief als Beweis für das wahre Verhältnis von Behrens zum Nationalsozialismus ein paar weitere Dokumente bei.

Das eine war die Kopie einer Denunziation, die er, Fechner, im Juli 1932 an das NSDAP-Hauptquartier des Gaus Großberlin gerichtet hatte. Dieser Brief berichtet über seine angeblich ungerechtfertigte Entlassung aus Behrens' Büro; er behauptete, daß er zwei Stunden, nachdem seine politischen Sympathieäußerungen einem Kollegen gegenüber belauscht wurden, entlassen worden sei, und zitierte Beispiele anderer Kollegen und Assistenten, denen es aus gleichen Gründen ähnlich ergangen sei. Die treibende Kraft, so gab er vor, sei ein „Wiener Herr" gewesen, der als Büroleiter von Behrens eingestellt worden war. Eine Auseinandersetzung mit einer gleichfalls ungenannten „gnädigen Frau des Hauses (sie ist Jüdin)" wird gleichfalls dunkel angedeutet. Auch wenn dieser Brief nicht viel mehr als eine unklare Rachsucht vermittelt, wurde er doch auf seinem Weg zu Wendlands Tisch von einem weiteren ihn nachdrücklich unterstützenden Zeugnis Karl Mittels begleitet, einem langjährigen Assistenten von Behrens. Fechner versicherte, sein eigener Fall sei typisch für viele andere, die sich unter seinen Augen im Hause Behrens zugetragen hätten. Er, Fechner, sei ein nützlicher und gewissenhafter Kollege gewesen. Es habe „außergewöhnlich seltsame Zustände" gegeben, schrieb er, die „für unsere jetzige Zeit nicht uninteressant wären". Obgleich er, so schloß er, Behrens als Künstler, Problemlöser und Architekt der gegenwärtigen Avantgarde anerkenne, verabscheue er ihn als Mensch und Charakter.[21]

Die letzte Arbeit

1936 kehrte Behrens nach Berlin zurück, um nach Hans Poelzigs Tod als Leiter die Architekturabteilung an der Preußischen Akademie der Künste zu übernehmen. Aus dieser Zeit bleibt wenig Greifbares außer einem Ordner voll miß-

Hauptverwaltung der AEG, Nord-Süd-Achse, Berlin, 1937–1939, Modell. (Das von Behrens entworfene Gebäude ganz links im Bild.)

trauischer öffentlicher Anfragen wegen seines so lange zurückliegenden Militärdienstes, seiner früheren politischen Verbindungen, seiner einstigen Mitgliedschaft im Rotary Club usw. Er erhielt keine Erlaubnis, für das Wintersemester 1937/38 nach Wien zu gehen, da der Unterricht in dieser „Klasse nicht würde genehmigt werden können".[22] Dennoch war er auch weiterhin bemüht, sich in irgendeiner Form anzupassen. Nach Joan Campbell hat „der Kunsthistoriker Edwin Redslob, obgleich er ein langjähriger Freund und Nachbar von Behrens war, ihn während der dreißiger Jahre wegen seines Sympathisierens mit den Nazis immer mehr gemieden." Behrens' Briefe aus dieser Zeit sind mit der Grußformel „Mit deutschem Gruße – Heil Hitler!", auf welche die Nazis drangen, unterzeichnet. Ebenso die seiner Frau Lilli.[23]

Gegen Ende des Jahrzehnts wurde Albert Speer mit der Gesamtplanung einer Nord-Süd-Achse für Berlin betraut, die von einem riesigen Kuppelbau in der Nähe des Reichstagsgebäudes im Norden Berlins bis zu einem neuen Bahnhof neben dem Tempelhofer Flughafen führen sollte. Gleichzeitig erhob sich die Frage einer neuen Hauptverwaltung für die AEG. Es wurde beschlossen, die Hauptverwaltungen der wichtigsten deutschen Industriekonzerne an diese neue Prachtstraße zu legen, welche die alte West-Ost-Achse Unter den Linden und die heutige Straße des 17. Juni ergänzen und kreuzen sollte. Wie Speer mitteilte, hatte der damalige Hauptgeschäftsführer der AEG, Dr. Bücher, den Wunsch ausgesprochen, Peter Behrens als Architekt für den Bau heranzuziehen. Wieder wurde Behrens heftig angegriffen. Vor allem Konrad Nonn unternahm verzweifelte Versuche, dieses zu verhindern.

„Behrens ist weit über die Architektenkreise hinaus als Bolschewist öffentlich bekannt. Es würde ein Hohngelächter unter den Kulturbolschewiken einsetzen, wenn Peter Behrens sich tatsächlich in der Nähe des Führers festsetzen könnte."²⁴

Speer, der sich einen gewissen Respekt vor den Architekten der vorigen Generation bewahrt hatte, behauptet, es sei ihm gelungen, Behrens gegen diese Angriffe zu schützen, indem er – nach seiner geschickten Gewohnheit – Hitlers Ohr für Angelegenheiten, die diesen interessierten, als erster gewann und so eine unumstößliche Entscheidung erwirkte.²⁵ Auf jeden Fall war Nonns Attacke auf Behrens zugleich ein Angriff auf Speer selbst. In seinem Brief von 1938 an Rattenhuber erwähnt er eine Liste „bolschewistischer" Architekten.

„Die meisten sind ja als Juden und überführte Bolschewisten ohnehin emigriert. Aber Professor Peter Behrens scheint es gelungen zu sein – auf welchem Wege, kann ich vermuten, aber noch nicht aussprechen – sich bis an den Führer herangedrängt zu haben."

„Es gelang mir zu bewirken", hat Speer kurz vor seinem Tode bemerkt, „daß Nonn den Laufpaß erhielt."²⁶ Hitler, so berichtete er, kannte die Petersburger Botschaft und schätzte sie. Das genügte, um die Opposition zum Schweigen zu bringen.²⁷

Der Entwurf für die AEG-Hauptverwaltung wurde zusammen mit dem Architekten Eugen Himmel erarbeitet und im Oktober 1939 abgeschlossen, aber nie ausgeführt. Sie hatte einen der besten Standorte und wäre als einer der ersten Bauten errichtet worden. Eine der merkwürdigen Bedingungen des ganzen Nord-Süd-Achsen-Plans war, daß – um Stahl für die Waffenproduktion zu sparen – alle Bauten ohne Stahl und Stahlbeton auskommen mußten: Die Konstruktion sollte in Mauerwerk und Holz ausgeführt werden – wie im 18. Jahrhundert. Es wäre ein ungeheurer Bau für 4000 Büroangestellte geworden mit einer Hauptfassade von 225 m Länge. Im Stil war es eine ziemlich sterile Variante der Continental Gummi-Werke. Speer erinnert sich an Behrens als kranken Mann mit einem Inhalationsapparat. Zu den Verhandlungen kam er von seiner Tochter Petra begleitet. Er war nicht glücklich über den Entwurf, den eigenen und den Gesamtentwurf, meinte Speer.²⁸

Behrens litt seit langem – eigentlich schon seit 1905 – unter Herzbeschwerden. Er starb am 27. Februar 1940 mit zweiundsiebzig Jahren an einem Herzanfall. Von seinem Tod nahmen die Zeitungen kaum Notiz. Richard Scheibe, sein Freund, nahm ihm die Totenmaske ab. Er wurde am 5. März im Wilhelmsdorfer Krematorium eingeäschert. Amersdorffer, der damalige Präsident der Akademie der Künste, verlas einen Nachruf.

Totenmaske von Peter Behrens, abgenommen von Richard Scheibe.

Anmerkungen

Die frühen Jahre und Ausbildung

1 Einzelheiten zum Behrensschen Stammbaum und dem seiner Frau finden sich auf der „Ahnentafel", die er am 14. August 1933 der Akademie der Künste einreichte.
2 Walter Gropius in: „Apollo in der Demokratie", Mainz und Berlin 1967, S. 124, 125, und Karl Scheffler, „Die fetten und die mageren Jahre", Leipzig 1946, S. 34–40.
3 Otto Erich Hartleben, „Briefe an seine Frau, 1887–1905", Berlin 1908, S. 211.
4 Otto Erich Hartleben, „Briefe an Freunde", Berlin 1912, S. 230.
   Behrens entwarf in den neunziger Jahren viele Titelseiten für Hartlebens Bücher, vgl. Alfred von Klement, „Die Bücher von O. E. Hartleben", 1951. In Berlin hatte Hartleben den Vorsitz über einen Stammtisch von Künstlern und Schriftstellern, zu dem sich gelegentlich auch Behrens gesellte. Auch August Strindberg und Paul Scheerbart, der Autor der „Glasarchitektur", nahmen daran teil.
5 Hartleben, „Briefe an Freunde", S. 274.
6 Von Dehmel in einem Brief an Behrens erwähnt. Dieser Hinweis und andere auf von Behrens für ihn entworfene Objekte finden sich in seinen „Ausgewählten Briefen 1883–1902", Berlin 1922, und weitere von 1902–1920, Berlin 1923.
7 Vgl. Heinrich Pudor, „Reform-Kleidung", Leipzig 1903.

Peter Behrens in Darmstadt

1 Harry Graf Kessler, „Geschichte und Zeiten: Erinnerungen", Berlin 1935, S. 219. Die andere Äußerung stammt aus Alfred Lichtwarks „Briefe", 2 Bände, Hamburg 1923, S. 425.
2 Entnommen einer von Alexander Koch herausgegebenen Essaysammlung mit dem Titel „Großherzog Ernst Ludwig und die Ausstellung der Künstlerkolonie in Darmstadt von Mai bis Oktober 1891", Darmstadt 1901, S. 9. Wiederaufgelegt 1979.
3 Vgl. den Essay von Annette Wolde „Der ökonomische Hintergrund der Künstlerkolonie" im fünfbändigen Katalog „Ein Dokument deutscher Kunst", Darmstadt 1976/77.
4 Viele der Informationen und in diesem Kapitel aufgeführten Zitate sind dem Katalog „Ein Dokument deutscher Kunst" (s. o.) entnommen. Der Katalog erschien zur Ausstellung gleichen Namens, die 1976/77 als Rückblick und Rekonstruktion des ursprünglichen Ereignisses in Darmstadt stattfand. Eine Fülle anderen Materials in diesem und den nächsten Kapiteln ist der unschätzbaren Untersuchung „Sezessionismus" von Hans-Ulrich Simon entnommen, Stuttgart 1976; besonders dem 8. Kapitel „Komparation mit Fakten: Darmstadt, 1901", S. 137–172.
5 Vgl. (s. o.) Annette Wolde.
6 P. Morton Shand, „Scenario for a Human Drama, Part III: Peter Behrens", The Architectural Review, September 1934, S. 83–86.
7 Peter Behrens, „Haus Peter Behrens" Darmstadt, „Die Ausstellung der Künstlerko-

lonie, 1901". Ein Exemplar der inzwischen selten gewordenen Broschüre befindet sich im Klingspor-Museum, Offenbach.
8   Fritz von Ostini, „Deutsche Kunstrundreise 1901", Jugend VI, 1901, Nr. 30, S. 493, zitiert in: „Sezessionismus", s. o., S. 161.
9   Felix Commichau, „Die Außen-Architektur", Großherzog Ernst Ludwig, s. o., S. 90, 92, 98, zitiert in: „Sezessionismus".
10 Karl Scheffler, „Das Haus Behrens", Dekorative Kunst. Jahrg. V, Nr. 1, Sondernummer Okt. 1901.
11 Heinrich Pudor, „Die Gegenwart" 67–68, 1905, S. 295.

Das Theater und die Ausstellung in Darmstadt

Für eine weitere Erörterung von Behrens und dem Theater vgl. Anderson, op. cit., und Simon, op. cit.; auch Jutta Boehe: „Theater und Jugendstilfest des Lebens und der Kunst" und „Darmstädter Spiele 1901" in G. Bott: „Von Morris zum Bauhaus. Eine Kunst gegründet auf Einfachheit", Hanau 1977.
1   In: Richard Dehmel, „Ausgewählte Gedichte", Berlin 1902. Der Holzschnitt war auch in einer begrenzten Auflage von 100 Stück zu haben. Dehmel wirkt hier jünger als in dem Holzschnitt von 1903. „Eine Lebensmesse", erstmals veröffentlicht 1898, war in die Auswahl aufgenommen worden.
2   „Die Rheinlande" I, Januar 1907, Nr. 1, Band 4 (Sondernummer über die „Darmstädter Künstlerkolonie", S. 28–40).
3   Vgl. Janos Frecot, Johann Friedrich Geist und Dietmar Kerbs, „Fidus 1886–1948", München 1972, S. 233–247.
4   Es ist möglich, daß Behrens inspiriert war durch Friedrich Gilly, „Essai sur la construction d'un théâtre à la manière des théâtres grecs et romains", 1797. Vgl. hierzu Julius Posener, „Berlin auf dem Wege zu einer neuen Architektur: Das Zeitalter Wilhelms II., 1890–1918", München 1979.
5   Diese beiden Zitate sind der Zeitschrift „Die Rheinlande", I, Januar 1901, und Behrens' Artikel „Die Dekoration der Bühne", in: „Das literarische Echo", Jahrg. 2, Nr. 17, S. 1213–1215, entnommen.
6   Peter Behrens, „Die Dekoration der Bühne", in: Deutsche Kunst und Dekoration, Juli 1900, Bd. VI, S. 401–405.
7   Die Ausstattung mit der Säulenreihe, dem Bogen und den Stufen, die in den Zuschauerraum hinunterführen, ist in der Anlage verschieden, ähnelt aber in der Bühnenausstattung der von Walter Crane für „Beauty's Awaking, A Masque of Winter and of Spring", das am 28. Juni 1899 in der Guildhall in London aufgeführt wurde. Es war in der Sommernummer des „Studio" abgebildet, und Behrens könnte diese Nummer durchaus gesehen haben. Dieses Maskenspiel war ganz sicherlich – auf englische Weise – ebenso töricht wie Behrens' und Dehmels Bühnenvorhaben es in einem deutschen Sinn waren.
8   Dehmel erkannte seine „Handschrift" in Behrens' Traktat wieder. Vgl. seine Briefe an G. Kühl (2. 2. 1901) und Johannes Schaf (6. 12. 1902). Dehmel „Ausgewählte Briefe 1883–1902", op. cit.
9   Janet Leeper betont in ihrem kurzen Artikel „Peter Behrens and the Theatre", The Architectural Review, Bd. 144, S. 138, 139, August 1968, die Pionier-Rolle, die Behrens und Fuchs – zusammen mit dem Schweizer Adolphe Appia, dessen „Die Musik und die Inszenierung", München, beiden wohlbekannt war – in der Reform des deutschen Theaters gespielt hatten. Sie erörtert auch Behrens' Bühnenauffüh-

rung von Hartlebens „Diogenes" im Parkhaus in Hagen, 1909, nicht lange nach Hartlebens Tod. Vgl. auch Herta Hesse-Frielinghaus u. a. in: „Karl Ernst Osthaus, Leben und Werk", Recklinghausen 1971, wegen der zahlreichen Hinweise auf diese einzige Theateraufführung, die Behrens entwerfen und inszenieren konnte.

10 Veröffentlicht in: Deutsche Kunst und Dekoration, April–September 1900, S. 357–365. Eine farbige Reproduktion von Fuchs' „Zur Weihe des Grundsteins" mit Dekorationen von Behrens ist in Band 5 von „Ein Dokument deutscher Kunst", 1976, wiedergegeben, S. 211.

11 Wilhelm Schäfer, „Ein Dokument deutscher Kunst", in: Die Rheinlande, Juni 1901, S. 38–40.

12 Harry Graf Kessler, zitiert nach van de Velde in seiner „Geschichte meines Lebens", München 1962, S. 488. Ihr gemeinsamer Besuch fand zwischen dem 31. August und dem 2. September statt.

Schriftkunst und Typographie

1 Brief von Behrens an Diederichs vom 17. Mai 1900, in: Eugen Diederichs, „Selbstzeugnisse und Briefe von Zeitgenossen", Düsseldorf und Köln 1907, S. 111–113.

2 Brief von Behrens an Diederichs, 24. August 1900, op. cit., S. 114, 115.

3 F. Ehmcke, A. Simons, „Erinnerungen an gemeinsame Arbeit", in: Schriften der Corona VIII, Zürich 1938.

4 Heinz Raack, „Das Reichstagsgebäude in Berlin", Berlin 1978, S. 43.

5 Karl Ernst Osthaus, „Peter Behrens", in: Kunst und Künstler, Nr. 3, Dez. 1907, S. 116.

6 G. K. Schauer, „Deutsche Buchkunst 1890 bis 1960", Band 1, Hamburg 1963.

7 Julius Rodenberg, „Karl Klingspor", The Feluron V, 1926.

8 Weitere Darstellungen der Typographie von Peter Behrens: Karl Klingspor, „Über Schönheit von Schrift und Druck", Frankfurt 1949, S. 21, 22; Roswitha Riegger-Baumann, „Schrift im Jugendstil in Deutschland", in: Jugendstil (Hrsg. Jost Hermand), Darmstadt 1971, S. 248–252; Wilhelm Lange, „Peter Behrens und die Schriftkunst unserer Zeit", in: Archiv für Buchgewerbe und Gebrauchsgraphik, Nr. 75, 1938, S. 161–164.

9 Vgl. die wichtige Abhandlung zur Behrensschen Typographie in: Gabriele Heidekker, „Das Werbe-Kunst-Stück: Ausstellungen und Läden, Schriften und Werbegraphik für die AEG", in: „Industriekultur – Peter Behrens und die AEG, 1907–1914" (Hrsg. Tilmann Buddensieg und Henning Rogge), Berlin 1979, S. 167–197.

10 In ähnlicher Weise übernahm er Motive aus Emailarbeiten, so aus dem Deckel zum Lothar-Evangeliar für die Kruppschrift von 1912. Hier handelte es sich um ein Geschenk der AEG zum 100. Jubiläum von Krupp.

11 Die sich mit dem Godescalc Evangelistar (781–783) oder dem Evangeliar von St. Gereon vergleichen läßt.

12 Hans Leitmeier, „Die Bedeutung des Jugendstils für das deutsche Buch und Walter Tiemanns Anteil daran", in: Gutenberg-Jahrbuch der Stadt Mainz, 1959, S. 184. Siehe auch Walter Tiemann, „Deutsche Typengestaltung seit 1900", in: Gutenberg-Jahrbuch, Mainz 1950, S. 299.

13 Die kleine Schrift wurde von Diederichs verlegt. In einem Brief an Diederichs vom 25. Juli 1900 schrieb Behrens: „Die Ausstattung denke ich mir in einer größeren Antiqua in feierlicher, etwas pathetischer Art, dem Stil des Aufsatzes und des Gegenstandes angepaßt. Den Druck möchte ich hier bei Winter ganz genau überwa-

chen, und die rein typographische Ausstattung würde ich selbst zeichnen." Eugen Diederichs, Selbstzeugnisse und Briefe von Zeitgenossen, op. cit., S. 113.
14 Priscilla Johnston, „Edward Johnston", London 1959, S. 203.

Die Jahre 1902 bis 1907

1 Die Nürnberger und Düsseldorfer Kurse werden ausführlich erörtert in: Stanford Anderson op. cit. S. 132, auch Anm. 13, 170 ff. Vgl. auch den Ausstellungskatalog „Peter Behrens und Nürnberg", München 1980.
Nikolaus Pevsner, „Architektur und Design", München 1971, und Hans Wingler (Hrsg.) „Kunstschulreform 1900–1933", Berlin 1977.
2 W. Fred, „The International Exhibition of Modern Decorative Art at Turin/The German Section", in: Studio, Band XXVII, 1903, S. 188–197.
3 L. Gmelin, „Die erste internationale Ausstellung für moderne dekorative Kunst in Turin", in: Kunst und Handwerk, November 1902, S. 293 ff.
4 Fritz Hoeber, „Peter Behrens" op. cit., S. 221.
5 Richard Dehmel, „Ausgewählte Briefe 1902–20". op. cit.
6 Wilhelm Schäfer, „Der moderne Stil", in: Die Rheinlande, Juni 1902, S. 48, 51–53.
7 Ein Brief im Werkbund-Archiv Berlin, Muthesius-Abteilung. Abgedruckt in: Werkbund 3, Berlin 1978.
8 Briefe in der Muthesius-Abteilung des Werkbund-Archivs Berlin.
9 „... Gestern kam Professor Peter Behrens zu mir und bat mich, die Leitung einer Klasse für dekorative Malerei an der Düsseldorfer Kunstgewerbeschule zu übernehmen." Aus einem Brief an Gabriele Münter, 30. August 1903, zitiert bei Peg Weiss, „Kandinsky and the Jugendstil Arts and Crafts Movement", in: Burlington Magazine, Mai 1975, S. 290–295. Kandinsky nahm Arbeiten von Behrens in die erste Ausstellung der Phalanx-Gesellschaft auf, die er in Schwabing organisierte. Er besuchte Behrens im Frühling 1904 in Düsseldorf. Peg Weiss ist der Ansicht, daß Behrenssche Ideen zur Theaterreform Kandinskys eigene Vorstellungen beeinflußt haben. Vgl. „Kandinsky and the Munich Artist's Theatre", Princeton 1973, Kap. IX.
10 H. Board, „Die Kunstgewerbeschule in Düsseldorf", in: Dekorative Kunst, Jahrgang VII, Band II, August 1904 und Kaiserslautern, Peter Behrens, op. cit., S. 26.
11 Vgl. Pieter Singelenberg, „H. P. Berlage - Idea and Style", Utrecht 1972, S. 158.
12 Eine der Studienzeichnungen von Meyer in Düsseldorf wurde von Berlage als Illustration in seiner „Grundlage und Entwicklung der Architektur", 1908, verwendet, S. 56.
13 Karl Scheffler, „Die fetten und die mageren Jahre", op. cit.
14 Stanford Anderson, op. cit., S. 179, Anm. 36.
15 Max Osborn, „Die Düsseldorfer Ausstellung", in: Kunst und Künstler, Jahrgang II, Band 12, Sept. 1904, S. 501–503.
16 Hans Singer, in: „Studio Talk", Studio, Band XXXII, 1904, S. 356–358.
17 Karl Ernst Osthaus, „Peter Behrens", in: Kunst und Künstler IV, Band 3, 1907, S. 117.
18 Julius Meier-Graefe, „Peter Behrens" – Düsseldorf", in: Dekorative Kunst, VIII, Juli 1905, S. 381–428.
19 Berlage benutzte das sogenannte „ägyptische Dreieck", das Viollet-le-Duc beschreibt: Es hat das Verhältnis Höhe zu Basis 5:8 – Behrens scheint ein gleichseitiges Dreieck (mit Basiswinkeln von 40 Grad) benutzt zu haben, das dieser Form sehr nahe kommt, aber weitere und tiefere Harmonien und Intervalle zuläßt.

20 Dehmel, „Ausgewählte Briefe 1902–1920", op. cit., Nr. 418, 5. Oktober 1904.
21 Brief vom 26. Mai 1905, jetzt im Karl-Ernst-Osthaus-Archiv, Hagen.
22 Brief aus dem KEO-Archiv.
23 Behrens stand nicht allein, was die Verwendung des Historismus anging: Die Musterfabrik von Gropius für die Werkbundausstellung von 1914 in Köln kann man auch als eine Version der Neo-Romanik ansehen, sie ist in Form einer Basilika mit einem Atrium angelegt.
24 Die dritte Deutsche Kunstgewerbeausstellung wurde am 12. Mai 1906 eröffnet. Behrens war verantwortlich für die Ausstellungsstücke aus dem Rheinland. Die Ausstellung wird allgemein als Quelle der Inspiration für die Gründung des Werkbundes angesehen.
25 „Die Rheinlande", Nr. 12, 1906, S. 56 ff. (eine Besprechung der Dresdner Ausstellung).
26 Karl-Ernst-Osthaus-Archiv; Brief vom 20. Juli 1907.
27 K. E. Osthaus „Eine Predigtkirche von Peter Behrens", in: Kunst und Künstler, Jahrgang IV, Band 3, Dezember 1907, S. 121-124. In neuester Zeit wurde diese Episode von Herta Hesse-Frielinghaus, „Peter Behrens und Karl Ernst Osthaus, Dokumentation nach den Beständen des Osthaus-Archivs", Hagen 1966, erörtert. Herta Hesse-Frielinghaus (Hrsg.), „Karl Ernst Osthaus, Leben und Werk", op. cit., und Werner Gerber, „Nicht gebaute Architektur: Peter Behrens und Fritz Schumacher als Kirchenplaner in Hagen. Beispiele aus den Jahren 1906–1907", Hagen 1980.
28 Die „Berliner Electricitätswerke" wurden als Nutzungsgesellschaft von der AEG gegründet und 1915 der Gemeinde Berlin übergeben. Von Nr. 1 im Januar 1907 an wurde der Bericht während einiger Jahre von Peter Behrens graphisch gestaltet.
29 Hoeber op. cit., S. 72. Wölfflin schrieb im März 1908 an seine Eltern, Peter Behrens werde seinen Kunststudenten Zeichenunterricht geben „aus bloßer Sympathie für meine Art von Kunstgeschichte".

Behrens und die AEG

1 P. J. Cremers, „Peter Behrens, sein Werk von 1909 bis zur Gegenwart", Essen 1928.
2 Briefe von Peter Behrens vom 31. Dezember 1905 und vom 11. Februar 1906 an Maximilian Harden, heute im Bundesarchiv Koblenz, bestätigen den ersten bislang bekannten Kontakt zwischen Behrens und Rathenau.
3 Brief Nr. 52, Walther Rathenau, „Briefe. Neue Folge", Dresden 1928, S. 106. Es heißt, daß Rathenau politische und ökonomische Schriften, auch wenn sie häufig unzusammenhängend und in sich widersprüchlich sind, so etwas wie den Entwurf lieferten für die Art sozialer Ordnung, die Behrens als Architekt und Designer bewußt mitzuschaffen versuchte.
4 Osthaus-Archiv, datiert vom 31. Juli 1907.
5 „Werkkunst", Jahrgang 2, Nr. 22, August 1907, S. 351, und Berliner Tageblatt vom 28. Juli 1907.
6 Der spanische Künstler Fortuny entwarf ein Beleuchtungssystem für das Theater, das er sich patentieren ließ und das vom Oktober 1906 an bei AEG hergestellt wurde. Vgl. „Immagini e materiale del Laboratorio Mariano Fortuny", Venice, Museo Fortuny, 1978. Behrens entwarf 1908 einen Katalog für dieses System.
7 Walter Gropius, „Apollo in der Demokratie", Mainz 1967, S. 124, 125.
8 Max Hertwig, ein Zeichner in Behrens' Büro, behauptete, daß Gropius im Juni 1908

dort begonnen habe. Vgl. Herta Hesse-Frielinghaus et. al. „Karl Ernst Osthaus", op. cit., S. 504, Anm. 6.

9   „Werkkunst", Jahrgang 2, Nr. 24, September 1907, S. 382.
10 Peter Behrens, „Zur Ästhetik des Fabrikbaus", in: Gewerbefleiß, Jahrg. 108, Nr. 7/9, Juli/September 1929.
11 Fritz Hoeber, „Peter Behrens", op. cit., S. 221.
12 T. Buddensieg und H. Rogge, „Formgestaltung für die Industrie: Peter Behrens und die Bogenlampen der AEG". Von Morris zum Bauhaus: eine Kunst gegründet auf Einfachheit, hrsg. G. Bott, op. cit.
13 Ein Brief vom 5. Juni 1958 in: Helmut Weber: Walter Gropius und das Faguswerk, München 1961, S. 23.
14 Vgl. die Abbildung von Behrens' Wohnzimmer in Berlin in: P. J. Cremers, op. cit., S. 121.
15 Fritz Mannheimer, „Arbeiten von Prof. Behrens für die AEG Berlin", in: Der Industriebau II, 15. Juni 1911, S. 124.
16 Wolf Dohrn, „Das Vorbild der AEG", März III, 3. Sept. 1909.
17 Peter Behrens in: Gewerbefleiss, op. cit.
18 Brief von Walter Gropius an Helmut Weber, in: Weber, Faguswerk, op. cit.
19 M. Balfour, „Kaiser Wilhelm II. und seine Zeit", Berlin 1973.
20 Karl Bernhard, „Die neue Halle für die Turbinenfabrik der AEG", in: Zeitschrift des Vereins deutscher Ingenieure 55, Nr. 38, 30. Sept. 1911, S. 1625–1631; 1673–1682.
21 Peter Behrens, „Die Turbinenhalle der AEG zu Berlin", in: Mitteilungen des Rheinischen Vereins für Denkmalpflege und Heimatschutz, Jahrg. 4, Nr. 1, 1. März 1910, S. 26–29.
22 Ibid.
23 Karl Bernhard, „Die neue Halle..." op. cit.
24 A. Hoff, „Peter Behrens, Persönlichkeit und Werk". Henry-van-de-Velde-Gesellschaft, Hagen 1966.
25 Joan Campbell, „Der deutsche Werkbund 1907–1934", Stuttgart 1981.
26 Joan Campbell, op. cit.
27 Wolf Dohrn, „Das Vorbild der AEG", op. cit.
28 Ibid.
29 Karl Ernst Osthaus, „Ein Fabrikbau von Peter Behrens", in: Frankfurter Zeitung vom 10. Februar 1910.
30 Peter Behrens, „Über die Ästhetik der Industrie", in: AEG Zeitung, Juni 1909, S. 5–12.
31 Ch. E. Jeanneret (Le Corbusier), „Etude sur le mouvement d'art décoratif en Allemagne", La Chaux de Fonds 1912.
32 Vgl. Hoeber, „Peter Behrens", op. cit., LIT. 156a–158.

Neoklassizistische Themen, 1907 bis 1914

1   Illustriert in: K. H. Hüter, „Henry van de Velde", Berlin 1967, Abb. 146, S. 123.
2   Herta Hesse-Frielinghaus (Hrsg.), „Karl Ernst Osthaus, Leben und Werk", Recklinghausen 1971, S. 135.
3   Dieser Grundriß wurde reproduziert in: Hugo Licht (Hrsg.), „Die Architektur des XX. Jahrhunderts", Zeitschrift für moderne Baukunst, Jahrg. II, Nr. 4, 1911, S. 39, 40. Licht ist allem Anschein nach der frühere Grundriß in die Hände gekommen, und er hat seinen Artikel veröffentlicht, ohne die Veränderungen zu erkennen.

4   Das Haus Perls, Berlin-Zehlendorf, 1911 von Mies van der Rohe ist von Philip Johnson und anderen mit dem Haus Schroeder verglichen worden.
5   Fritz Hoeber, „Peter Behrens", op. cit., S. 89.
6   Alfred Lichtwark, „Briefe an die Kommission für die Verwaltung der Kunsthalle" (hrsg. von G. Pauli), Hamburg 1923, S. 329.
7   Karl Ernst Osthaus, Brief an Peter Behrens, vom 4. Febr. 1910, Osthaus-Archiv.
8   Karl Ernst Osthaus an Peter Behrens, 23. Dezember 1910, Osthaus-Archiv.
9   Karl Ernst Osthaus an Peter Behrens, 16. Oktober 1913, Osthaus-Archiv.
10 Karl Ernst Osthaus an Peter Behrens, 15. September 1910, Osthaus-Archiv.
11 Brief von Walter Gropius an Helmut Weber, 5. Juni 1958, zit. in: Helmut Weber, Das Faguswerk, op. cit., S. 123.
12 Brief von Gropius an Osthaus, 6. März 1910, Osthaus-Archiv.
13 Karl Ernst Osthaus, Hagen, Karl-Ernst-Osthaus-Museum, 1977. Brief „C. I.", vom 27. März 1912.
14 Nikolaus Pevsner, „Gropius mit Sechsundzwanzig" in: The Architectural Review, Band 130, Juli 1961, S. 49–51. Pevsner nennt das „Memorandum" einen der ersten Versuche (von Gropius), etwas Eigenes zu schaffen."
15 Im Brief an Herta Hesse-Frielinghaus kurz vor seinem Tode (9. Mai 1969) zitiert auf S. 459 in „Karl Ernst Osthaus, Leben und Werk", op. cit. Eine weitere Erörterung dieser Sache findet sich in Peter Stressig, „Hohenhagen – Experimentierfeld modernen Bauens", KEO, Leben und Werk, op. cit., S. 385–489.
16 Zu den wichtigen Untersuchungen der Hohenhagener Siedlung gehört Osthaus' eigene, „Die Gartenvorstadt in der Donnerkuhle", Jahrbuch des Deutschen Werkbunds, 1912, Jena 1912, und Peter Stressigs oben erwähnte Arbeit (vgl. Anm. 15); Nic Tummers unschätzbarer „Der Hagener Impuls", Hagen 1972, und Françoise Véry, „J.L.M. Lauweriks: Architecte et Théosophé, Architecture, Mouvement, Continuité", Nr. 40, September 1976, S. 55–58.
17 Über das Haus wurde ein Gedenkalbum veröffentlicht, „Johannes Geller, Festschrift zur Einweihung des Katholischen Gesellenhauses zu Neuss", Neuss 20. November 1910.
18 Für eine vollständige Beschreibung des Hauses, seiner Restaurierung und seines heutigen Zustands und Innenausbaus und eine Erörterung des Behrensschen Neoklassizismus, vgl. W. Hocpfner und F. Neumeyer, „Das Haus Wiegand von Peter Behrens in Berlin-Dahlem", Mainz 1979.
19 E. Schlüter, „Peter Behrens, Die Kunst im Deutschen Reich", Ausgabe B in: Die Baukunst, IV, April 1940, S. 6–70.
20 Das Haus mit der Nummer XXXIII, zum Beispiel in T. Wiegand und H. Schrader, „Priene", Berlin 1904, oder Abb. 124 in: D. S. Robertson, A Handbook of Greek and Roman Architecture (2. Ausgabe) Cambridge 1964, S. 299.
21 Peter Behrens in: Volkswirtschaftliche Blätter, Jahrg. IX, Nr. 15, 27. August 1910, S. 265–266, zusammen mit einem Brief von Muthesius.
22 A. N. Petrov u. a., „Pamiatniki Arkitektury Leningrada", Leningrad 1958.
23 Stanford Anderson, „Peter Behrens" op. cit.: Interview mit Mies vom 27. Juni 1961, zitiert S. 405, Anm. 47.
24 „Mies spricht" (Mies speaks), (Auszüge aus einem Interview für den RIAS, Anfang 1966), in: The Architectural Review, Nr. 862, Band, Dez. 1968, S. 451/2. Der oft zitierte Aphorismus, der Mies zugeschrieben wird: „Weniger ist mehr", gehörte zu den Aussprüchen von Behrens – nach Werner Blaser „Mies van der Rohe, Lehre und Schule", Forschung 2, Basel 1979, S. 89.

25 Fritz Hoeber, „Architekturfragen", in: Die Neue Rundschau, 1918. Vgl. Joan Campbell, „Werkbund", S. 98; Anm. 58.
26 Alfred Rosenberg, „Letzte Aufzeichnung", Göttingen 1955.

Industrie-, Büro- und Ausstellungsbauten, 1911 bis 1919

1 Diese und die folgenden Zitate sind Peter Behrens, „Zur Erinnerung an die Einweihung des Verwaltungsgebäudes der Mannesmannröhren-Werke in Düsseldorf", 10. Dez. 1912, Düsseldorf 1913, entnommen.
2 Stanford Anderson (op. cit., S. 403 Anm. 35) zitiert Henry Russel Hitchcock, der annimmt, daß die Detailzeichnungen für die Halle und das Treppenhaus von Mies van der Rohe sind.
3 Die Flexibilität in der Konstruktion dieses Baus wurde von Hoeber (und auch von Cremers, der 1928 darüber schrieb) als ein Markstein im Bürobau angesehen.
4 Sabine Bohle, „Peter Behrens und die Schnellbahnpläne der AEG", in: Industriekultur, op. cit., S. 199 ff.
5 R. Rave und H.-J. Knöfel, „Bauen in Berlin seit 1900", Berlin 1968, und die Kommentare und Zitate, die sich auf die U-Bahn Moritzplatz in Berlin beziehen in: Berlin und seine Bauten, Teil X, Berlin 1979. Es gibt im gleichen Werk nützliche Hinweise auf andere Bauten von Behrens in Berlin, zum Beispiel in Teil IX, Industriebauten, Bürohäuser (1971) und in Teil IV. Wohnungsbau (1975).
6 Zwei der Türme wurden um 1979 zerstört, das ganze Gelände ist durch Neubauten bedroht, da Frankfurt Nordseegas aus Holland bezieht und die Anlage überholt ist.
7 In einem Brief vom 6. September 1909 an Osthaus, Osthaus-Archiv.
8 Vgl. Joan Campbell, „Werkbund", op. cit.
9 Behrens hatte außerdem eine Gesamtausstellung seiner Arbeiten im Februar 1979 im Museum für Kunsthandwerk in Frankfurt und einen Sonderraum in der Ausstellung christlicher Kunst in Düsseldorf im gleichen Jahr.
10 Die besten Darstellungen dieser Diskussion finden sich bei: Barbara Lane, „Architecture and Politics in Germany 1918–1945, Cambridge, Mass. 1968; Marcel Francicono, „Walter Gropius and the Creation of the Bauhaus in Weimar", Chicago 1971; Joan Campbell, „Der deutsche Werkbund 1907–1934", Stuttgart 1981, Peter Stressig, „Walter Gropius", in: Karl Ernst Osthaus, Leben und Werk, op. cit., und in den Briefen aus dem Osthaus-Archiv, die sich auf die Kontroverse beziehen, veröffentlicht in: Anna-Christa Funk, Karl Ernst Osthaus gegen Hermann Muthesius, KEO-Museum Hagen 1978. Außerdem gibt es reiches Material im Osthaus-Archiv.
11 A. Hoff, „Peter Behrens, Persönlichkeit und Werk", Aussprachen (gehalten auf der 8. Tagung der Henry-van-de-Velde-Gesellschaft am 30. 10. 66), Hagen 1966.
12 Telegramm im Osthaus-Archiv.
13 Brief von Osthaus an Gropius, vom 14. Juli 1914. Osthaus-Archiv.
14 Vgl. Stanford Anderson, op. cit., S. 407, Anm. 52, und Christa Pieske, „Die Gestaltung des Holstentorplatzes in Lübeck 1906–1913–1926", in: Deutsche Kunst und Denkmalpflege, Jahrgang 33, Nr. 1/2, 1975.
15 Peter Behrens, „Die Gartenstadtbewegung", Berliner Tageblatt, 5. März 1908.
16 Vgl. Joan Campbell, „Werkbund", op. cit.
17 Peter Behrens, Ahnentafel, 1933, hinterlegt in der Akademie der Künste, Berlin.
18 Die eingeladenen Architekten waren Behrens, Bestelmeyer, Bonatz, Eberhardt, Elsaesser, Endell, Fischer, Gropius, Paul, Poelzig, Riemerschmid und Taut.

19 Gustav Amman, „Nochmals Peter Behrens", in: Das Werk, Jahrgang 2, 27. Oktober 1940, S. 302. Es gibt interessante Notizen zu den Werkbundtagungen, bei denen die Schweizer Ausstellungsprojekte diskutiert wurden, im Osthaus-Archiv Hagen.
20 Peter Behrens, „Vorstand", 20. Juni 1919, S. 4–6, Vgl. Joan Campbell „Werkbund" op. cit.
21 Peter Behrens, „Die Gartenstadtbewegung", op. cit.

Die zwanziger und dreißiger Jahre

1 Peter Behrens, „Wiederaufbau der deutschen Baukunst", in: Westdeutsche Wochenschrift für Politik, I, 1919.
2 Seine Arbeiten wurden anerkennend hervorgehoben in Paul Fechters Rezension in der Deutschen Allgemeinen Zeitung vom 21. Mai 1926.
3 In einem Brief vom 3. August 1921: Dokumente aus Höchster Archiven, 4: „Peter Behrens schuf Turm und Brücke", Höchst 1964.
4 Vgl. Stanford Anderson, op. cit., S. 432, Anm. 13. Behrens mußte auch die derzeitige Wiederbelebung des Backsteinbaus und Fritz Schumachers „Das Wesen des neuzeitlichen Backsteinbaus" von 1920 gekannt haben.
5 Behrens hatte den „Aufruf zum farbigen Bauen", Die Bauwelt, Jahrgang 10, Nr. 38, Oktober 1919, mitunterzeichnet.
6 Vgl. Joan Campbell, op. cit.
7 Die Briefe von Nonn und auch von Fechner, Mittel und anderen befinden sich in der Sammlung Behrens im Berliner Dokumentations Zentrum, Berlin.
8 Wagner gewann einen der ersten Preise für seinen Beitrag im Entwurfswettbewerb für das Kaiser-Franz-Josef-Stadtmuseum auf der Schmeltz im Jahre 1912, „dank der dringenden Befürwortung von Peter Behrens, einem Jurymitglied."
9 Karl Maria Grimme, „Peter Behrens und seine Wiener Akademische Meisterschule", Wien 1930.
10 Im Jahr zuvor allerdings hatte er Zweifel an der „neuen Sachlichkeit" geäußert. In einem Brief an A. Hoff vom Duisburger Museumsverein vom 26. Februar 1929 brachte er zum Ausdruck, wie gern er für die Kirche arbeite, die seiner Meinung nach ein Bollwerk sei gegen den Materialismus und die zu große neue Sachlichkeit der neuen Zeit, die, wie er befürchtete, leicht in einen geist- und seelenlosen Kreislauf geraten könne. Er sprach in einem Brief auch seinen sehnlichen Wunsch aus, etwas in seiner Heimatstadt Hamburg zu bauen. Der Brief ist auszugsweise veröffentlicht in: Peter Behrens (1868–1940), Gedenkschrift mit Katalog, Pfalzgalerie Kaiserslautern 1966, S. 10.
11 „Peter Behrens, Gedenkschrift mit Katalog", op. cit., S. 30.
12 Brief an den Autor von William Muschenheim, Ann Arbor, vom März 1980. Plischkes Bemerkungen sind aus „Gedanken zu Peter Behrens", Bauforum 5–6, Wien 1968, S. 15–17. Ernst Plischke, 1903 geboren, war ein Schüler von Behrens, der Assistent von Josef Frank und Architekt vieler Projekte in Neuseeland. 1963 wurde er Professor für Architektur in Wien.
13 In einem rechteckigen Terrain, das begrenzt wird von Stromstraße, Pasettistraße, Kaiserwasserstraße und Vorgartenstraße. Vgl. Ottokar Uhl, „Moderne Architektur in Wien – von Wagner bis heute", Wien 1966, S. 48–49, 74–75.
14 Peter Behrens, „Terrassen am Hause: Deutscher Werkbund", in: Bau und Wohnung, Stuttgart 1927.
15 Jürgen Joedicke und Christian Platz, „Die Weißenhofsiedlung", Stuttgart 1977.

16 Behrens' Beitrag hieß „Aus einem Guß" und wurde in: Der Bauingenieur, Jahrg. 8, Nr. 15, Berlin 1927, S. 263–269 veröffentlicht.
17 Vgl. „Berlin und seine Bauten", Teil IV, Band C. Wohnungsbau, op. cit., S. 241.
18 Vgl. Lucius Burckhardt (Hrsg.): „Der Werkbund in Deutschland, Österreich und der Schweiz", Stuttgart 1978, S. 110–113.
19 Peter Behrens, „Die Baugesinnung des Faschismus", in: Die neue Linie, November 1933, S. 11–13; ein weiterer ähnlicher Artikel „Neue italienische Bauten" erschien in der gleichen Wochenzeitschrift im Januar 1938, S. 36–38.
20 Vgl. Deutsche Bauzeitung, September 1938, S. 259.
21 Sammlung Behrens, Berliner Dokumentations Zentrum, Berlin.
22 Sammlung Behrens, Akademie der Künste, Berlin.
23 Sammlung Behrens, Akademie der Künste, die eine Reihe Briefe von Behrens und seiner Frau aus diesem Zeitabschnitt enthält.
24 Sammlung Behrens im Berliner Dokumentations Zentrum, Berlin. Behrens kannte Walden seit 1909. Er protestierte gegen Waldens Entlassung als Herausgeber von „Der neue Weg" im März 1909.
25 Albert Speer, „Erinnerungen", Berlin 1969. Behrens hatte 1936 auch eine neue Botschaft für Washington entworfen.
26 Albert Speer im Gespräch mit dem Autor, 18. April 1980.
27 Vgl. auch Giovanni König, „Behrens e Dintori", Casabella, 347, Jahrgang XXXIV, April 1970, S. 2.
28 Speers Assistent, Rudolf Wolters, erinnert sich an Behrens als einen stets begeisterten Architekten, der weiterarbeiten wollte. Aber er war alt, zurückhaltend und „ein gebrochener Mann". Brief an den Autor vom 10. Dezember 1979.

Bibliographie

Bücher, Ausstellungskataloge, Zeitschriften

Anderson, S. O., „Peter Behrens and the New Architecture of Germany, 1900–1917", Columbia University Ph. D. Thesis 1968.
Branchesi, L., „Peter Behrens", Rom 1965.
Buddensieg, T., „Peter Behrens und die AEG: Neue Dokumente zur Baugeschichte der Fabriken am Humbolthain", München 1975.
Buddensieg, T., und Rogge, H., „Industriekultur: Peter Behrens und die AEG 1907–1914". Berlin 1979.
„Casabella" Juni 1960, Nr. 240. „Numero dedicato a Peter Behrens". (Beiträge von E. N. Rogers, V. Gregotti etc.)
Cremers, P. J., „Peter Behrens. Sein Werk von 1909 bis zur Gegenwart", Essen 1928.
Ehmcke, F. H., „Peter Behrens", Neue Deutsche Biographie II 1955.
Gerber, W., „Nicht gebaute Architektur. Peter Behrens und Fritz Schumacher als Kirchenplaner in Hagen. Beispiele aus den Jahren 1906–1907", Hagen 1980.
Hesse-Frielinghaus, H., „Peter Behrens und Karl Ernst Osthaus. Eine Dokumentation nach den Beständen des Osthaus-Archivs", Hagen 1966.
Hoeber, F., „Peter Behrens", München 1913.
Hoepfner, W., und Neumeyer, F., „Das Haus Wiegand von Peter Behrens in Berlin-Dahlem", Mainz 1979.
Jessen, B., „Der Baumeister Peter Behrens, 1868–1940", Nordelbingen, Band 37, Heide in Holstein 1968.
Kadatz, H.-J., „Peter Behrens, Architekt, Maler, Grafiker und Formgestalter, 1868–1940", Leipzig 1977.
Lanzke, H., „Peter Behrens, 50 Jahre Gestaltung in der Industrie", Berlin 1958.
Norberg-Schulz, C., „Casa Behrens, Darmstadt", Rom 1980.
Posener, J., und Imbert, J., „Peter Behrens". Sondernummer „Architecture d'Aujourd-'hui", Jhrg. 5, Serie 4, Nr. 2, März 1934.
Shand, P. M., ‚Scenario for a Human Drama, Part III, Peter Behrens', „Architectural Review", September 1934; nachgedruckt in einer Sondernummer von „AAJ", ‚P. Morton Shand'; „Architectural Association Journal", Nr. 827, Januar 1959.

Allgemeines, Architektur und Design

„Architektenzeichnungen, 1479–1979", Ausstellungskatalog Berlin 1979.
Banham, R., „Die Revolution der Architektur", Reinbek bei Hamburg 1964 (Originaltitel: Theory and Design in the First Machine Age, London 1960).
„Berlin und seine Bauten", Berlin 1877–1896–1970–1971–1974.
Borsi, F., und Koenig, G. K., „Architettura dell'Espressionismo", 1967.
Bergius, B., Frecot, J., und Radicke, D. (Hrsg.), „Architektur, Stadt und Politik: Julius Posener zum 75. Geburtstag", Gießen 1979.

Bott, G. (Hrsg.), „Von Morris zum Bauhaus: Eine Kunst gegründet auf Einfachheit", Hanau 1977.
Burckhardt, L. (Hrsg.), „Der Werkbund in Deutschland, Österreich und der Schweiz", Stuttgart 1978.
Campbell, J., „Der deutsche Werkbund 1907–1934", Stuttgart 1981 (Originaltitel: The German Werkbund. The politics of reform in the Applied Arts, Princeton 1978).
„Catalogue of Drawings Collection of the RIBA", Farnborough 1972.
„Ein Dokument Deutscher Kunst. Darmstadt 1901–1976", 5 Bände, Darmstadt 1977.
Franciscono, M., „Walter Gropius and the Creation of the Bauhaus in Weimar", Illinois 1971.
Fratini, F. R. (Hrsg.), „Torino 1902", Turin 1970.
Funk, A.-C., „Karl Ernst Osthaus gegen Hermann Muthesius", Hagen 1978.
Gysling-Billeter, E., „Objekte des Jugendstils", Bern 1975.
Hermann, W., „Deutsche Baukunst des 19. und 20. Jahrhunderts" (Reprint), Basel 1977.
Hesse-Frielinghaus, H., „Briefwechsel Le Corbusier-Karl Ernst Osthaus", Hagen 1977.
Hitchcock, H.-R., „Architecture, 19th & 20th Centuries", London 1963.
Joedicke, J., und Plath, C., „Die Weißenhofsiedlung Stuttgart", Stuttgart 1977.
Kliemann, H., „Die Novembergruppe", Berlin 1969.
Kornwolf, J. D., „M. H. Baillie-Scott and the Arts and Crafts Movement", Baltimore 1972.
Lane, B. M., „Architecture and Politics in Germany, 1918–1945", Cambridge Mass. 1968.
Madsen, T., „Art Nouveau", New York 1975.
Massobrio, G., und Portoghesi, P., „Album degli anni Venti", Rom 1970.
Messina, M. G., „Darmstadt 1901/1908: Olbrich e la colonia degli artisti", Rom 1978.
Mosel, C., „Kunsthandwerk im Umbruch", Hannover 1971.
Müller-Wulckow, W., „Architektur der Zwanziger Jahre in Deutschland", Königstein 1975.
Petsch, J., „Baukunst und Stadplanung im Dritten Reich", München 1976.
Raack, H., „Das Reichstagsgebäude in Berlin", Berlin 1978.
Rave, R., und Knöfel, H.-J., „Bauen seit 1900 in Berlin", Berlin 1968.
Simon, H.-U., „Sezessionismus. Kunstgewerbe in literarischer und bildender Kunst", Stuttgart 1976.
Schmutzler, R., „Art Nouveau – Jugendstil", Stuttgart 1977.
Selz, P., und Constantine, M. (Hrsg.), „Art Nouveau", New York 1960.
Teut, A., „Architektur im Dritten Reich. 1933–45", Gütersloh 1967.
Tummers, N., „Der Hagener Impuls: J. L. M. Lauweriks, Werk und Einfluß auf Architektur und Formgebung um 1910", Hagen 1972.
„Tendenzen der 20er Jahre", Ausstellungskatalog 1977.
Weber, H., „Walter Gropius und das Faguswerk", München 1961.
Wingler, H. M., „Das Bauhaus 1919–1933", Bramsche 1962.
Whittick, A., „European Architecture in the Twentieth Century", 2 Bände, London, 1950–1953.
„Zwischen Kunst und Industrie: Der Deutsche Werkbund", Ausstellungskatalog, München 1975.

Lebenszeugnisse und Briefe

Balfour, M., „Kaiser Wilhelm II. und seine Zeit", Berlin 1973.
Carsten, F. L., „Der Aufstieg des Faschismus in Europa", Frankfurt a. M. 1968 (Originaltitel: The Rise of Fascism, London 1967).
Dehmel, R., „Ausgewählte Briefe 1883–1902", Berlin 1922.
Dehmel, R., „Ausgewählte Briefe 1902–1920", Berlin 1923.
Diederichs, E., „Selbstzeugnisse und Briefe an Zeitgenossen", Düsseldorf 1967.
Gay, P., „Weimar Culture", London 1968.
Gay, P., „Freud, Jews and Other Germans", New York 1978.
Gropius, W., „Apollo in der Demokratie", Mainz 1967.
Grunberger, R., „Das zwölfjährige Reich: der Deutschen Alltag unter Hitler", Wien, München, Zürich 1972 (Originaltitel: A Social History of the Third Reich, London 1971).
Hartleben, O. E., „Briefe von O. E. Hartleben an Freunde", Berlin 1912.
Hartleben, O. E., „Briefe an seine Frau 1887–1905", Berlin 1908.
Hesse-Frielinghaus, H. u. a., „Karl Ernst Osthaus, Leben und Werk", Recklinghausen 1978.
Joll, J., „Three Intellectuals in Politics", New York 1961.
Kessler, H. Graf, „Walther Rathenau", Berlin 1928.
Kessler, H. Graf, „Tagebücher 1918–1937", Frankfurt 1961.
Rathenau, W., „Briefe. Neue Folge", Dresden 1928.
Scheffler, K., „Die fetten und die mageren Jahre", Leipzig 1946.
Speer, A., „Erinnerungen", Berlin 1969
Stern, F., „Kulturpessimismus als politische Gefahr", Bern, Stuttgart, Wien 1963 (Originaltitel: The Politics of Cultural Despair, Berkeley 1961).
„Wem gehört die Welt. Kunst und Gesellschaft in der Weimarer Republik", Ausstellungskatalog, Berlin 1977.

Abbildungsnachweis

AEG 9; Architectural Press 3; Cremers 1; Hoeber 27; Hoechst 5; Kadatz 1; Kappa 1; Klingspor 5; Krämer 1; Licht 1; Mann 4; Pfalzgalerie Kaiserslautern 14; Putnams 1; Speer 1; Stoedtner 1; Werkbund Archiv 1; Alan Windsor 6

Namenindex

Adam, James und Robert 134
Albert, Prinzgemahl von Großbritannien und Irland, aus dem Hause Sachsen-Coburg-Gotha 20
Alter, Ludwig 20
Amersdorffer 174
Ammann, Gustav 144
Anderson, Stanford 125
Ashbee, Charles Robert 21

Baillie-Scott, Hugh Mackay 21
Barlach, Ernst 56
Barney, Natalie Clifford 14, 17
Basset-Lowke, W. J. 161
Bazel, Karl Petrus Cornelius de 67
Behrens, Elisabeth 10, 11, 17, 24, 27, 173
Behrens, Heinz Viktor 58
Behrens, Josef 24, 25
Behrens, Petra 25, 27, 174
Berg, Max 134
Berlage, Hendrik Petrus 60, 67, 119, 126, 152
Berlepsch-Valendas, Hans Karl Eduard von 54
Bernhard, Karl 90, 92, 93, 94, 96, 98
Bernischke, Max 59
Bestelmeyer, Germann 144
Bethmann-Hollweg, Theobald von 48
Bierbaum, Otto Julius 12, 39, 43
Billing, Hermann 78
Bismarck, Otto Fürst von 13, 17
Blancke, C. W. Julius 143
Blei, Franz 80
Blohm und Voss 56
Bohle, Sabine 133
Bonatz, Paul 152
Bosselt, Rudolf 22, 37, 38, 58, 62, 65, 74
Botticelli, Filipepi, Sandro 17
Bourdelle, Emile-Antoine 78
Bourgeois, Victor 164
Bruck, Arthur Moeller van den 143
Bruckmüller, Josef 59

Brütt, Ferdinand 10
Bücher 173
Bürck, Paul 22, 37
Burckhardt, Jacob 37, 67
Burmeister, Louise Maria 10

Campbell, Joan 95, 173
Chagall, Marc 164
Christiansen, Hans 22, 37
Corinth, Lovis 11
Coudenhove-Kalergi, Graf 160
Commichau, Felix 31
Conrad, Michael Georg 41
Craig, Gordon 36
Cremers, Paul Joseph 80, 156, 160
Cuno 115
Cuno, Willy 109, 110

Dehmel, Richard 13, 14, 17, 32, 33, 35, 36, 37, 39, 43, 57, 67, 72, 77, 80, 144
Deutsch, Felix 81
Diederichs, Eugen 43, 44
Dieger 37
Dohrn, Wolf 85, 95, 96
Dollfuß, Engelbert 171
Dülfer, Martin 18

Ebert, Friedrich 161
Eckmann, Otto 11, 12, 21, 44, 81
Edison, Thomas Alva 81
Ehmcke, Fritz 44, 48, 58
Ehn, Karl 160
Einstein, Albert 164
Encke, Eberhard 125, 130, 141
Endell, August 18
Engelmann, Richard 139
Erhard 93
Ernst Ludwig, Großherzog 20, 21, 22, 23, 37, 56

Fechner, Werner 172
Fehse 153

Fieger, Carl 125
Fischer, Theodor 118
Frank, Josef 170
Fries, Heinrich de 147
Fuchs, Georg 20, 21, 22, 32, 36, 37, 43, 56

Ganz, Clara 168, 169
Gaugin, Paul 16
George, Stefan 77
Gérard, Carl 62
Gies, Ludwig 156, 158, 161
Gill, Eric 53
Glückert, Julius 20, 23, 37, 38
Gmelin, L. 56
Goedecke 110, 115
Goethe, Johann Wolfgang von 153
Gropius, Walter 10, 60, 82, 85, 86, 96, 97, 117, 118, 122, 126, 127, 141, 142, 144, 149, 164

Haan, Willem de 37
Habich, Ludwig 23
Haeuser, Adolf 152
Haller, Hermann 78
Harden, Maximilian 80
Häring, Hugo 159, 170
Harkort, Alfred 63
Harlan, Walter 19
Hartleben, Otto Erich 12, 13, 19, 43, 60, 64
Hartleben, Selma 12
Hesse-Frielinghaus, Herta 82
Heuss, Theodor 138
Himmel, Eugen 174
Hitler, Adolf 127, 156, 158, 166, 174
Hodler, Ferdinand 17
Hoeber, Fritz 65, 66, 78, 82, 99, 109, 111, 124, 125, 126, 139, 143
Hoetger, Bernhard 78
Hoff, August 142
Hoffmann, Alexander 161
Hoffmann, Josef 160, 162, 163, 171
Hofmannsthal, Hugo von 39, 80
Höger, Fritz 164, 172
Holde, Hans 11
Holden, Charles 170
Holzamer, Wilhelm 39
Hölzel, Adolf 156
Holzmeister, Clemens 171
Höppener, Hugo 35

Horta, Victor 56
Howard, Ebenezer 143
Huber, Patriz 22, 37
Humann, Carl 121

Israëls, Josef 10, 11

Jäckh, Ernst 144
Jäckh, Hans 161
Jessen 43
Johnson, Philip 126
Johnston, Edward 48, 53
Jordan, Paul 74, 80, 81, 82, 85

Kaldenbach, Fritz 60
Kandinsky, Wassily 59
Karl der Große 86
Kayser 76
Kessler, Harry Graf 20, 40, 78, 81
Kiderlen-Wächter, Alfred von 123
Klerk, Michel de 152
Klinger, Max 12, 144
Klingspor, 43, 44, 45, 50, 51
Klotz, Petrus 161
Klöpper 65
Koch, Alexander 21, 22, 40, 54
Kokoschka, Oscar 164
Kotschenreiter, Hugo 10
Kraaz, Johann 88, 89, 90
Krämer, Elisabeth 10
Krämer, Jean 144
Kramer, Pict 152
Kröller, Anton 119
Kröller, Hélène 119
Kugler, Hermann 138

Lasche, O. 90
Lauweriks, Johannes Ludevicus Matheus 60, 66, 85, 108, 110, 118
Le Corbusier 62, 104, 106, 117, 126, 165, 166, 168
Ledoux, Claude-Nicolas 135
Leibl, Wilhelm 10
Leistikow, Walter 16
Leitmeier, Hans 52
Lewin, Kurt 167
Lichtwark, Alfred 20, 41, 42, 114
Liebermann, Max 10, 80, 144
Liliencron, Detlef, Freiherr von 39
Luckhardt 166

Lurçat, André 170
Lutyens, Edwin 25, 139

Mackintosh, Charles Rennie 62, 68, 162
Maillol, Aristide 78
Mamroth, Paul 81
Mannhardt 65
Mannheimer, Fritz 85, 99
Matisse, Henri 25
May, Ernst 164
Meier-Graefe, Julius 17, 24, 28, 41, 66, 67
Mendelsohn, Erich 164, 170
Mertens 123
Messel, Alfred 21, 57, 81, 130
Meyer, Adolf 82, 118
Michelangelo 17
Mittel, Karl 172
Mies van der Rohe, Ludwig 66, 97, 102, 119, 122, 123, 125, 126, 164, 166, 168
Moller, Georg 20, 113, 119
Morris, William 48
Müller 70
Müller, Albin 90
Munch, Edvard 80
Muschenheim, William 160, 171
Muthesius, Hermann 48, 57, 58, 95, 141, 145, 149

Naumann, Friedrich 95, 144
Neubacher, Frank 170
Neuhuis, Albert 10
Neumeyer, Fritz, 122
Nietzsche, Friedrich 12, 37, 56
Nonn, Konrad 158, 173, 174

Obrist, Hermann 18
Olbrich, Joseph Maria 23, 24, 37, 39, 40, 41, 42, 56, 57, 72, 90
Osborn, Max 62
Osthaus, Karl Ernst 62, 63, 70, 72, 75, 77, 78, 81, 82, 96, 108, 110, 114, 115, 117, 118, 119, 138, 139, 141, 142

Palladio, Andrea 111
Palmer, Evalina 14, 17
Pankok, Bernhard 18
Partikel, Alfred 156
Paul, Bruno 18, 149
Pechstein, Max 158
Planck, Max 144

Plange 77
Plischke, Ernst 160
Poelzig, Hans 126, 134, 143, 149, 152, 172
Popp, Alexander 170, 172
Posener, Julius 95
Pudor, Heinrich 31

Rathenau, Emil 50, 80, 81, 86, 117
Rathenau, Walter 80, 81, 86, 97, 128
Rattenhuber 158, 174
Redslob, Edwin 122, 173
Reinhardt, Max 36, 80, 144
Riegl, Alois 51, 52, 67, 93
Riemerschmid, Richard 18, 54, 118
Rietveld, Gerrit Thomas 170
Rilke, Rainer Maria 80
Rindkop 18
Rodin, Auguste 17
Rohlfs, Christian 78, 81
Rosenberg, Alfred 127
Rückert, M. J. 18

Sanders 70
Schäfer, Wilhelm 37, 42, 57
Scharoun, Hans 164
Schaub, Julius 158
Schauer 50
Scheerbart, Paul 164
Scheibe, Richard 155, 156, 174, 175
Scheffer 144
Scheffler, Karl 10, 31, 60
Schindler, Robert 172
Schinkel, Karl Friedrich 122, 125, 135, 166
Schlüter, Andreas 125
Schmieden 21
Schneider, Camillo 168
Schreger 18
Schroeder 110, 114
Schroeder, Rudolf Alexander 39
Schüler, Edmund 121, 123
Schultze-Naumburg, Paul 118
Schumacher, Fritz 76, 77
Schur, Ernst 74
Schwechten, Franz 81, 86, 88, 89, 97
Segantini, Giovanni 11
Shaw, George Bernard 162
Shaw, Morton 25
Siebold 77

Simons, Anna 48, 49, 53
Singer, Hans 62
Sieveking 10
Speer, Albert 21, 171, 173, 174
Stinnes, Hugo 161
Strnad, Oskar 161
Stuck, Franz von 11, 144

Taut, Max 164, 166
Thorn-Prikker, Johan 119, 142, 159
Trier 20
Trübner, Wilhelm 11, 144

Uhde, Fritz von 11

Valloton, Felix 16
Velde, Henry van de 28, 29, 40, 62, 80, 108, 110, 113, 118, 119, 141
Villeroy und Boch 18
Voysey, Charles, Francis, Annesley 68, 143

Wagner, Hans 125
Wagner, Martin 166
Wagner Otto 159
Walker, Emery 48
Wallot, Paul 48, 49
Weber, Helmut 85
Weiß, Emil Rudolf 72
Wendland, Winfried 172
Werfel, Franz 164
Wichert, Fritz 78
Wiegand, Theodor 67, 119, 121, 144
Wilhelm I, Deutscher Kaiser 86
Wilhelm II, Deutscher Kaiser 48, 88, 123
Wlach 161
Wölfflin, Heinrich 67, 78
Wolzogen, Ernst von 39
Wright, Frank Lloyd 25, 139, 158

Zweig, Stefan 80